경계를 넘는 기자들

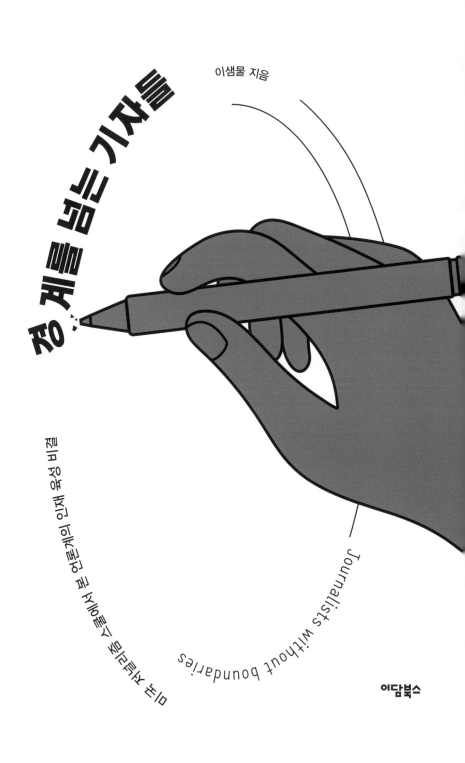

경계를 넘는 기자들

이샘물 지음

Journalists without boundaries

미국 저널리즘 혁신의 현장에서 찾은 인재 육성 비결

이담북스

국내에 언론사 입사를 준비하기 위한 책들이 우후죽순 출간돼 있지만, 대부분 입사시험 대비와 기자 생활 소개에 그친다. 기존 시스템에 입문하기 위한 방법을 알려주는 책은 많지만, '그 이후'에 어떻게 해야 기자로서 성장할 수 있는지를 다룬 책이나 조언은 보기 드물다. 그도 그럴 것이, 국내 기자 교육은 단편적이고 분절돼 있다. 대학에서는 입사 시험 대비가 위주이고, 언론사나 유관 기관의 교육 내용은 지식이나 경험의 전수에 초점이 맞춰져 있다. 수습기자 과정은 '교육'이라기보다는 근성과 끈기를 기르는 '기초체력 훈련'에 가깝다. 기자로서 종합적인 역량을 키우고 커리어를 강화하는 총체적인 시스템은 찾아보기 어렵다.

훌륭한 기사, 훌륭한 취재는 훌륭한 교육에서 나온다. 그런데 세계 유명 기관의 인재 육성법이 회자되는 와중에도 언론계의 노하우나 기자의 성장은 깜깜이 영역이다.

국내 언론계가 취재보도에 있어서 주된 벤치마킹 모델로 꼽는 대상이 미국 기사나 언론사다. 탁월한 기사를 벤치마킹하고 싶다면, 그것을 제작하는 기자들의 생태계도 알아야 한다. 하지만 기자들이 '어떻게' 업무를 배우며 그 결과물에 도달하는지는 좀처럼 공유되지 않는다.

이 책은 바로 그런 점에서 미국 언론계의 인재 육성 비결을 다룬다.

미국에는 한국과 같은 언론사별 기자 교육이 없으며, 체계적인 기자 교육은 저널리즘 스쿨에서 이뤄진다. 대학원 수준의 저널리즘 스쿨은 기자들이 실무 역량을 키우고 커리어를 강화하기 위해 오는 곳으로, 국내의 언론사 입사 준비반이나 언론학 프로그램과는 다르다. 국내에서 저널리즘 스쿨이란 개념을 이해하긴 쉽지 않다. 한국에서 대학은 학문을 연구하는 곳이고, 언론사는 신입을 훈련시켜 일하도록 하는 곳이다. 일부 대학이나 기관에 언론사 대비반이 있지만, 기자로서의 역량을 키우는 것보다는 입사 시험 대비가 주목적이다.

미국에서 대학원 수준의 저널리즘 스쿨은 의료계의 수련병원(teaching hospital)에 비유되곤 한다.[1] 학부를 졸업하고 소정의 업무 경험을 쌓은 사람

....

1. Adam Ragusea(2015). What to do when a student journalist isn't ready to produce for the public? Ask lots of them to. Nieman Lab,
   https://www.niemanlab.org/2015/01/what-to-do-when-a-student-journalism-isnt-ready-to-produce-for-the-public-ask-lots-of-them-to/

들이 배움과 실전을 병행하며 실무적인 훈련을 받기 때문이다. 커리큘럼은 철저하게 '기자를 위한, 기자에 의한, 기자의' 과정으로 운영되며, 양질의 포트폴리오와 네트워킹 등을 통한 커리어 발전을 목표로 하고 있다. 물론 저널리즘 스쿨을 나와야만 기자가 되는 것은 아니고, 훌륭한 기자 중에서 저널리즘 스쿨을 나오지 않은 사람도 많다. 그럼에도 불구하고 수많은 기자들이 교육기관을 향하는 것은 그곳이 기자에게 필요한 요소를 종합적으로, 세밀하게 제공하고 있기 때문이다.

필자는 국내 신문사에서 일하다가 미국의 저널리즘 스쿨에 입학해 기자 교육을 받았다. 현지 기자들 틈에서 취재보도를 배우면서, 누군가가 교육받고 성장하는 생태계의 차이가 결과물을 어떻게 달라지게 하는지 가까이서 목격했다. 그 과정은 흥미롭고 경이로웠지만, 또 다른 한편으로는 신선한 충격이기도 했다. 학부 때 언론학을 전공하고 수년간 기자로 일했지만, 한국이라는 테두리 속에서 미처 배우거나 알지 못했던 부분이 있음을 인정해야 했다.

한국과 미국 언론계는 다르다. 언론사의 채용 시스템도 다르고, 업무 방식이나 문화도 다르다. 하지만 양질의 교육에는 국경이 없다. 누가 어디서 무슨 일을 하는지와 관계없이 해외 유수의 교육기관이나 다른 문화권의 교육법이 관심을 모으는 것도 그런 까닭일 것이다.

미국 언론계의 인재 육성 생태계는 국내 언론계의 관념을 뛰어넘는다. 그곳에는 '경계'가 없다. 학교라는 경계, 할 수 있는 것과 없는 것의 경계, 고용상 지위의 경계, 기존 시스템이라는 경계가 없다. 경계를 넘는 기자들의 세계를 본문을 통해 소개하겠다. 저널리즘 스쿨이 필자에게 수많은 영감과 신선한 자극을 선사한 것처럼, 이 책이 누군가에게 그러했으면 한다. 우수한 인프라와 문화를 벤치마킹하는 데 도움이 되었으면 하는 바람이다.

2021년 8월, 이샘물

정글 속 사냥법을 배워라

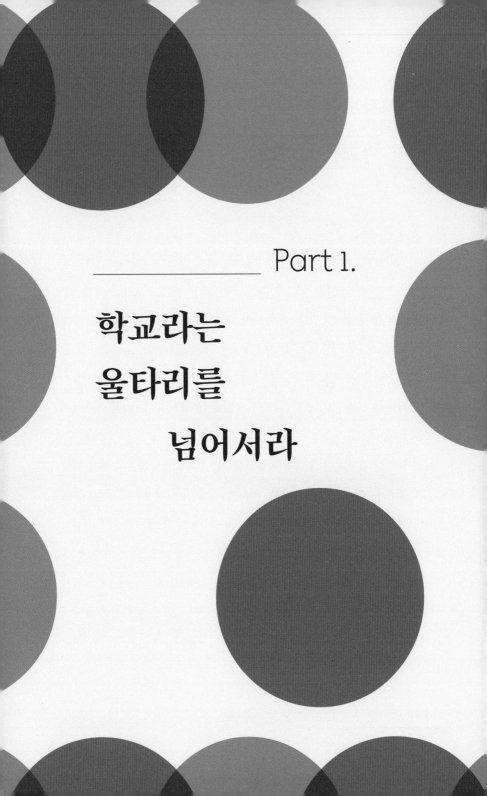

Part 1.

학교라는
울타리를
넘어서라

회사처럼
학교를 다녀라

저널리즘 스쿨 학생들의 이력서를 보면 '업무(professional) 경력' 항목에 대학원 입학을 기점으로 새로운 사항이 기재돼 있다. 어떤 매체에서 무슨 분야를 담당하거나, 어느 도시에서 무엇을 취재하는 기자라는 식이다. 매체나 담당 분야가 기재되지 않았다면 무슨 지역에 기반을 두고 보도를 한다는 프리랜서 기자 직함이라도 있다. 이 업무 경력은 학교에 다니면서 취재한 이력을 기재해 둔 것인데, 그것이 무엇을 의미하는지는 입학 이후에야 알게 되었다.

지역 뉴스를 취재하는 수업에 등록했을 때, 에디터로 일하는 강사가 개강을 열흘쯤 앞두고 이메일을 보냈다. 첫 수업에서 기사 발간 계획을 세울 예정이니 보도 아이디어를 준비해 오라는 것이었다. 그리고는 언론사 편집국장이 자사 기자들에게나 할 법한 이야기를 했다.

"건강, 이민, 마리화나 산업, 경찰, 노숙자, 집값 위기, 학교 시스템, 트럼프 행정부 등에 관심을 갖는 사람들이 있고, 관련해서 대규모 행사들이 예정돼 있습니다. 뉴스가 쏟아지는 시기에 새로운 학기를 시작하게 돼 굉장히 신납니다."

에디터는 인근 언론사 출신으로 지역에서 발생하는 행사 정보나 보도 자료 등을 이메일로 받아보고 있었다. 그는 해당 이메일들을 전달하면서 취재 소재를 제안하기 시작했다.

"만약 이 행진이 크게 번진다면 2명이나 4명으로 팀을 이뤄서 기사를 쓰고 사진도 찍고 라이브 트윗을 할 수 있겠네요!"

"이 사안은 범죄 전문가의 반응이나 분석을 들어보면 흥미로울 것 같습니다. 원자료 수치나 데이터를 얻을 수 있다면 데이터 시각화 기사가 될 수도 있겠죠."

수강생 사이에는 암묵적인 원칙이 있었다. 전달된 사안을 취재할 것이라면 이메일의 단체 수신인으로 돼 있는 수강생들에게 '전체 답장'을 보내 해당 소재를 선점했음을 알리는 것이다. 만약 같은 소재에 대해 여러 사람이 이메일을 보냈다면, 이메일을 가장 먼저 보내는 사람이 소재를 선점했다.

저널리즘 스쿨에서 자주 듣는 용어가 있다. 바로 '편집국 같은 경험(Newsroom Experience)'이다. 학교를 언론사 편집국처럼 운영하니, 무엇을 하든 실제 편집국에서처럼 일하라는 것이다. 취재 수업을 수강하며 쓰는 기사들은 대개 저널리즘 스쿨에서 운영하는 온라인 지역 뉴스 매체에 발간됐다. 수업의 강사인 에디터는 해당 매체의 운영자로 일하고 있었는데, 편집국장 겸 에디터 역할을 하면서 기사 제안을 받아 발간 계획을 짜고, 기사를 에디팅해 내보내고 있었다.

수업 첫날은 '강의 첫날'이 아닌, '입사 첫날'과 유사하게 진행됐다. 에디터는 개강 전부터 취재 계획을 요구했고, 수강생들은 그것을 당연하다는 듯이 받아들이고 기초 취재를 해 왔다. 첫 수업에서 학생들은 저마다 "최근 이런 걸 취재하고 있는데 어떤 앵글(angle · 기사의 방향을 뜻하는 미국 언론계 용어)로 기사를 쓰겠다"고 제안하고는 데드라인을 받아 갔다.

저널리즘 스쿨은 회사는 아니지만 '일터'다. 학생들은 학교라는 언론사에 소속된 기자처럼 일한다. 기자가 출근할 때마다 취재보도 계획을 보고하듯이, 취재 수업 수강생은 수업에 올 때마다 보도 소재를 제안하고 마감 시한을 받아 가야 한다. 그것을 수업 과제 정도로 생각하면 오산이다. '과제'는 이따금씩 주어지는 프로젝트지만, '보도'는 업무처럼 상시적인 개념이다.

근무 계획 없이 일터에 출근하는 직장인을 상상할 수 없듯이, 기사 계획 없이 수업에 임하는 학생들을 상상하긴 어렵다. 취재 수업은 모든 수강생이 기사 계획을 제안할 것을 요구한다. 적당한 기사 아이디어를 '가져오기만' 해서는 안 된다. 최근 취재하고 있는 내용이 무엇인데 어떻게 쓰고 싶다고 실제 취재 내용을 바탕으로 이야기해야 한다. 대부분의 수강생은 에디터가 과제를 주거나 보도 소재를 확정하기 전에 지역사회를 돌아다니며 기초 취재를 해 온다. 기사는 학내 과제로서의 평가가 아닌 외부에 공개되는 '발간'을 목표로 하기 때문이다.

취재 수업에서 제안하는 기사는 상당수가 어떤 형식으로든 언론 매체에서 발간되는데, 미국의 저널리즘 스쿨 상당수가 지역 뉴스를 보도하는 매체를 자체적으로 운영하는 덕이다. 학교에서 운영하는 매체는 여느 언론사 못지않게 운영된다. 독자들이 정기적으로 뉴스를 접할 수 있도록 시간을 지정해 주요 기사 출고 계획을 짜고, 계획에 맞춰서 기사를 마감한다. 취재 수업에서는 날짜 및 시간대별 기사 마감 시한이 담긴 '기사 계획(story budget)' 문서를 만들어 매일같이 업데이트했다. 기사 계획 문서를 보면서 마감을 맞추는 것은 학교생활의 주된 일과였다.

지역 뉴스 매체는 철저히 편집국 같은 체제와 관점으로 운영된다. 언론사의 입장에서 기사를 바라보고 계획을 세운다는 것이다. 에디터는 "올해 보도해야 할 주요 이슈가 무엇이 있냐", "팟캐스트는 어떤 주제로 진행하면 좋겠느냐"고 물으며 장기적인 취재보도 의제를 논의했다.

'편집국 같은 경험'은 학교생활 전반에 녹아있다. 편집국처럼 다양한 분야를 취재하고 여러 종류의 기사를 발간할 뿐 아니라, 실전과 유사하게 일하며 현장에서 요구되는 역량을 기른다. 멀티미디어 기사를 제작하는 프로젝트를 할 때, 학교에서는 팀을 이뤄서 프로젝트를 할 것을 권유했다. 그것이 실제 언론사 편집국에서 실시되는 업무 방식이라는 이유에서였다. 통상 멀티미디어 기사 프로젝트에는 글쓰기에 전문성을 지닌 펜 기자, 사진이나 동영상 등 시각적인 요소에 전문성을 지닌 비주얼 기자, 코딩을 하는 개발자가 한 팀을 이뤄서 일하는 경우가 많다. 학생들도 이 같은 분야에 있어서 서로 다른 역량을 지닌 사람들이 팀을 이뤄 일하곤 했다.

편집국처럼 일하려면 편집국에서 요구되는 다양한 직무 역시 수행할 수 있어야 한다. 편집국에는 취재 기자뿐 아니라 에디터도 있다. 한국과 달리

미국의 에디터는 취재 기자가 연차가 쌓이면 밟는 수순이 아닌, 별도의 전문성과 커리어를 지닌 직무에 가깝다. 이에 취재 수업 수강생들은 에디터 역할도 수행했다. 동료 기자가 작성한 기사에 제목을 달고 내용을 점검한 뒤 지역 뉴스 매체에 출고하는 '사이트 에디터(Site Editor)' 역할과, 소셜 미디어에 기사를 홍보하는 '소셜 미디어 에디터(Social Media Editor)' 역할을 한 것이다. 수강생 모두가 돌아가면서 에디터 임무를 맡았는데, 총괄 에디터인 취재 수업 강사와 의논하며 역할을 해냈다.

업무 조직은 사람이 아닌 '시스템'을 바탕으로 굴러간다. 학교에서도 매년 학생들이 물갈이 되더라도 업무 인수인계가 원활히 되도록 체계적인 시스템을 마련해 두었다. 취재 수업은 '위키'라는 내부 웹페이지를 통해 뉴스 웹사이트를 둘러싼 종합적인 업무 매뉴얼을 전수했다. 위키에는 기사를 업로드하는 방법, 에디터 역할을 하는 방법, 취재원 연락처, 정책 및 윤리 코드, 법률 자원, 공문서 취재, 인턴십 정보, 언론계 은어 등이 망라돼 있었다. 갓 입학해 처음으로 해당 매체에 기사를 발간하는 사람도 매뉴얼만 보면 금세 일을 배울 수 있었다.

미국에서 저널리즘 스쿨은 전통적으로 언론사 진출을 위한 '훈련'의 장으로 여겨지곤 했다.[2] 1908년 저널리즘 스쿨을 가장 먼저 시작한 미주리대는 '하면서 배운다(learning-by-doing)'는 실전(hands-on) 철학이 '미주리 방식'임을

....

2. Jean Folkerts, John Maxwell Hamilton, Nicholas Lemann(2013). Educating Journalists: A New Plea for the University Tradition. Columbia Journalism School, p.1.

자랑하고 있다.[3] 미주리대 저널리즘 스쿨의 첫 학장인 월터 윌리엄스(Walter Williams)는 신문사 출신이었는데, 한 가지에 대해서만큼은 분명했다고 한다.[4] 바로 저널리즘을 하지(do) 않고서는 배울 수 없다는 것이다.[5]

오늘날 저널리즘 스쿨은 '일하면서 배우도록' 하고, '편집국 같은 경험'을 신조로 삼고 있다. 이유는 자명하다. 그곳에 다니는 기자들은 학계 진출이 아닌, 실무 역량을 강화해 언론계에서 더 나은 커리어를 얻는 것을 목표하고 있다. 언론계 현장에 나갈 것인 만큼 실전에서 일을 잘할 수 있는 환경을 조성해야 한다. '커리어 지향점'과 '커리큘럼'을 일치시키는 것이다.

저널리즘 스쿨은 학교에 소속돼 있지만, 학계보다는 언론계에 가깝다. 전통적인 대학원처럼 이론을 연구하고 논문을 쓰는 대신, 현장 취재를 하고 기사를 제작하기 때문이다. 그것이 바로 저널리즘의 특성이다. 학교라는 경계에 머물러서는 제대로 된 취재를 할 수도 없고 업무 역량을 기를 수도 없다. 기자를 훈련시키는 기관은 학계라는 틀을 벗어나 편집국을 지향해야 한다. 뉴욕시립대 저널리즘 스쿨 학장을 지낸 사라 바틀렛(Sarah Bartlett)은 이렇

....

3. University of Missouri(2020). Professional Media Outlets. Missouri School of Journalism, https://journalism.missouri.edu/real-world-experiences/professional-media-outlets/
4. Jean Folkerts, John Maxwell Hamilton, Nicholas Lemann(2013). Educating Journalists: A New Plea for the University Tradition. Columbia Journalism School, p.9.
5. Katherine Reed(2014). Before the "teaching hospital model" of journalism education: 5 questions to ask. NiemanLab, https://www.niemanlab.org/2014/10/before-the-teaching-model-of-journalism-education-5-questions-to-ask/

게 말했다.[6]

"우리는 아주 실전적인 접근법을 취하고 있고 프로페셔널 스쿨이며 모든 것이 하는(doing) 것에 대한 것이다. 이런 모든 것에 있어서 학계(academia)를 벗어나야 할 것으로 느낀다."

6. Dianne Lynch(2015). Above & Beyond: Looking at the future of journalism education. Knight Foundation,
https://knightfoundation.org/features/je-the-state-of-american-journalism-education/

아마추어 정신은
버려라

저널리즘 스쿨에서 취재를 시작하기 전, 학교 측은 오리엔테이션에서 '학생 명예 서약'이라는 것을 배부했다. 입학생들은 서약서에 서명을 하고 제출해야 했는데, 내용은 다음과 같았다.

저널리즘의 목적은 진실을 추구하고 이것을 대중에게 보도하는 것입니다. UC버클리 저널리즘 스쿨 학생으로서 저는 제 작품이 학교의 지역 뉴스 사이트들을 포함한 광범위한 형식을 지닌 매체와 기관에서 공개될 수 있다는 것을 인정합니다. 저는 가장 높은 기준을 갖고 기량을 익히기 위해 애쓸 것이며, 특별히 제 취재에 있어서 아래의 것들을 서약합니다:

저는 조작하지 않을 것입니다.

저는 표절하지 않을 것입니다.

저는 정치적이고 상업적인 영향으로부터 제 독립성을 유지할 것입니다.

저는 기자가 아닌 것으로 제 스스로를 표명하지 않을 것입니다.

마지막 문장에 특히 눈길이 갔다. 취재할 때 기자라는 신분을 밝히라는 것인데, 그것은 학교생활 내내 확고하게 가져야 하는 정체성을 나타내는 것이기도 했다. 저널리즘 스쿨에 다니는 사람은 학교에 소속돼 있더라도 스스로를 학생보다는 '기자'로 인식하고 표명해야 했다.

학교에서는 현장에서 취재할 때 상대방에게 본인을 학생이라고 하지 말고 '저널리즘 스쿨과 연계된 기자'라고 소개하라고 강조했다. 학생으로서 과제를 하는 게 아니라 '기자로서' 취재를 하고 언론매체에 기사를 발간하는 만큼, 프로페셔널로서의 인식을 갖고 표명하라는 것이었다. 각자의 이름과 함께 학교에 소속된 기자임을 나타내는 명함과 기자증도 나눠줬다. 명함에는 저널리즘 스쿨의 로고와 함께 '기자'라는 타이틀이 기재돼 있었고, 기자증에는 '언론(Media)'이라는 표식과 함께 졸업 예정 시점을 만료 기한으로 표시해 두고 있었다.

흔히 학교에서는 '학생이니까' 용납되는 것들이 있다. 배우는 공간이고 아마추어니, 냉혹한 현실에서는 용납되지 않는 어설픔을 어느 정도 관용해 주는 것이다. 저널리즘 스쿨은 그렇지 않다. 이곳에 소속된 구성원은 학생을 넘어서 기자이며, 학교에서 운영하는 지역 뉴스 매체나 외부 언론 매체에 기사를 보도해야 한다. 따라서 '반드시' 프로답게 행동해야 한다. 굳이 서약서에 서명까지 하도록 하는 것도 그 엄중한 책임을 가시적으로 지우기 위해서다.

저널리즘 스쿨은 구성원의 행동 양식을 규정하고 있는 경우가 많다. 학교 수업에서 어떠해야 한다는 '학생 복무규정'이 아니다. 바깥에서 취재원을 만나고 독자들이 읽는 기사를 쓰는 만큼, 기자로서 어떠해야 한다는 것을 산업계 표준에 가깝게 기술하는 것이다. 이를테면 뉴욕대 저널리즘 스쿨은 '학생들을 위한 뉴욕대 저널리즘 핸드북'에서 다음과 같이 요구하고 있다.[7]

저널리스트들은 대부분의 경우 인터뷰 대상에게 자신이 저널리스트 임을 명확히 밝혀야 한다. '뉴욕대 저널리즘 스쿨의 제인 스미스(Jane Smith)'라는 식으로 자신의 이름과 소속, 연락 목적을 밝혀라. 매우 이 례적인 상황에서 스스로를 저널리스트라고 밝히지 않을 이유가 있을 지도 모른다. 예를 들면 집회에서 시위대와 경찰의 대화를 관찰하거 나, 레스토랑을 비평하거나, 뉴욕 차이나타운에서 가짜 상품을 촬영할 때는 스스로를 기자라고 밝히면 대우 혹은 음식의 질이 달라질 수 있 기 때문에 적절하지 않을 수 있다. 이처럼 잠입 취재를 수행할 때는 스 스로를 기자라고 밝히는 것이 잠재적인 해를 가져올 수 있지만, 이것은 드문 사례들이다.

· · · · · · · · · · · · · · · ·

7. Adam L. Penenberg(2020). NYU Journalism Handbook for Students. Arthur L. Carter Journalism Institute,
   https://journalism.nyu.edu/about-us/resources/ethics-handbook-for-students/nyu-journalism-handbook-for-students/

이 핸드북은 여느 언론사에서 기자들에게 요구하는 규정 못지않게 다양하고 상세하다. 이를테면 취재원을 만났을 때의 행동 양식과 관련해서는 다음과 같이 기술한다.

기자가 CEO를 회사나 자택에서 인터뷰하고 있다면 샌드위치 하나나 음료수 한 잔을 수락하는 것은 괜찮다. 하지만 식당에서는 기자가 음식이나 음료 비용을 지불해야 한다.
저널리스트들은 일반적으로 취재원이나 자신들이 쓰는 기사의 대상으로부터 어떤 선물도 받아서는 안 된다. 종종 취재원은 기사가 나간 뒤에 감사의 표시로 선물을 보낼 것이다. 모든 언론사는 이런 선물을 받는 데 있어서 자체적인 정책을 갖고 있다. 뉴욕대 저널리즘 스쿨 학생들은 가능한 한 25달러가 넘는 모든 선물을 돌려보내야 한다.

학교에서 언론사 못지않은 원칙을 갖고 있는 이유는 학생들이 기자로서 마주하는 상황이 여느 언론사 기자들과 비슷하기 때문이다. 취재 수업을 수강할 당시, 한 수강생이 취재원에게 커피나 맥주를 사는 것이 적절한지 질문한 적이 있다. 에디터는 답했다.

"우리 수업의 원칙은 '당신이 8달러짜리 프라푸치노를 사주면 이야기를 하겠습니다'라는 식으로 무언가를 사주는 것을 전제로 취재를 하지 않는 이상, 커피나 음료를 사는 건 괜찮다는 것입니다. 각자 돈을 나눠서 낼 수 있다면 이상적입니다. 그리고 커피를 사는 것이 호의적인 제스처가 되거나 어색함을 누그러뜨리는 수단이 된다면 그것도 괜찮습니다. 그러나 10달러 이상은 쓰지 마십시오. 또 취재원으로부터 값이 나가는 것은 어떤 것도 받지 마십시오. 예를 들면 레스토랑 주인을 인터뷰하고 그들이 여러분과 동료에게 공짜 밥을 주는 것 말입니다."

학내 구성원에게 괜찮다고 통용되는 것과 저널리즘 스쿨에서 괜찮다고 여겨지는 것은 다르다. 아마추어에게 용인되는 것과 프로페셔널에게 권유되는 것이 다른 것처럼 말이다. 저널리즘 스쿨에서는 가장 높은 품질의 기사를 생산하는 데 적합한 행동 양식을 따를 것을 권유받는다. 그것은 때때로 일반적이고 보편적인 것보다 엄격하거나 까다로울 수 있다.

복장을 예로 들어보자. 오늘날 복장이 어떠해야 한다고 이야기하는 사람은 구시대적인 인물로 통용될 것이다. 학교는 말할 것도 없고 많은 기업들도 후드티나 반바지를 포함한 편안한 복장에 이의를 제기하지 않는다. 하지만 그 기준이 언론계에서도 마찬가지로 적용되는 것은 아니다. 프로페셔널에게는 최상의 업무 결과물을 얻어내는 것이 가장 중요하다. 기자들은 취재라는 목표를 달성하는 데 가장 부합하는 방식으로 복장 역시 맞출 수 있어야 한다.

버클리가 위치한 샌프란시스코 만(Bay) 지역은 후드와 청바지로 표현되는 자유분방한 기풍으로 유명하다. 하지만 UC버클리 저널리즘 스쿨의 오리엔테이션 드레스 코드는 '비즈니스 캐주얼'이었다. 그것이 기자로서 사람을 만나 취재를 할 때 도움이 되기 때문이다. 취재 현장에 다닐 때, 에디터들은 "덜 차려입는 것보다 과하게 차려입는 게 낫다"며 말쑥하게 차려입을 것을 강조했다. 그것이 취재원이 기자를 대하는 방식에 영향을 미치기 때문이다. 공문서 취재를 가르치는 강사는 탐사보도에 잔뼈가 굵은 기자였는데, 법원에 갈 때마다 변호사처럼 정장을 차려입고 넥타이까지 맨다고 했다. 그는 이유를 이렇게 설명했다.

"공문서 파일은 도서관처럼 법원에 간다고 해서 확인할 수 있는 것이 아닙니다. 신청서를 작성하고, 자료를 요청해야 합니다. 법원 사무직은 굉장한 권한을 갖고 있습니다. 문 뒤로 갔다가 5분 뒤에 서류를 들고나올 수도 있고, 우두커니 서 있다가 커피를 한잔하고 돌아와서 '찾을 수가 없어요'라고 말할 수도 있습니다. 후자와 같은 상황을 피해야 할 것입니다. 그들이 여러분을 좋아하지 않으면 서류가 정말로 존재하는지 결코 알 수 없는 상태에서 단지 주고 싶지 않다는 이유로 얻지 못할 수 있습니다. 그게 현실입니다. 법원에 가서 서류를 확인할 때 범죄자 같은 옷차림을 하지 마십시오. 진지하게 하는 얘기입니다. 그들은 누군가가 파일을 확인하는 데에 있어서 나쁜 의도가 있다고 생각하면 제공하지 않는 경향이 있습니다. 이것은 공손함에 대한 것입니다. 반드시 기자라는 것을 말할 필요는 없지만, 잘 차려입고 가면 여러분을 법조인이라고 생각할지 모릅니다. 그렇게 생각하라고 하십시오. 그것은 자료에 대한 접근성을 줄 것입니다."

모든 현장에서 정장이나 비즈니스 캐주얼을 입어야 한다는 것은 아니다. 현장에 따라 적절한 옷차림은 달라질 수 있다. 중요한 것은 옷 자체가 아니라, 프로페셔널로서 자신의 복장이 업무에 어떤 영향을 미치는지를 고려하는 것이다. 사진 기자로 일하는 교수는 이렇게 말했다.

"사진 기자는 어떤 옷차림을 입는지가 중요합니다. 단순히 모자를 쓰는 것만으로도 주변 사람들은 당신을 관찰할 것입니다. 카메라를 드는 순간, 자신만의 세계에 있는 것이 아니라 사람들이 당신을 유심히 관찰하고 있다는 걸 알게 될 것입니다. 무엇을 입고 어떻게 행동하는지가 당신이 찍고 싶은 사진을 찍게 할지를 결정할 것입니다."

저널리즘 스쿨에 들어오는 순간, 아마추어리즘은 버려야 한다. 실전에 있는 그 누구와도 같은 수준의 프로페셔널리즘을 요구받는다는 것을 인식하고, 그렇게 행동해야 한다. 취재 현장뿐 아니라 소셜 미디어에서 자신을 나타내는 내용까지 마찬가지다. 독자와 대중의 시선이 있는 모든 곳에서는 스스로를 철저히 기자로 인식하고 점검해야 한다.

오늘날 유수 언론사들은 자사 기자들이 따라야 하는 '소셜 미디어 가이드라인'을 갖고 있다. 기자들이 소셜 미디어에 올리는 글이 편향돼 있거나 특정한 편견을 지닌 것으로 인식될 경우 그것이 편집국에서 일하는 전체 기자들의 신뢰성을 떨어뜨리기 때문이다. 기자들은 중립성이나 공정성에 대한 평판을 해칠 만한 것은 올리지 않을 것을 권유받는다. 이를테면 〈뉴욕타임

스〉편집국의 소셜 미디어 가이드라인은 다음과 같이 요구한다.[8]

우리 저널리스트들은 소셜 미디어 포스트들에서 정파적인 의견을 표현하거나, 정치적인 시각을 알리거나, 후보자들을 지지하거나 공격적인 코멘트를 하거나, 〈뉴욕타임스〉의 저널리즘적인 평판을 약화시키는 다른 어떤 것도 해서는 안 된다.
우리 저널리스트들은 〈뉴욕타임스〉가 객관적으로 취재하려는 이슈들을 두고 특정 입장을 따르는 것처럼 보이는 것에 대해 특별히 주의해야 한다.

저널리즘 스쿨에서도 SNS가 공적인 공간임을 인식하고, 그곳에서 자신을 어떻게 나타낼 것인지 신중하게 판단할 것을 강조했다. 취재 수업을 가르친 에디터는 이렇게 말했다.

"인터넷이라는 공간이 공적인 장소라는 것을 기억하십시오. 소셜 미디어는 훌륭한 도구이고 사람들과 연결되고 취재원을 찾기에 좋은 곳입니다. 그런데 소셜 미디어에서 자신을 어떻게 나타낼 것이냐는 다른 공적인 공간에서와 같습니다. 한 가지 중요한 것은 자신의 사생활을 보호하는 것입니다. 저널리스트라면 사람들이 당신의 소셜 미디어 피드를 읽을 것입니다. 얼마나 많은 사적인 정보를 공개적으로 접근 가능하게 하고 싶은지 생각해 보십

8. The New York Times(2017). Social Media Guidelines for the Newsroom. The New York Times, https://www.nytimes.com/editorial-standards/social-media-guidelines.html

시오. 그리고 프로페셔널함을 유지하십시오. 거기서 재미를 찾지 말라는 말은 아닙니다."

사고는 행동을 규정한다. 스스로를 어떻게 인식하느냐에 따라 마음가짐과 행동 양식이 달라진다. 자신을 프로로 인식하는 사람은 프로처럼 일한다. 저널리즘 스쿨에선 모두가 스스로를 아마추어 학생이 아닌 프로로 인식할 것을 요구받고, 실제로 그렇게 인식한다. 그것이야말로 그들이 노련하게 행동하고, 수준 높은 결과물을 제작해 내도록 하는 초석이다.

발간 가능한 것만
용납하라

취재 수업을 들으면서 베트남 출신 작가의 강연 행사를 취재한 적이 있다. 기사는 저널리즘 스쿨에서 운영하는 온라인 뉴스 매체에 싣기로 했는데, 해당 매체에서 요구하는 조건이 있었다. 글은 반드시 사진이나 동영상 등 시각물과 함께 게재돼야 했고, 사진은 가로 규격이 1,600픽셀이어야 했다. 처음엔 단순히 어떤 사진이든 기사에 실으면 될 것이라 생각했다.

기사를 작성한 뒤, 작가로부터 받은 사진을 두 장 첨부했다. 에디터는 난색을 표했다. 사진 하나는 어두웠고(명도를 조절하면 안 되냐고 생각하겠지만, 미국 기자들은 사진의 밝기를 인위적으로 조정하는 것이 취재 윤리에 어긋난다고 생각해 까다롭고 신중하게 접근한다), 또 다른 하나는 사진이 너무 작아서 크기를 조정하기가 어려웠다. 문제는 규격과 품질 기준을 충족하지 않으면 사진을 실을 수 없고, 사진이 없으면 기사는 발간할 수 없다는 것이었다.

취재원에게 문의해 사진 네 장을 추가로 받았는데, 에디터는 재차 고개를 저었다. 여전히 품질을 충족하지 못했기 때문이다. 에디터는 사진을 실을 수 없다며 "직접 혹은 다른 학생에게 부탁해서라도 취재원을 방문해 새로운 인물 사진을 찍을 수 있느냐"고 물었다. 결국 학교에서 한 시간가량 떨어진, 취재원이 살고 있는 도시에 다시 찾아가 사진을 찍었다. 그제야 사진의 규격과 품질이 충족됐고, 기사를 발간할 수 있었다. 적당한 사진을 구하면 될 거라는 생각은 착각이었다. 이후 취재할 때마다 사진의 규격과 품질이 '발간할 만한지' 따지게 됐다.

저널리즘 스쿨에서는 각자가 작성하는 기사나 제작하는 작품이 보도될 수 있음을 인지하고, 학교에서 운영하는 매체에서든 외부 언론 매체에서든 보도되게 하는 것을 목표로 삼는다. 요컨대, 목표는 '발간 가능한(publishable)' 이다. 수업을 통해 제작하는 기사의 품질이 단순히 학교에 제출하는 것을 넘어서 대외적으로 발간 가능한 수준이 되도록 하라는 것이다.

에디터들은 학생들이 제작하는 것이라면 무엇 하나 허투루 넘어가지 않았다. 정말로 무언가의 기초를 소개하기 위한 '입문' 단계가 아니라면, 모든 것은 발간 가능한 수준이 돼야 했다. 다큐멘터리 제작자로 일하는 교수는 동영상 제작 과제를 내면서 이렇게 말했다.

"여러분이 제작하는 것은 단지 학생들의 기사가 아닙니다. 단지 학생들의 기사를 원한다면 그렇게 할 수 있습니다. 실수도 하고, 일부가 발간 가능하지 않은 수준일 수 있겠죠. 그런데 우리는 더 높은 기준을 갖고 한계를 넘어서고 의미 있는 일을 해야 함을 명확히 기억하십시오. 적절한 본능, 동기, 헌신이 있다면 여러분의 기사가 사람들의 삶과 법을 바꿀 수 있습니다. 이것을 여러분이 자랑스러워할 만한 것에 투자하는 기회로 생각했으면 좋겠습니다."

'과제'가 아닌 '발간'을 염두에 두면 취재의 깊이와 보도의 품질이 달라진다. 기사를 '발간'하려면 언론계에서 요구하는 수준과 눈높이에 맞춰야 한다. 적당한 사진을 받는 것과 현장에 다시 가더라도 규격과 품질 기준을 충족하는 사진을 촬영하는 것의 차이다. 연습으로 충분하다고 느끼는 아마추어와 결과물이 일정 수준 이상이어야 만족하는 프로페셔널의 차이이기도 하다.

'발간 가능한'이라는 조건이 미치는 영향은 취재보도의 모든 영역에 스며들어 있다. 무언가의 문제점을 드러내는 기사를 예로 들어보자. 누구를 얼마나 탄탄한 근거로 비판하든, 기사를 발간하려면 반대쪽 입장을 가진 취재원에게 반론 기회를 주는 것이 필수적이다. 이때 정부나 기업 등 기사에서 문제로 지적되는 상대편에서는 묵묵부답인 경우가 있다. 그럼에도 불구하고 교수진은 무슨 노력을 기울여서라도 반대쪽 입장을 듣고 기사에 반영할 것을 요구했다.

함께 취재 수업을 듣던 수강생이 교도소 내의 저임금 노동 문제를 취재한 적이 있다. 논란의 대상인 캘리포니아 교정재활국 측의 반론을 들으려 연락했지만 묵묵부답이었다. 교정재활국이 위치한 새크라멘토(Sacramento)는 차로 2시간은 족히 가야 하는 곳이었지만, 반론을 듣기 위해 찾아가는 것은 마땅하게 인식됐다. 수강생은 "새크라멘토까지 차를 몰고 사무실에 찾아가려고 한다"고 말했고, 교수는 "좋은 아이디어"라며 "찾아가야 한다는 것에 의문의 여지가 없다"고 답했다.

또 다른 수강생이 재활용품 처리 업체 노동자들을 취재할 때도 마찬가지였다. 기사에는 제리 브라운(Jerry Brown) 캘리포니아 주지사가 '쓰레기 제로 정책'을 통해 재활용 분야에서 10만 개가 넘는 일자리를 창출할 수 있다고 말했지만 실현되지 않았으며, 재활용품 처리 업체에서의 일자리는 더럽고 위험하며 착취적이라는 지적이 포함돼 있었다. 취재 상황을 들은 교수가 말했다.

"주지사를 인터뷰해야 합니다. 재활용 분야에서 10만 개가 넘는 일자리를 가질 거라고 말했는데 그 목표를 달성하지 못한 것에 대해 말이지요."

수강생은 당연하다는 듯이 고개를 끄덕이고서 "그러겠다"며 메모를 했다. 캘리포니아주는 한국을 포함한 웬만한 나라보다 땅덩어리도 크고 인구도 많은 곳이다. 그럼에도 불구하고 주지사를 취재하는 것은 마땅했다. 취재원이 얼마나 접촉이 어려운 사람이건 간에 상대방의 반론을 듣는 것이 '발간 가능한 기사'의 요건이기 때문이다. 발간의 무게는 그만큼 무거웠다.

'발간 가능한' 수준에 이르도록 취재하고 기사를 쓰는 것이 쉬운 일은 아니다. 그것은 발간 가능한 수준이 될 때까지 에디터로부터 치열한 수정 요구를 받는다는 것을 의미한다. 재학 당시, 전과자들의 노동 이슈를 취재한 적이 있다. 기사에 등장하는 취재원 중에는 전과자들이 다수 포함됐는데, 에디터는 당사자들의 전과 기록을 공문서를 통해 검증할 것을 요구했다. 취재원들이 자신의 전과에 대해 구두로 확인해 주었지만, 그것만으로는 충분치 않았다. 기사가 발간 가능한 수준이 되려면 그 정보를 또 다른 문서를 통해 검증해야만 했다.

에디터는 공문서를 통한 정보 검증에 경험이 많은 탐사보도 기자를 소개해 주었다. 해당 기자를 만나 누군가의 전과를 검증하는 방법과 검증을 위해서는 어떤 정보가 필요한지를 안내받았다. 당사자들의 생년월일과 수감됐던 교도소의 종류(연방 교도소, 주 교도소, 카운티 감옥) 등을 파악해 유관 기관에 정보 공개를 청구한 끝에 해당 정보를 검증할 수 있었다. 끝내 확보한 전과 정보는 취재원들이 구두로 확인해 준 것과 같았지만, 그럼에도 불구하고 검증이 필수적인 것은 발간되는 기사에서는 한 치의 거짓 가능성도 용납할 수 없기 때문이다.

발간은 기사 에디팅에 있어서도 또 다른 차원의 집요함과 깐깐함을 가져온다. 저널리즘 스쿨에서 에디팅은 단순히 기사를 수정하거나 점수를 매기는 데에서 끝나지도, 그것을 목적으로 하지도 않는다. 통상 기사 초고에는 '메모'가 달린다. 추가로 취재할 부분이나 보완할 사항을 알려주는 메모다. 메모를 반영해 기사를 수정한 뒤에도 몇 차례 초고를 주고받는다. 전체적인 흐름이 아닌 문장이나 단어 단위의 에디팅에 진입했을 때는 무엇을 어떻게 수정했는지 하나하나 확인해야 한다. 수차례 원고를 주고받은 뒤에야 에디팅은 비로소 끝이 난다.

에디팅이 결코 간단치 않은 것은 그것이 '발간 가능한'을 지향하기 때문이다. 오죽하면 에디팅에 대해 "기사 에디팅을 받는 것은 정신적인 외상을 입는 것 같은(traumatic) 경험이지만, 더 좋은 기사를 제작하기 위해서는 에디터와 협력하며 일하는 것을 익혀야 한다"는 표현까지 들었을 정도다. 다소 극단적인 표현으로 들리지만, '정신적인 외상을 입는 것 같은'이라는 표현까지 쓰는 데에는 이유가 있다. 아무리 고생하고 공들여서 기사를 썼다고 하더라도, 에디터는 적당히 고쳐서 넘기지 않는다. 발간 가능한 수준이 될 때까지 수정을 요구한다.

오래도록 공들여 취재한 기사들은 대체로 학교에서 운영하는 매체가 아닌 외부 언론사에서의 발간을 지향한다. 직접 취재한 기사가 매체에 채택되면 영광이지만, 모든 기사가 그렇지는 않은 게 현실이다. 그럼에도 불구하고 모든 기사는 언론사에서 '발간 가능한 수준'이어야 한다.

발간에는 다양한 형태가 있다. 저널리즘 스쿨이 운영하는 매체에서의 발간이나 외부 언론사에서의 발간도 있지만, 대규모 프로젝트성 기사의 경우 자체 웹사이트를 통해 발간하기도 한다. 영화의 전용 페이지처럼 해당 기사만을 위한 별도 웹사이트를 구축해 기사를 싣는 식이다. 특히 다큐멘터리나 멀티미디어 기사를 제작하는 학생들이 자체 웹사이트를 만드는 경우가 많다.

어떤 방식으로든 발간의 길은 항상 열려 있으므로, 발간은 모든 기사의 전제가 된다. 이에 학교에서는 발간에 필요한 문서도 갖추고 있었다. 민감한 취재를 할 때 취재원으로부터 서명을 받는 문서인 출현 동의서(Appearance

Release)가 대표적이다. 동의서는 기자가 취재원을 녹음 및 녹화하고 기록을 다양한 방식으로 발간할 수 있다는 것을 이해한다는 등의 내용을 담고 있었다.

언론사들은 기사를 발간할 때 회사마다 동일한 양식이나 표기법을 따른다. 자체 표기법을 지닌 곳도 있지만, 많은 매체들이 〈AP(Associated Press)〉에서 발간한 《AP 스타일북》이라는 책에 기재된 표기법을 따른다. 저널리즘 스쿨에서도 《AP 스타일북》에 게재된 표기법을 따랐는데, 숫자나 단어 하나라도 《AP 스타일북》의 규격에서 어긋나면 에디터로부터 수정하라는 지적을 받았다. 사소한 문구 하나라도 여느 언론사처럼 꼼꼼하게 양식을 지켜야 통과가 됐다.

국내에서는 언론학과를 포함한 교육기관에서 '발간 가능한' 기사를 요구하는 경우가 드물다. 심지어 언론사의 수습기자 교육 과정도 '발간 가능한'을 지향하지 않는다. 대부분의 수습기자들은 입사 초반에 기사를 쓸 권한이 없고, 취재보도와는 동떨어진 과제도 많이 수행한다. 근성을 기른다는 미명 하에 경찰서를 뺑뺑 돌고 '보고를 위한 보고'를 하며 시간을 채우는 식이다. 돌파력이나 끈기는 기를 수 있지만, 그뿐이다. 기초체력은 쌓지만 경기는 잘 뛰지 못한다.

저널리즘 스쿨은 다르다. 취재 수업 수강생들은 '실전'을 염두에 두고, 최우선시한다. 기자에게 중요한 것은 편집회의에 참석하는 것 자체가 아니라 좋은 기사를 쓰는 것이듯이, 취재 수업 수강생에게 중요한 것도 취재 소재를 보고하는 것 자체가 아니라 좋은 기사를 쓰는 것이다. 누가 봐도 '발간 가능한 기사'가 아닌 것은 요청하지도, 제안하지도 않는다.

취재 수업 수강생들이 제작하는 기사는 발간의 토양만 학교일 뿐이다. 그 토양에서 자란 결과물은 외부 언론계라는 토양에서 생산된 결과물과 견주어 봐도 손색이 없다. 학교에서 '과제 제출'이라는 학교의 눈높이가 아닌, '외부 발간'이라는 산업계의 눈높이를 요구하기 때문이다.

상황이 이러하니, 저널리즘 스쿨에서의 경력은 여느 언론사에서의 경험 못지않은 경력이 된다. 그럴듯한 소속이나 직함을 제공해서가 아니다. 학교가 편집국처럼 운영되면서, 편집국에서 채택하는 기준을 요구하기 때문이다. 취재 수업에서 어떤 종류의 기사를 써보거나 직무를 수행해 봤다면, 그것은 언론사에 구직할 때 업무 이력으로 내세울 수 있을 정도의 배경이 된다.

어떤 업무를 수행함에 있어서 무엇을 목표로 삼느냐는 중요한 부분이다. 저널리즘 스쿨에서는 모든 취재보도에 있어서 '발간'이 전제이자 목표의 중심에 있다. 언제나 '발간 가능한' 기사만 용납하는 것이야말로 정말로 발간해도 손색이 없는 품질의 기사를 만들어 내는 비법이다.

프로들과
리그를 뛰어라

취재 수업을 들으면서 지역 뉴스를 취재할 때, 오클랜드 시에 위치한 비영리단체의 행사를 취재한 적이 있다. 행사장에서 주변 사람들과 인사를 나누던 중, 시장실 직원이 다가왔다. 당시 오클랜드 시는 한국 평택시와의 우호 도시 협약식을 앞두고 있었는데, 직원은 해당 행사를 소개하면서 취재할 의향이 있는지 물었다. 협약 당일 현장 취재에 나섰고, 기사는 저널리즘 스쿨에서 운영하는 지역 뉴스 매체인 〈오클랜드 노스〉에 실렸다. 바로 그 기사를 계기로 〈오클랜드 노스〉가 지역에서 지닌 영향력의 크기를 체감했다.

기사가 발간된 뒤, 독자들 사이에서 댓글이 우수수 달리기 시작했다. 협약 상대 도시가 위치한 한국이라는 나라로 관심사가 번진 게 발단이었다. 어찌 된 영문인지 알 수 없지만, 한국인들이 개고기를 먹는다는 사실이 알려지면서 반대 댓글이 이어졌다. 요지는 하나였다. 개고기를 먹는 나라와는 우호 도시 협약을 맺어서는 안 된다는 것이었다. 기사에는 우호 도시 협약을 맺은 도시들이 추후 관계가 돈독해지면 '자매 도시'로 발전한다는 내용이 있었는데, "절대 자매 도시는 안 된다", "이런 끔찍한 일을 멈춰라"는 등의 댓글이 달렸다.

얼마 후 시장실 직원을 다시 만났다. 그는 댓글을 언급하며 조심스레 물었다.

"지난번 그 기사와 관련해서요. 한국인이 개고기를 먹는 것과 관련해 사람들이 비판적인 댓글을 많이 달았더라고요. 저도 아시아 문화에 대해 이해하고 있긴 한데, 아무래도 시장실에서 신경을 좀 쓰긴 하네요. 혹시 개고기를 먹는 문화와 관련해 좀 더 설명해 줄 수 있나요?"

〈오클랜드 노스〉의 무게감을 느낀 순간이었다. 〈오클랜드 노스〉는 운영 주체가 학교일 뿐, 학교 밖에서는 기성 언론사와 대등한 존재감과 무게감을 가지고 있었다. 이후 시장실에서는 다른 사안을 놓고도 꾸준히 취재 문의를 해 왔는데, 시장의 의정 활동을 동행 취재하기도 하면서 여러 기사를 썼다. 시장실 직원들은 여느 언론을 상대하듯이 진지하게 취재에 응했다.

현장에서 취재하며 기사를 쓰는 순간, 학교라는 울타리는 사라졌다. 외부에 발간돼 독자와 소통하는 기사를 쓰는 이상 사람들은 학생을 '기자'로 인식했다. 업무에 대한 책임감도 학교 소속 학생이 아닌 언론매체 소속 기자로서 가져야 하는 것이었다.

저널리즘 스쿨이 운영하는 매체들은 현지에서 영향력이 상당하다. 미국에 언론사가 없는 도시나 지역이 적지 않기 때문이다. 신문 산업이 최근 수십 년간 쇠퇴하면서 경제적인 자립이 불가능해진 언론사들은 문을 닫았고,

언론사가 없는 지역을 지칭하는 '뉴스 사막'이라는 용어도 생겨났다. 이런 까닭에 〈오클랜드 노스〉는 오클랜드 시에서 가장 큰 언론 매체였고, 학교에서 운영하는 또 다른 언론 매체인 〈리치먼드 컨피덴셜〉은 리치먼드 시의 유일한 언론사였다. 다른 말로 하면, 주민들에게 있어서는 지역 소식을 접할 수 있는 몇 안 되는 수단이었다.

저널리즘 스쿨이 운영하는 매체들은 오늘날 지역 주민들에게 지역 언론사를 대체하는 역할을 하고 있다. 지역의 주요 취재원에게 저널리즘 스쿨의 약칭인 'J-스쿨'에 다닌다고 하면 "당신은 기자군요"라는 이야기를 듣곤 한다. 시청, 시의회, 시민단체 등 뉴스와 연관될 법한 취재원은 저널리즘 스쿨이 운영하는 매체를 주요 언론 상대로 인식하고, 취재를 의뢰한다. 그러다 보니 학생들이 취재 수업을 수강하며 시의회나 시장의 의정 활동을 취재하는 경우를 흔히 볼 수 있다.

한 마디로, 저널리즘 스쿨이 운영하는 매체는 '학보사'가 아니다. 이들 매체는 기성 언론사와 경쟁하며 학내가 아닌 도시 전역, 때로는 국가 전체나 글로벌 독자를 상대로 운영된다. 저널리즘 스쿨이 프로페셔널로서의 실무 역량을 키우는 '프로페셔널 스쿨'로 분류되는 것처럼, 이곳이 운영하는 매체는 '학생 매체'가 아닌 '프로페셔널 매체'를 표방한다. 미주리대 저널리즘 스쿨은 '프로페셔널 뉴스룸'이라 불리는 언론 매체를 여섯 개 운영하고 있는데, 그것이 학보사와 어떻게 구분되는지를 다음과 같이 설명하고 있다.[9]

....

9. University of Missouri(2020). Professional Media Outlets. Missouri School of Journalism,
    https://journalism.missouri.edu/real-world-experiences/professional-media-outlets/

미주리 저널리즘 스쿨 학생으로서 당신은 도시의 신문사, 〈NBC〉 계열사, 국제적인 잡지, 〈NPR〉 계열사, 또는 전국적인 고객을 상대하는 광고 대행사의 직원이 될 겁니다. 이런 매체들을 운영하는 프로페셔널 저널리스트는 당신을 가르치는 교수들을 겸할 겁니다. 우리 편집국에 한 발짝 들어와 보면 이것이 전형적인 대학 신문이나 학내에서만 방송되던 캠퍼스 TV 채널이 아니라는 것을 보게 될 겁니다. 이것들은 실제 청자, 실제 독자, 실제 시청자, 실제 고객들이 있는 실제 언론 매체들입니다.

저널리즘 스쿨이 운영하는 매체가 '프로페셔널 매체'를 표방하는 것은 많은 것을 시사한다. 프로페셔널 매체는 기성 언론사들과 경쟁해야 하고, 이를 위해서는 최소한 그 수준의 결과물을 생산해 내야 한다. 프로들과 함께 리그를 뛰려면 프로다운 실력을 지녀야 한다는 것이다.

언론사가 없는 도시라고 해서 독자들이 아무 뉴스도 얻지 못하는 것은 아니다. 주요한 이슈가 발생하면 다른 도시에 기반을 둔 언론사에서 취재하기도 하고, 지역의 프리랜서 기자들도 기사를 쓴다. 고로 존재 가치가 있으려면 다른 언론이 다루지 않는 것을 제공해야 한다. 기성 언론이 미처 취재하지 못한 지역의 이슈를 다루거나, 전국적인 이슈를 지역적인 관점에서 깊이 조명하는 식이다. 〈오클랜드 노스〉 담당 에디터는 기자들의 임무를 다음과 같이 설명했다.

"〈오클랜드 노스〉는 길거리 시위, 항구 봉쇄, 고속도로 셧다운을 취재했으며 올해는 정치 뉴스를 많이 취재할 것 같습니다. 도시는 사업과 기술 붐 속에 있으며, 스타트업, 해커톤, 인큐베이터의 근거지입니다. 새로운 숍과 클럽이 생겨나고 있으며 언제나 재밌거나 해볼 만한 이상한 무언가가 있습니다. 하지만 그 붐은 새로 온 기술 노동자와 오랜 거주자 사이의 균열, 비싼 월세 및 젠트리피케이션 위기, 노숙자 증가를 촉발했습니다. 지난해 예술 창고에서 36명을 숨지게 한 고스트 십(Ghost Ship) 화재는 형편없는 주거 기준에 대한 관심을 불러일으켰고 유사-합법 렌탈과 예술 공간에 대한 단속으로 이어졌습니다. 교육에 관심이 있다면, 오클랜드 학교들은 소수자 학생의 교육적인 성공을 끌어올리기 위한 사명과 함께 복잡하고 역동적인 곳입니다. 건강, 과학, 환경 담당 기자들은 만(bay), 국제 항구, 수많은 노후화된 슈퍼펀드[10] 장소들, 거대한 도시농업/바이킹/DIY 문화, 기후 변화에 맞설 의무가 있는 도시에서 기대할 수 있는 모든 환경 이슈에 더해 건강보험 논쟁에서 오는 지역적인 문제를 취재하게 될 것입니다. 법적인 이슈, 감시, 공공 안전을 취재하길 원한다면 이 도시는 악명 높은 범죄율을 낮추기 위해 싸우고 있지만 비판자들의 이야기를 빌리자면 그것을 연방 정부의 감독을 받는, 문제 많은 경찰국과 함께 시민의 자유를 침해하는 방식으로 하고 있습니다. 추방 및 난민과 관련된 법적인 이슈는 새 정부와 오클랜드의 피난 도시 지위를 감안했을 때 큰 이슈가 될 것입니다."

....

10. 공해 방지 사업을 위한 대형 자금을 뜻한다.

어떤 눈높이를 갖고 누구와 함께 리그를 뛰는지는 중요한 부분이다. 프로와 리그를 뛰는 사람은 프로다운 모습을 보이고, 프로다운 결과물을 만들어 낸다. 저널리즘 스쿨이 운영하는 매체도 마찬가지다. 이들이 내놓는 결과물의 수준은 몇 가지 현상을 통해 확인할 수 있다.

우선 저널리즘을 운영하는 매체가 기성 언론사로 독립하는 경우다. 이것은 학교가 운영하는 매체가 학교와 분리된 언론사로 탈바꿈해도 손색이 없을 정도로 운영됐다는 방증이다. 〈미션로컬〉은 2008년 출범 당시만 해도 UC버클리 저널리즘 스쿨 학생들이 샌프란시스코 지역사회를 취재해 기사를 싣는 매체였지만 지속적으로 성장한 끝에 2014년엔 학생 기자를 받는 대신 별도의 매체로 독립했다.[11] 학교와는 다소 거리가 떨어진 샌프란시스코를 커버하는 데다 학교 차원에서 운영하기에는 비용이 많이 든다는 등의 이유로 스핀오프 하게 된 것이라고 한다. 당시 저널리즘 스쿨 학장 에드워드 와서만(Edward Wasserman)은 "〈미션로컬〉은 독립적인 운영을 향해 가고 있었다"며 "이것은 그들의 성공에 대한 증명"이라고 말했다.[12]

언론사가 저널리즘 스쿨과 함께 지역 뉴스 매체를 운영하기도 한다. 〈뉴욕타임스〉는 뉴욕대 저널리즘 스쿨과 함께 맨해튼 지역을 취재하는 〈로컬

11. Lydia Chavez(2014). Mission Local Will Become Independent. Mission Local,
https://missionlocal.org/2014/02/mission-local-will-become-independent/
12. Joseph Lichterman(2014). Berkeley dean: Teaching hospital model isn't "some template that you simply apply and follow". Nieman Lab,
https://www.niemanlab.org/2014/02/berkeley-dean-teaching-hospital-model-isnt-some-template-that-you-simply-apply-and-follow/

이스트 빌리지〉를 2010년 출범시켰다.[13] 〈뉴욕타임스〉에디터 매리 앤 지오다노(Mary Ann Giodano)는 "〈로컬 이스트 빌리지〉는 이곳 커뮤니티와 국가 전역에 질 높은 온라인 저널리즘을 제공하기 위한 방법을 탐험할 또 다른 기회를 준다"며 "아울러 업무 결과물에 있어서 뉴욕대의 혁신을 보고, 보도에 독자를 더 관여시키고 관련시키는 것에 대해 더 많이 배울 수 있기를 희망한다"고 말했다.[14]

학교에서는 기성 언론사를 벤치마킹 대상이자 경쟁 상대로 삼았고, 어떻게 하면 더 나은 품질로 기사를 제작할 수 있는지 논의했다. 따라서 기사를 제작할 때마다 해당 소재를 다룬 기존 보도들을 찾고, 해당 보도와 차별화하면서 부가가치를 더할 방안을 생각해야 했다.

재학 중에 전과자들의 노동 문제를 취재한 적이 있다. 기사의 주요 소재 중 하나는 샌프란시스코 시청이 운영하는 공공 근로 프로그램이었는데, 전과자들을 채용해 길거리의 공공화장실 청소부로 일하도록 하면서 사회에 적

· · · · · · · · · · · · · · · ·

13. New York University(2010). The New York Times, NYU's Arthur L. Carter Journalism Institute to launch news site to cover East Village. NYU Press Release, https://www.nyu.edu/about/news-publications/news/2010/september/the-new-york-times-nyus-carter-journalism-institute-to-launch-news-site-to-cover-east-villagesept-13.html
14. New York University(2010). The New York Times, NYU's Arthur L. Carter Journalism Institute to launch news site to cover East Village. NYU Press Release, https://www.nyu.edu/about/news-publications/news/2010/september/the-new-york-times-nyus-carter-journalism-institute-to-launch-news-site-to-cover-east-villagesept-13.html

응하도록 하는 것이었다. 기사의 주인공은 청소년기에 중범죄를 저질러 수십 년간 복역한 뒤 청소부로 새 삶을 시작한 사람이었다. 취재를 하던 중, 지역 내 유력 매체인 〈샌프란시스코 크로니클〉에서 해당 프로그램과 노동자들에 대한 짤막한 기사를 실었다.[15] 교수는 해당 기사를 보고서는 이렇게 말했다.

"이 기사가 당신이 작업을 지속하지 못하게 한다고 생각하진 않습니다. 하지만 이것에 대해 아는 것은 중요합니다. 이 기사는 전과자들이 노동시장에 진입하는 데 있어서 마주하는 어려움에 대한 더 큰 맥락이 결여돼 있는 데다 멀티미디어 기사도 아닙니다."

〈샌프란시스코 크로니클〉 보도처럼 단순히 전과자 출신 화장실 청소부들이 무슨 일을 한다는 것을 보도하는 데 그치지 말고, 전과자의 노동문제에 대한 더 큰 맥락을 다루면서 멀티미디어로 구성해 차별성을 갖추라는 것이었다. 기존 보도에 있어서 여느 언론사처럼 접근한 것이다.

프로는 결과물로 승부한다. 에디터와 소통하고 편집회의에 참석하는 것은 더 나은 결과물을 만들기 위한 과정일 뿐이지, 목적 그 자체가 아니다. 이런 까닭에 주요한 취재 일정이 있으면 수업을 빠지는 일도 왕왕 있었다. 심지어 취재 수업 수강생 10여 명 중 3명이 취재를 이유로 동시에 결석한 적

....

15. Dominic Fracassa(2018). Reformed prisoners give back, save lives by monitoring SF's public restrooms, San Francisco Chronicle
https://www.sfchronicle.com/bayarea/article/Former-inmates-monitor-SF-s-public-restrooms-13498813.php?psid=oYYuQ

도 있었다. 수강생은 물론이고 에디터도 그것을 마땅히 여겼다. 언론사에서 기자들이 출장을 가면 편집회의에 빠지는 것이 당연하게 여겨지는 것과 매한가지였다.

편집회의를 동반한 취재 수업이 중요하지 않다는 것은 아니다. 특별한 사유가 없는 한 수업에 빠질 경우 불이익을 얻는다. 다른 말로 하자면, 수업을 빠져야 할 정도의 취재는 특별한 사유가 될 정도로 보도 가치가 높아야 했다. 3명이 결석한 상황을 예로 들자면 이렇다: 당시 수강생 한 명은 어업 분야에서의 아동 착취를 취재하기 위해 가나로 갔고, 또 다른 한 명은 인도의 젠더 문제를 취재하기 위해 인도로 갔으며, 나머지 한 명은 미국의 불법 이민자 추방 문제를 취재하던 중에 중요한 취재 일정이 수업 시간과 겹쳐서 못 왔다고 한다. 정말로 중요한 보도 소재를 진지하게 취재하고 있다면, 그것은 많은 경우에 '양해 사유'가 될 수 있었다.

학교라는 울타리에서 학생들과 견주면서 과제를 하는 것과 학교 밖 언론사 기자들과 경쟁하며 보도를 하는 것은 결코 같지 않다. 기사가 보도된다는 것은 취재 수업 강사인 에디터뿐 아니라 외부의 불특정 다수에게 공개되고, 수많은 독자들의 눈을 거친다는 것을 의미한다. 그것은 구성원이 산업계의 눈높이를 인식하면서 일하도록 촉진한다. 프로들과 리그를 뛰는 것은 프로의 우선순위와 지향점을 갖도록 하고, 정말로 프로가 되도록 한다.

바깥세상의 평가에
초점을 둬라

대학원 수준의 저널리즘 스쿨에서는 석사학위를 논문이 아닌 '프로젝트'를 통해 승인받는다. 프로젝트는 깊이 있는 취재를 통해 수준 높은 보도를 하는 것인데, 가장 많은 시간을 할애해 공들여 만드는 까닭에 포트폴리오의 꽃으로 불린다. 학교마다 묘사는 조금씩 다른데, UC버클리 저널리즘 스쿨은 "지도 교수의 밀접한 감독하에 고유의 취재를 완료한 작업"이라고 규정하고[16], 컬럼비아 저널리즘 스쿨은 "개별 지도자의 감독하에 일하면서 저널리스트가 추구하는 주제를 심층적으로 탐험하는 것"이라고 규정한다.[17] 뉴욕시립대에서는 이것을 최고의 업적을 의미하는 '캡스톤(Capstone)' 프로젝트라고 부르는데, 오늘날 멀티미디어, 인터랙티브 시장에 적합한 전문적인 수준의 품질을 가진 작품을 성공적으로 제작해 낼 것을 요구하고 있다.[18]

....

16. UC Berkeley Graduate School of Journalism(2021). Coursework & Degree Requirements, https://journalism.berkeley.edu/programs/mj/coursework-degree-requirements/
17. UC Berkeley Graduate School of Journalism(2021). Coursework & Degree Requirements, https://journalism.berkeley.edu/programs/mj/coursework-degree-requirements/
18. The Office of Student Affairs of Craig Newmark Graduate School of Journalism(2020). 2020-2021 Student Handbook. The City University of New York Craig Newmark Graduate School of

석사 프로젝트를 할 때 동기들과 각자 생각하는 목표가 무엇인지에 대해 이야기를 나눈 적이 있다. 절대다수가 학위를 승인받는 것이 아닌 언론사에서 기사가 '발간'되는 것을 목표로 꼽았다. 저널리즘 스쿨 구성원에게는 유수 언론사에서 기사가 발간되는 것이 가장 영예로운 것으로 꼽히고, 희소식으로 회자된다. 졸업 즈음에 학교에서 가장 자랑스럽게 알리는 소식이자 학생들의 부러움을 사는 소식 중 하나도 "누구의 기사가 어느 언론 매체에 발간됐다"는 것이다.

심혈을 기울여 제작하는 기사일수록 '외부의 평가와 인정'이 중시된다. 취재 수업을 들으면서 1~2주 단위로 취재하고 기사를 쓰는 소재는 학교에서 운영하는 지역 뉴스 매체에 실려도 그럭저럭 괜찮다. 하지만 석사 프로젝트처럼 야심 찬 기사일수록 넓은 세상으로 나가야 한다. 유력 매체에 실리면 이상적이고, 그렇지 않더라도 외부 언론사에서 발간되는 것이 좋다. 그것이야말로 학내가 아닌 언론계, 즉 바깥 '산업계'의 냉정한 평가를 통해 인정받는 지표기 때문이다.

국내에서 대학원을 다니는 기자들 중에는 논문을 학위를 받기 위한 '통과의례' 정도로 여기는 사람이 많다. 논문을 써야 학위를 준다니 쓰기는 하지만, 대단한 욕심이나 야심을 갖고 임하는 경우는 드물다. 너무 많은 품이 들거나

Journalism,
https://www.journalism.cuny.edu/wp-content/uploads/2021/03/newmarkjschool-handbook-2020-mar1.pdf

어려워 보이는 주제나 방법을 택하기보다는, 가급적이면 쉽고 편한 방식을 찾으려고 한다. 학내에서 평가받고 심사를 통과하면 그뿐이기 때문이다.

저널리즘 스쿨에서의 석사 프로젝트는 다르다. 학내에서의 통과는 기본일 뿐이고, 바깥세상에서 인정을 받아야 진짜 성공으로 여겨진다. 그 결과물이 기자가 그간의 커리어와 학교생활을 통해 축적한 역량을 보여주는 얼굴과도 같기 때문이다. 학생들은 누가 시키지 않아도 스스로 도전적인 과제를 택한다. 아프리카와 같은 해외 현장에 가서 국제적인 이슈를 탐사하기도 하고, 먼 도시에 출장을 다니면서 전국적인 이슈를 파헤치기도 한다. 글이나 동영상 정도로 기사를 심사받을 수도 있는데, 굳이 애니메이션이나 그래픽을 배워 부가가치를 더하고 어려운 길을 택하기도 한다. 기사의 품질을 높일수록 바깥세상에서 경쟁력을 갖출 가능성이 높기 때문이다.

학교생활 도중에 자주 들은 말이 있다. '한 발짝 더 나아가기'라는 것이다. 기자에게는 언제나 '한 발짝 더 나아갈 수 있는' 선택지가 있다. 취재를 조금 더 다각적으로 할 수 있고, 기사를 조금 더 가다듬을 수 있고, 멀티미디어 패키지를 한층 더 업그레이드할 수 있다. 열 발짝이 아닌 한 발짝은 미세하고 섬세한 영역이다. 굳이 한 발짝 더 나아가지 않더라도 학위를 받는 데에는 지장이 없을 것이다. 그럼에도 불구하고 기자들은 한 발짝 더 나아갈 것을 선택한다. 작은 부분이라도 최대한 더 나아질 방안을 탐색하고, 기사를 가다듬기 위해 노력한다. 누가 요청해서가 아니다. 바깥세상에서 인정받겠다는 스스로의 목표야말로 '한 발짝 더'의 추동력이 된다.

저널리즘 스쿨 학생의 기사가 외부에서 발간되는 사례는 일일이 열거하기 어려울 정도로 많다. 지금은 〈월스트리트저널〉에서 일하는 마크 바르타베디안(Marc Vartabedian) 기자는 UC버클리 저널리즘 스쿨 재학 당시 석사 프로젝트로 멕시코의 도시인 과나후아토(Guanajuato)에 대한 기사를 썼는데, 〈LA타임스〉 1면에 게재됐다.[19] 기사에 삽입된 메인 사진들은 저널리즘 스쿨 동기이자 사진 기자인 예시카 프라도(Yesica Prado)가 촬영했다. 이들의 동기인 레이첼 카산드라(Rachel Cassandra) 기자는 마약에 중독된 노숙자로서 아이를 키우는 여성을 통해 불평등 이슈를 조명하는 멀티미디어 기사를 석사 프로젝트로 제작했는데, 〈KQED〉에 게재됐다.[20]

저널리즘 스쿨에서 제작하는 것은 기사 쓰기에 국한되지 않는다. 논픽션 책을 쓰는 수업도 있고, 다큐멘터리 영화를 제작하는 수업도 있다. 어떤 종류의 작품을 제작하든 간에 외부 발간은 항상 따라다닌다. 컬럼비아 저널리즘 스쿨의 '2020년 영향력 리포트'에 따르면 샘 프리드먼(Sam Freedman) 교수가 가르치는 책 쓰기(Book Writing) 세미나 수업을 통해 프로젝트를 발전시킨 학생들이 책 출간을 계약한 건수는 92건, 책을 펴낸 권수는 71권에 이른

....

19. Marc Vartabedian(2018). In Mexico's own Motor City, billion-dollar investments but also fear of Trump's trade moves. Los Angeles Times,
     https://www.latimes.com/world/la-fg-mexico-nafta-autos-20180423-story.html
20. Rachel Cassandra(2018). 'It Controls You': 9 Months with a Fresno mother battling addiction and homelessness. KQED,
     https://www.kqed.org/news/11669155/it-controls-you-9-months-with-a-fresno-mother-battling-addiction-and-homelessness

다.[21] 같은 학교의 다큐멘터리 프로그램 소속 학생들은 최근 10년 동안 75개의 작품을 제작했는데, 그중 10개가 페스티벌에서 상을 받았으며, 6개는 〈PBS〉에서 상영됐고, 3개는 〈뉴욕타임스〉에 게재됐다.[22]

기사가 언론사에서 발간되는 것을 넘어서 제도를 바꾸는 등 사회에 영향을 미치는 경우도 있다. UC버클리 저널리즘 스쿨에서는 학생들과 교수진 등이 협업해 만든 노동 현장에 대한 다큐멘터리 'Rape on the Night Shift(야간 근무 도중의 성폭행)'가 〈PBS〉에서 방영됐다.[23] 이것은 노동자들의 권리를 보호하는 법안이 제정되는 것에 영향을 미쳤는데, 법안을 입안한 의원은 법이 노동자를 보호하는 데 있어서 허점을 드러낸 보도에서 영감을 받았다고 말했다.[24]

저널리즘 스쿨 학생들에게 있어서 최우선 순위는 외부에서의 평가라고 해도 과언이 아니다. 학문을 연구하는 대학원생이 학회지에서의 논문 발간

21. Columbia Journalism School(2020). Columbia Journalism School 2020 Impact Report, https://journalism.columbia.edu/system/files/content/impact-report-web.pdf
22. Columbia Journalism School(2020). Columbia Journalism School 2020 Impact Report, https://journalism.columbia.edu/system/files/content/impact-report-web.pdf
23. UC Berkeley Public Affairs(2015). Frontline airs 'Rape on the Night Shift' documentary, Berkeley News
https://news.berkeley.edu/2015/06/23/investigative-reporting-programs-new-rape-on-the-night-shift-documentary/
24. Sasha Khokha(2016). 'Rape on the Night Shirt' Investigation Helps Change California Law, KQED
https://www.kqed.org/news/11090957/rape-on-the-night-shift-investigation-helps-change-california-law

을 가치 있게 여긴다면, 취재하고 기사를 제작하는 기자들은 언론사에서의 발간을 포함한 산업계의 인정을 무척이나 가치 있게 여긴다.

기사의 발간 못지않게 영예로운 것은 '수상'이다. 미국에서는 기성 언론사에 소속된다는 것만이 '기자'라는 타이틀을 부여하거나 기자로 일할 기회를 주지 않는다. 프리랜서 기자나 학교에 소속돼 있는 기자가 유수의 저널리즘 작품으로 상을 타는 경우도 흔하다. 좋은 작품을 제작해 유수 언론사에 기사를 발간하고, 수상까지 할 수 있다면 금상첨화다. 멀티미디어 기사를 제작하는 학생에게는 미국 온라인뉴스협회가 주는 '온라인 저널리즘 어워드'가 무척 영예로운 상으로 꼽힌다. 학생들은 고품질 기사를 제작해 수상 기회에 도전할 것을 권유받는다.

저널리즘 스쿨이 발간하는 뉴스레터의 내용만 봐도 관심사의 중심을 엿볼 수 있다. 통상 뉴스레터에는 학생이나 교수, 동문 등이 어떤 훌륭한 작품을 제작했고 그것이 외부에서 어떻게 인정을 받았는지가 담긴다. 학장이 보낸 뉴스레터 일부를 예로 들면 이런 식이다.[25]

4월에는 2년 차 학생들이 퓰리처센터, 뉴욕타임스 Op-Docs,[26] 트라이베카(Tribeca) 영화연구소가 주관한 전국 다큐멘터리 피치(pitch) 대회 파이널리스트 출전을 위해 뉴욕으로 갔습니다. 레이시 제인 로버츠(Lacy

....

25. 2017년 6월 24일 UC버클리 저널리즘 스쿨 학장의 온라인 뉴스레터.
26. 독립 제작자들이 만든 짧은 다큐멘터리를 뜻한다.

Jane Roberts), 루이자 콘론(Louisa Conlon), 한나 밀러(Hanna Miller)는 시리아 난민과 그의 아버지가 캐나다에서 새 삶을 시작하기 위해 노력하는 모습을 담은 다큐멘터리 영화를 만드는 데 1만 달러의 보조금을 타냈습니다. 같은 세 명의 학생들은 로자 퍼눅스(Rosa Furneaux), 리스 더볼트(Reis Thebault), 나다인 세바이(Nadine Sebai)와 함께 미국기자협회의 2016 전국 일류 대회(Mark of Excellence National Competition) 본심 진출자이자 우승자였습니다. 이외에 칼레드 세이드(Khaled Sayed)는 흑인기자협회의 비주얼 태스포스 상을 받았습니다. 마르코스 마르티네스 챠콘(Marcos Martines Chacon)은 해외언론협회 장학금을 받았습니다.

저널리즘 스쿨 학생들의 머릿속에는 한 편에 '어떻게 하면 더 멋진 기사를 제작할까'가 있다면, 또 다른 편에 '어떻게 하면 그 기사를 외부에 발간할까'가 있다고 해도 과언이 아니다. 2020년 코로나19가 전 세계적으로 확산됐을 때, 후자가 더욱 빛이 났다. UC버클리 저널리즘 스쿨은 코로나19가 캘리포니아에 미치는 영향을 취재하는 데 있어서 〈뉴욕타임스〉와 협력했다.[27] 학생과 강사진이 취재팀을 구성해 저널리즘 스쿨 부속기관인 '탐사보도 프로그램'과 함께 캘리포니아의 58개 카운티를 취재하며 〈뉴욕타임스〉에 기사를 싣는 것이었다. 2020년 6월 3일 기준으로 학생 29명의 이름이 〈뉴욕

....

27. 2017년 6월 24일 UC버클리 저널리즘 스쿨 학장의 온라인 뉴스레터.

타임스〉 기사에 바이라인, 취재 기여자, 사진 촬영자 등의 형식으로 실렸으며 학생 4명이 작성한 기사는 신문 1면에 게재됐다.[28]

코로나19로 인해 예전처럼 대면으로 취재 수업을 하지 못하고, 학교생활에 제약이 있는 것은 악재다. 하지만 그로 인해 유수 언론사에 기사를 게재할 흔치 않은 기회를 얻는다면 굉장한 호재이기도 하다. 그것이야말로 더 나은 일자리와 커리어에 직결되는 이력이기 때문이다.

모든 기자는 우물 안에 머물러서는 안 된다. 힘들고 어렵더라도, 울타리 밖에서 인정을 받고 더 많은 독자를 만나며 발전해야 한다. 몸은 학교라는 현장에 발판을 두고 있더라도, 눈은 외부를 향해야 한다. 그것이야말로 어떤 상황에서도 한 발자국 더 나아가도록 하는 원동력이다.

· · · · · · · · · · · · · ·

28. John Otis(2020) The journalism students helping the times cover california. The New York Times.
   https://www.nytimes.com/2020/06/03/reader-center/berkeley-new-york-times-partnership.html

국경 없이
현장을 누벼라

첫 취재 수업을 수강하던 1년 차 시절, 수업에서 조교로 일하던 2년 차 학생이 아프리카 케냐로 취재를 떠나는 일이 있었다. 해외 출장으로 인해 마지막 수업에 빠지게 되자, 에디터는 어떤 기사를 취재하는지 수강생들에게 설명해 줄 것을 요청했다. 그녀가 말했다.

"케냐 북부 지역에 있는 여성들에 대한 성 착취와 기후 변화에 대한 기사예요. 현지에서 일했던 비영리 기구는 겨우 12세밖에 안 된 소녀들이 성적으로 착취당하다가 구조되는 사건을 지난 12~14개월간 많이 목격했다고 해요. 소녀들을 인터뷰해 보니 시골에서 왔고, 엄마들이 그곳으로 보낸 것이었어요. 마을은 케냐에서 소외된 곳이었는데, 가뭄으로 인해 생계가 어려워지자 남자들이 많이 떠나고 여성과 소녀들만 남았어요. 여성들에게 이런 현상이 사회를 어떻게 바꿨는지, 무엇이 딸들을 성매매하는 곳으로 보내도록 했는지 묻고 싶어요."

장거리 해외 출장은 웬만한 기성 언론사에서도 흔히 얻기 어려운 기회다. 하물며 학교에 소속된 학생 신분으로 출장 예산을 어떻게 마련했는지 궁금

했다. 그녀는 답했다.

"학교에서 출장비를 지원해 줬어요. 그렇지 않았다면 갈 수 없었겠죠. 적극적이고 헌신적인 태도로 좋은 피치(pitch · 기사 제안)를 준비한다면 여행 경비를 받을 수 있을 겁니다."

저널리즘 스쿨에서는 출장이 동반되는 취재에 여행 보조금을 지원하고 있었다. 미국을 기준으로 국내 출장은 최대 750달러, 해외 출장은 최대 2,000달러를 지원했다. 물론 항공비와 숙박비, 현지 경비 등을 감안하면 장거리 해외 취재에 2,000달러는 대개 충분치 않다. 케냐로 떠나는 학생은 과거 아프리카에서 취재를 해 본 경험이 있기에 배낭, 모기장, 침낭, 워킹 부츠 등 필요한 장비를 갖고 있어서 경비를 그나마 아낄 수 있었다고 한다. 그럼에도 불구하고 최대한 예산을 아끼기 위해 "저렴하고 끔찍한 비행기를 타려고 한다"며 웃었다.

예산은 빈약하지만, 저널리즘 스쿨 학생 중 해외 취재를 지망하고 떠나는 사람들이 적지 않다. 학교에서도 출장비 신청을 적극 권장한다. 교수들은 출장비 신청 계획과 준비 상황을 점검하고 조언하기 위해 수업 시간 중 일부를 별도로 할애하기도 했다. 예산의 한계로 인해 넉넉한 출장은 제공할 수 없지만, 적어도 해외라는 이유로 선은 긋지 않는다. 얼마나 멀리 떨어진 곳에서 어떤 국제적인 이슈를 다루고 싶어 하더라도 '학교라서' 발이 묶이는 일은 없다는 것이다. 누구나 제약 없이 크고 넓게 생각하며 취재를 구상할 수 있어야 했다.

언론사 기자들과 같은 리그를 뛰며 경쟁한다는 것은 취재의 반경이나 깊이가 여타 언론사 못지않아야 한다는 것을 의미한다. 학생들은 아프리카건 아시아건 해외 취재를 가겠다고 제안하며, 학교는 그들이 최대한 '국경 없이' 현장을 누빌 수 있도록 돕는다. 저널리즘 스쿨이 진정으로 편집국 같은 경험을 표방한다면 국제 뉴스 취재는 빠질 수 없는 부분이다.

미국 언론사에서 국제 뉴스는 중요한 부분을 차지한다. 한국에서는 신문사들이 해외 특파원을 두고 있는 나라가 대개 5곳이 채 되지 않지만, 2015년을 기준으로 미국의 〈월스트리트저널〉은 49개국에, 〈워싱턴포스트〉는 15개국에 해외 특파원을 두고 있었다.[29] 게다가 미국 언론사의 취재 반경은 해외 지국이나 특파원 차원을 넘어선다. 많은 언론사들이 현지 프리랜서와의 계약을 통해 다양한 국제 뉴스를 다루며, 비중 있게 보도한다.

저널리즘 스쿨 학생들이 졸업 후 마주할 현장은 자국을 넘어서 제2, 제3의 나라일 수 있다. 그렇다면 국내 뉴스 취재에만 머무를 수 없는 것은 자명하다. 학교에서 국제 뉴스 취재를 지원할 뿐 아니라 해외 취재 경험이 있는 교수진을 선발하고, 커리큘럼을 개설하는 이유다.

UC버클리 저널리즘 스쿨에서는 2018년 〈뉴욕타임스〉 인도 특파원 출신 기타 아난드(Geeta Anand) 교수가 '인도 국제 취재'라는 과목을 가르쳤다. 해당 수업은 학교가 비용을 지원하는 해외 출장을 전제로 했는데, 단순히 현

....

29. Anup Kaphle(2015). The foreign desk in transition. Columbia Journalism Review,
    https://www.cjr.org/analysis/the_foreign_desk_in_transition.php

지 취재를 경험하는 수준에서 그치는 게 아니었다. 수업은 국제 뉴스 취재를 위한 중요한 질문을 다루고, 언론사에서 발간 가능한 수준의 기사를 작성하는 것을 목표로 했다. 교수는 '인도 국제 취재' 과목에 대해 다음과 같이 안내했다.

"인도는 중국의 정치적 및 경제적 라이벌로서 잠재력을 실현하는 데 있어서 왜 실패했는가? 이것은 민주주의의 실패인가, 리더십의 실패인가? 이 모든 것은 학생들이 3월에 열흘간 인도에 출장을 가서 취재하기 위한 기사 아이디어를 발전시키는 데 있어서 서곡이 될 것이다. 돌아온 뒤에 발간 가능하도록 기사를 수정할 것이다."

해외 출장을 동반한 수업은 이뿐이 아니었다. 해외의 환경 이슈를 취재하는 수업도 있었다. 학생들은 이 수업을 통해 환경 분야의 취재보도를 배우는 한편, 해외에 가서 직접 취재하기도 했다.

해외 출장은 '누구나' 갈 수 있지만, '아무나' 갈 수 있는 것은 아니다. 모두에게 기회가 열려있지만, 심사를 거쳐야 한다. 기초 취재를 하고, 중요성을 납득시킬 수 있어야 했다. 출장비 지원을 위해 제출해야 하는 '취재 프로젝트 제안서'는 여느 언론사 못지않게 체계적이었다. 우선 프로젝트에 대한 묘사, 사전 취재한 내용, 본인이 직접 취재하는 부분에 대한 계획, 예산 등을 포함해야 했다. 프로젝트는 충분한 기사 가치가 있음을 입증해야 했는데, 통상적으로 기사를 제안할 때 필요한 주요 요소가 담겨야 했다. 가이드라인은 이렇게 안내했다.

최근 5년간 어떤 미디어에서든 당신이 취재하는 주제에 대해 다룬 기사들의 리스트를 포함시키고, 자신의 기사가 어떻게 다르거나 어떤 식으로 기존 보도를 기반으로 할 것인지 적으십시오. 기존 보도 리스트는 다른 보도의 맥락을 고려했을 때 여러분의 프로젝트가 왜 중요한지에 대해 설명하는 내러티브여야 합니다. 본인이 제안한 여행 및 취재의 타임라인과 최종 프로젝트에 대한 묘사, 프로젝트와 관련된 다른 정보도 포함시키십시오. 제안서에는 무엇이 스토리이고 어디까지 취재가 되는지, 인터뷰에 동의한 주요 인물과 전문가는 누구인지, 기사의 더 큰 중요성은 무엇인지와 같은 것에 대한 답도 적는 것이 좋을 겁니다.

관리 감독도 뒤따랐다. 제안하는 기사가 특정 수업과 연계될 필요는 없지만, 출장비 지원을 받으려면 에디터 역할을 하는 교수의 지도를 받아야 했다. 교수는 취재 프로젝트가 진행되는 동안 지원자를 돕고 조언하는 데 헌신할 것을 명심하고 지원서에 사인해야 했다. 기사가 성공적으로 마무리될 수 있도록 지원하는 '무형의' 책임 역시 명확히 하는 것이다.

국내 언론사들은 해외 출장에 충분히 적극적으로 임하지 않는다. 여기서 '적극적'이라 함은, 주요 행사에 참가하거나 외부 기관의 출장비 지원을 받아 떠나는 것을 넘어서 자체적으로 해외 이슈를 발굴해 떠나는 일이 드물다는 것이다. 대형 이슈가 발생하지 않는 이상 해외 취재를 적극적으로 권하는 경우도 보기 드물다. 대부분의 경우에는 해외 취재에 있어서 축소 지향적으로 생각한다. 재정적인 제약으로 인한 측면도 있겠지만, 반드시 그런 것만은 아니다. 저널리즘 스쿨 역시 예산의 한계로 인해 출장비를 부족하게 지원하지만, 분위기는 딴판이다.

학교에서는 출장비 지원을 신청하고도 못 받거나, 출장비 지원을 신청하기엔 애매하게 가까운 지역을 취재하는 까닭에 지원을 못 받는 경우가 있었다. 어떤 학생들은 학교에서 차로 두세 시간가량 떨어진 도시에서 나타나는 불평등과 양극화 문제를 취재했는데, 그곳을 자주 드나들며 취재하는 까닭에 기름값이나 숙박비가 숱하게 들곤 했다. 출장비 지원 대상은 아니었지만, 교수는 언제든지 자신을 찾아와 취재 경비를 받아 가도 된다고 했다. 연구비에서 지원해 줄 테니 절대 비용 때문에 걱정하거나 한계를 긋지 말고 주저 없이 도움을 청하라는 것이었다.

출장에 대한 지원은 물질적인 자금의 이슈라기보다는, '사고'의 이슈에 가깝다. 생각의 넓이는 주머니 사정과 반드시 비례하지 않는다. 학생들 중에는 출장비 지원을 받지 못하는 경우도 있었고, 출장을 가더라도 비용의 제약으로 인해 동료와 숙소를 함께 쓰는 등 쪼들리며 다녀오는 경우가 대다수였다. 그럼에도 불구하고 누구도 취재를 구상할 때 범위를 '자금 사정'에 맞추지 않았다. 어떠한 경계도 없이 기사를 고안하는 것이 우선이었고, 취재 방법을 찾는 것은 그다음이었다. 학교에는 어떻게든 방법을 찾아 코칭하고 지원하려는 에디터들이 있었다.

국제 뉴스는 오늘날 대다수 저널리즘 스쿨의 커리큘럼에서 중요한 축을 차지하고 있다. 컬럼비아대 저널리즘 스쿨에는 '국제(International)'가 세부 전공 분야로 개설돼 있다.[30] 뉴욕시립대 저널리즘 스쿨에도 세부 전공으로 '해외 취재(International Reporting)'가 있다. 경제, 국제화, 인권, 이민, 종교, 환경 변화, 외교정책, 개발 등을 국제적인 맥락에서 가르친다.[31] 국제 뉴스를 가르치고 지원한다는 것은 프로그램 이상을 상징한다. 이것은 기자라면 세계 곳곳을 누빌 수 있고 누벼야 한다는, 사고와 업무의 '범위'를 의미한다. 최고의 결과물을 지향한다면 어떤 경우에도 한계를 두지 않고 크게 생각하고 실행할 수 있어야 한다.

저널리즘 스쿨에서 학생들의 취재엔 국경도 한계도 없다. 오로지 최고의 기사를 만들어내는 것이 중요할 뿐이다. 모든 것이 완벽하게 뒷받침되는 것은 아니지만, 모든 취재에는 길이 있다. 모두가 모든 기회를 얻지는 못하더라도, 길이 열려있다는 것만큼은 중요한 것이다.

....

30. Columbia Journalism School. International,
    https://journalism.columbia.edu/international
31. Craig Newmark Graduate School of Journalism(2020). International Reporting. Craig Newmark Graduate School of Journalism,
    https://www.journalism.cuny.edu/future-students/m-a-in-journalism/subject-concentrations/international-reporting/

학위보다
전문성을 따져라

저널리즘 스쿨 재학 중에 교수 선발이 진행된 적이 있다. 취재 수업을 가르치고 취재 커리큘럼 전반에 대한 전략적인 방향을 제공하는 한편, 석사 프로젝트를 지도하는 것이 주요 역할이었다. 후보자들은 심사를 거쳐 최종 네 명으로 압축됐는데, 학교를 방문해 나흘에 걸쳐 교수진과 학생, 직원 등을 만나도록 돼 있었다. 학교에서는 이들의 이력을 사전에 배포해 확인할 수 있게 했는데, 이후 끝내 선발된 교수가 지금은 학장이 된 기타 아난드(Geeta Anand)다. 당시 학교에서 공유한 아난드의 소개 글은 다음과 같이 기술돼 있었다.

기타 아난드는 탐사보도와 내러티브 논픽션에 전문성을 가진 풀리처상 수상 저널리스트다. 그녀는 뉴잉글랜드의 작은 신문사에서 법원, 범죄, 지방정부를 취재한 것을 시작으로 지난 27년간 기자였다. 〈보스턴글로브〉에서 정치를 취재했으며, 〈월스트리트저널〉로 옮겨 탐사보도와 건강에 대한 전문성을 키웠다. 바이오 기술을 담당하면서 해당 분야의 기사를 책《*The Cure*》로 써냈고, 그 책은 해리슨 포드(Harrison Ford)가 출연한 영화《*Extraordinary Measures*》로 만들어졌다. 지난 10년을 인도에서 해외 특파원으로 보냈는데, 가장 최근에는 〈뉴욕타임스〉에서 일했다.

아난드를 포함해 최종 후보자 넷은 하나같이 '기자로서' 무슨 취재를 하고 어떤 인정을 받았는지를 강조하고 있었다. 무슨 연구로 어떤 성과를 냈다는 '학계에서의 업적'이 아닌, 현장에서 어떤 업적을 쌓고 성과를 냈다는 '언론계에서의 업적'이 가득했다는 것이다. 그도 그럴 것이, 저널리즘 스쿨 교수들은 대개 박사학위가 없다. 이때 선발된 아난드 교수의 경우 최종 학력은 학사다. 한국에서는 고개를 갸우뚱할 대목이지만, 미국에서는 전혀 놀라운 대목이 아니다. 학생들을 가르치는 교수진의 지향점이 국내와는 완전히 다르기 때문이다.

저널리즘 스쿨은 '최고의 저널리스트'를 길러내는 것을 사명으로 한다. 훌륭한 대학에서 높은 학위를 받았다 한들, 저널리스트로서의 경험과 업적이 없는 사람이 저널리스트를 길러낼 수는 없다. 교수는 에디터로서 취재보도를 코칭하고 포트폴리오를 지도하며 커리어 발전을 이끌어야 한다. 이를 위해서는 바깥 언론계에서 무엇이 어떤 눈높이로 요구되는지 알고, 무엇을 어떻게 제작해야 하는지 실전에 정통해야 한다. 교수진의 이력은 다른 학과 교수와 비교하면 이단아 같아 보일지 몰라도, 학교가 배출하고자 하는 인재의 지향과 맥을 같이 하고 있다.

현장 경험 없이 현장을 뛰는 기자들을 지도하는 것은 사실상 불가능하다. 수술 메스를 단 한 번도 잡아보지 않은 의사가 의대생을 가르치는 경우를 생각해 보면 이해가 갈 것이다. 최근까지 복잡한 수술을 성공적으로 수행한 경험이 많을수록 후배 의사를 잘 가르칠 가능성이 높다. 마찬가지로 교수진과 강사진의 실무 경험과 역량은 학생들의 취재 지도에 있어서 핵심적인 부분을 차지하고 있다.

취재 수업을 수강할 때, 동료 수강생이 학교의 이민 관련 부서를 통해 불법 체류자 학생들을 섭외해 보겠다는 구상을 이야기한 적이 있다. 에디터는 다음과 같이 조언했는데, 아마 취재 경험이 없었다면 이 같은 노하우를 제시할 수 없었을 것이다.

"해당 부서에 불법 체류자 학생들의 연락처를 달라고 하면 절대 받지 못할 거예요. 민감한 개인 정보이니 학교는 당연히 주지 않습니다. 그럴 때는 기자의 정보를 그들에게 공개하십시오. '무슨 이슈를 취재하는 기자인데, 어떤 취재를 하고 어떤 이야기를 듣고 싶습니다. 당신이 가진 명단에 수록된 학생들에게 제 연락처를 주고, 이런 이슈에 대해 이야기하고 싶은 사람이 있으면 연락을 달라고 하십시오'라며 연락처를 남기는 것입니다. 그러면 누군가가 연락을 할 것입니다."

국내 언론대학원에서는 특임교수나 초빙교수 등이 아닌 정교수로 일하려면 대개 박사학위가 있어야 한다. 언론사 기자들이 박사학위를 받으려 하는 것도 언젠가 학교에서 가르치려면 학위가 있어야 하기 때문이다. 박사과정이 현장에서의 실무역량과 별 관련이 없더라도 말이다.

저널리즘 스쿨에서 교수나 강사진은 '전문성'을 기준으로 선발된다. 석사 이상의 학력이나 그에 준하는 경력을 요구하곤 하지만, 박사까지 요구하는 경우는 거의 없다. 다른 말로 하자면 박사학위 없는 현장 전문가는 채용되지만, 현장 경험 없는 박사가 채용되는 일은 없다. 채용 공고를 보면 현장에서의 업적과 평판이 학위보다 압도적으로 중요하다는 점을 볼 수 있다. UC 버클리 저널리즘 스쿨이 취재 담당 교수를 뽑을 때 공고를 통해 내건 요건은 다음과 같았다.[32]

기본적인 자격: 석사학위 또는 유사한 학위, 또는 지원 시점에 최소 10년의 관련된 프로페셔널 경험

요구되는 자격: 업무 시작 시점을 기준으로 최근에 최소 5년간 뉴스 취재 혹은 에디팅을 한 경험, 프로페셔널한 수준에서 조언하고 가르칠 수 있는 능력 발휘, 매체에서 상당한 성과를 냈거나 인정을 받았거나 영향

....

32. University of California, Berkeley. Assistant, Associate or Full Professor of News Reporting – School of Journalism(deadline extended),
https://aprecruit.berkeley.edu/JPF01519

을 끼친 기록

*선호하는 자격: 공공 서비스 취재를 강화하는 것과 같은, 저널리즘 직업
이 마주하는 더 큰 질문들에 관여한 경험, 다양성에 강력하게 기여할 수
있는 잠재력, 기술 취재나 과학 취재와 같은 특정한 주제 취재에 대한
전문성*

저널리즘 스쿨 교수들은 대부분이 현장에 발을 담그고 있다. 프리랜서 기자로 일하면서 언론사에 기사를 기고해 싣기도 하고, 다큐멘터리를 촬영하거나 사진 취재를 하기도 한다. 파트타임 강사의 경우 언론사에 소속된 채로 휴직을 하거나, 근무를 하면서 일과 후에 학생들을 가르치는 경우도 적지 않다. 어떤 면에서는 경영학과 교수들이 직접 사업을 하면서 수업을 가르치는 것에 비유할 수 있는데, 엄밀히 말하면 그보다 현장에 더 가깝다. 다른 학과에는 현장을 겸한 교수와 이론만 연구하는 교수가 섞여 있다면, 저널리즘 스쿨에서는 교수들이 100% 현장 전문가다.

교수와 강사진에게 있어서 전문성은 과거가 아니라 현재에 대한 것이다. 현장 '출신'이 아니라 어떤 형식으로든 꾸준히 취재와 제작을 한다는 것이다. 그것은 단순히 실무 감각을 잃지 않는다는 것을 넘어서 학생보다 현업을 더욱 노련하게 꿰뚫고 있다는 것을 의미한다.

UC버클리 저널리즘 스쿨에서는 학내에서 대규모 시위가 벌어지면 40년이 넘도록 사진 기자로 일해 온 교수 켄 라이트(Ken Light)가 현장에 나가 취

재를 하곤 했다. 비주얼 저널리즘 수업을 가르치는 교수는 자체적으로 다큐멘터리를 제작하고 있는 현업 제작자였다. 적어도 저널리즘을 배우고 가르치는 공간에서는 경력의 시계가 과거에 멈춰있는 사람이 없었다. 모두가 어떤 방식으로든 끊임없이 현업에 발을 담갔다. 이런 까닭에 학교 소식에는 학생뿐 아니라 교수진이나 강사진이 현장에서 낸 업적도 소개됐다. 어느 매체에 기사를 게재했다거나 무슨 책을 발간했고, 무슨 다큐멘터리를 제작해 수상했다는 식이다.

교수나 강사진이 현업을 겸하는 것이 이점만 있는 것은 아니다. 잡지사를 휴직하고 취재 수업을 가르친 에디터는 한 학기 동안의 휴직 기간이 끝나자 회사로 되돌아갔다. 언론사에서 일하면서 데이터 저널리즘을 가르친 강사는 평일 저녁과 주말에만 시간을 낼 수 있었다. 다큐멘터리 제작자인 교수는 촬영으로 출장을 다녀와야 해 수업을 휴강하는 일이 왕왕 있었다. 학교 측에서도 수업 휴강을 비롯해 겸업으로 인한 손실을 알고 있지만, 그런 형태를 유지하는 이유가 있었다. 무언가를 이론적으로 가르치거나 오래전 현장을 이야기하는 게 아니라, '요즘 현장'에서 마주칠 수 있는 실질적인 것들을 A부터 Z까지 알려줄 수 있다는 것이다.

현장 전문가들은 이론가가 알 수 없는 세세한 부분까지 조언해 준다. 이를테면 다큐멘터리 촬영 장비가 굉장히 무겁고 신체적인 부담을 주는데, 임신부 제작자들은 어떻게 일하게 되는가? 다큐멘터리 제작자로 일하는 교수는 이에 대한 연구 자료를 제시하거나 인터뷰 과제를 내는 대신, 자신의 여성 동료가 임신 6개월 반인 상태로 화씨 102도(섭씨 39도) 날씨에서 촬영한 경험에 대한 전언을 공유했다. 해당 동료는 열기 속에서 땀을 굉장히 많이 흘렸지만, 수분을 충분히 섭취하고 칼로리가 높은 스낵들을 정기적으로 먹는다면 일을 "완전히 할 수 있다"고 말했다고 한다. 당연한 조언일 수도 있지만, 현장의 경험담을 직접 듣는 것은 어떠한 연구 자료나 이론보다 도움이 될 때가 많다.

다양한 현장에서 각양각색의 상황을 마주하며 일해 본 사람만이 할 수 있는 조언이 있다. 위의 교수는 다큐멘터리 제작자로 일하는 것이 댄서나 운동선수로서 일하는 것과 비슷하다고 말했다. 촬영과 편집을 할 때 몸을 써야 하는데, 허리를 부상당하면 운동선수의 커리어가 끝나듯이 다큐멘터리 제작자 역시 커리어가 끝날 수 있다는 것이다. 그는 이렇게 당부했다.

"매주 3~5회 최소 30분씩 격렬한 전신 운동을 정기적으로 하는 것은 분명한 효과가 있습니다. 수영이 가장 좋을 것이고, 달리기나 다른 유산소 운동도 좋습니다. 매일 일상에서 엘리베이터 대신 계단을 이용하고, 운전을 하는 대신 걷거나 자전거를 타십시오. 담배는 피우지 마십시오. 일터에서는 타협 없이 꼭 잠을 충분히 자고 잘 먹고 수분을 섭취하십시오. 절대 '일이 끝나면 먹겠습니다'라든지 '50세가 되면 잠을 자겠다'고 말하지 마십시오. 더위 속에서나 고도가 높은 곳에서는 물을 하루에 1갤런(약 3.785L) 이상 마시십시오. 목이나 입이 마르고, 어두운 노란색의 소변이 나오거나, 두통과 같은 탈수 증상이 발현될 때 주의하십시오. 목이 마르기 전에 물을 마십시오. 무거운 짐은 항상 신체 가까이서 들고, 신체가 옆으로 뒤틀리는 방식으로 들지 마십시오. 편집하는 의자에서는 몸을 굽히지 마십시오. 시간당 최소 한 번은 휴식을 취하고, 걷거나 뛰십시오."

취재보도 과정에서 오가는 대화와 조언을 듣다 보면 '이론을 연구하는 학자가 과연 저 질문에 어떻게 대답할 수 있을까'라는 생각이 든다. 사실상 불가능할 것이다. 저널리즘 스쿨에서 오로지 현장 전문가를 채용하는 이유다. 학교 커리큘럼에도 현장과 무관한 이론이나 과제는 등장하지 않는다. 실무 역량으로 똘똘 뭉친 에디터들은 철저하게 언론계에서 쓰이는 것만 가르친다. 현장 전문가가 전할 수 있는 조언은 실무에서 어떤 교과서보다 값진 정보가 된다.

학교라는 틀 안에 있더라도, 학과는 유연해질 수 있다. 석·박사학위가 없는 교수의 지도를 받고, 논문이 아닌 기사 프로젝트를 통해 심사를 받아 석사학위를 받을 수 있다. UC버클리 저널리즘 스쿨에서는 그렇게 주는 석사학위를 '저널리즘 석사(Master of Journalism)'라고 부른다.

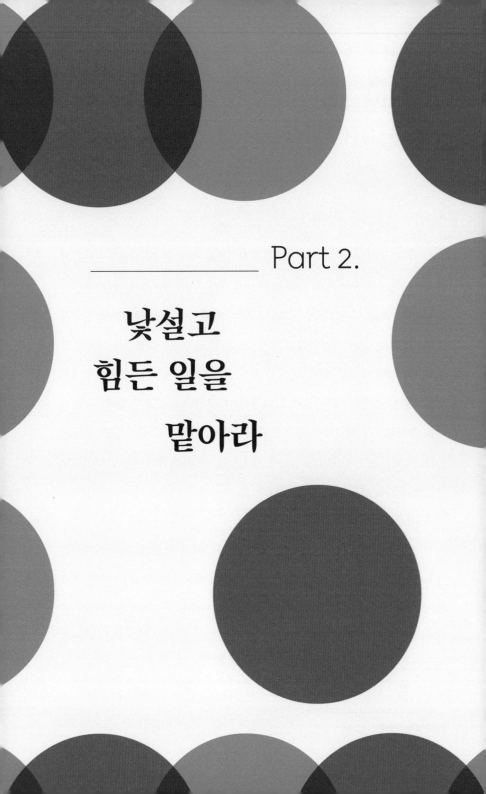

_____ Part 2.

낯설고
힘든 일을
맡아라

치열함을
각오하라

저널리즘 스쿨 입학 직후, 본격적으로 수업을 듣기 전에 '부트 캠프(Boot Camp)'를 통해 기초 교육을 받아야 했다. 부트 캠프를 직역하자면 '신병 훈련소'인데, 취재보도에 필요한 다양한 역량의 기본을 단기간에 압축적으로 가르치는 교육 과정이라고 할 수 있다. 부트 캠프는 2주간 진행됐는데, 공식 커리큘럼이 오전 9시부터 오후 9시까지 진행됐다. 하루 종일 빡빡하게 프로그램이 진행된 데다, 저녁 강의가 끝난 뒤에도 동료들과 함께 팀별 과제를 준비하느라 매일같이 자정이 돼서야 집에 돌아온 경우가 많았다. 당시 부트 캠프 일정은 미국의 노동절과 겹쳤는데, 다른 학과들은 휴강하더라도 우리는 수업을 했다. 교수는 말했다.

"기자는 휴일 없는 것 알지요?"

이것은 부트 캠프에만 해당되는 것이 아니었다. 학교생활 내내, 일과시간 이후나 휴일에 일을 하는 것은 당연하게 인식됐다. 기자가 하는 일의 주요한 부분인 '취재'는 강의실 밖에서, 평일 일과시간이라는 범주를 벗어나 굴러가기 때문이었다. 한번은 취재원으로부터 토요일에 열리는 행사에 초대를 받아 에디터에게 얘기한 적이 있다. 그는 "가서 취재를 하라"며 말했다.

"끊임없이 과제가 주어지고 쉴 없이 일이 떨어지지 않나요? 그것이 실제 기자의 삶입니다. 지속적으로 무언가 일이 주어지고 계속 이슈를 따라잡아야 하는 것 말입니다."

취재를 마치고 돌아와 밤늦게 기사와 씨름하고 있노라면 휴대전화가 울리곤 했다. 에디터와 수강생들이 모바일 메시징 앱에서 단체 대화방을 개설해 두었는데, 매일같이 기삿거리나 아이디어를 나누는 대화가 오갔기 때문이었다. 어느 금요일 밤늦게 오간 대화는 이랬다.

> 에디터: "월요일 일정을 봤더니 당일치기 기사를 쓸 수 있는 소재가 있
> 네요."(아직 시간이 정해지지 않은 행사 내용 및 담당 취재원 연락처 소개)
>
> 학생 1: "수업과 시간이 겹치지 않으면 제가 취재할게요!"
>
> 에디터: "아마도 저녁일 것 같긴 한데, 확인해 보고 판단해 보세요."
>
> 학생 1: "네, 언론 담당자에게 연락해 볼게요. 고마워요!"
>
> 에디터: "이건 화요일에 있는 행사예요. 기삿거리가 될 것처럼 보이네요."
>
> (행사 내용 및 취재원 연락처 소개)
>
> 학생 2: "다른 사람이 아직 선점하지 않았다면 제가 취재할게요. 화요
> 일 건이요."
>
> 에디터: "목요일에는 유니언 시티에서 아래와 같은 일이 있네요. 프리
> 몬트 북쪽에 있어요."(행사 내용 및 취재원 연락처 소개)

에디터: "다음 토요일에는 오클랜드에 있는 인터내셔널 대로에서 행사
가 있어요. 행사에 대해 언급된 것보다는 이민자 커뮤니티에 더
집중해서 기사를 쓸 수 있겠네요."(행사 내용 및 취재원 연락처 소개)

에디터: "이 건 역시 다음 토요일에 있는 행사입니다. 플레젠튼은 운전해서
가야 하는 곳이에요."(행사 내용 및 취재원 연락처 소개)

에디터: "아침 일찍 일어나는 사람이 있다면 내일 오전 11시에는 다음
과 같은 일이 있어요."(행사 내용 및 취재원 연락처 소개)

학생 3 : "다음주 목요일엔 이런 일도 있더라고요. 물론 취재하려면 꽤
나 멀리 떨어진 도시까지 가야 하지만요."(행사 내용 및 취재원 연락
처 소개)

에디터: "맞아요. 소노마와 산호세는 차가 있다고 하더라도 좀 멀긴 하죠."

에디터: "아래 행사는 누군가가 취재하도록 배정할 수 있었으면 좋겠네
요."(행사 내용 및 취재원 연락처 소개)

누군가는 '일-가정 양립'이 중시되는 선진국에서, 당장 취재해야 하는 것
도 아닌 사안을 어떻게 밤낮없이 전달할 수 있느냐고 할지 모른다. 현실은
그 이상이었다. 수강생들은 평일 저녁은 말할 것도 없고 주말에도 '자발적
으로' 취재에 나섰다. 주말에 뭐 하냐고 물으면 너도나도 "취재하고 제작하
느라 다른 일을 할 시간이 없다"고 답할 정도였다. 에디터도 밤늦게까지 취
재에 대한 이야기를 하고 주말에도 기사를 에디팅 해 피드백을 보냈다. 학

교생활의 중심에는 취재보도가 있고, 업무 시간의 경계가 없는 것이 취재보도의 현실이기 때문이다.

노동 강도로만 보자면 학생뿐 아니라 교수나 강사도 꽤나 고달프게 일한다. 밤낮없이 학생들의 취재를 코칭하고 기사를 에디팅 해야 하기 때문이다. 그런 점에서 보면 저널리즘 스쿨은 일반적인 대학의 학과보다는 언론사 편집국과 매우 흡사하게 굴러간다. 오전 9시에 출근해 저녁 6시에 퇴근하면 그때부터 일절 아무런 연락을 받지 않아도 되는 삶은 이상적이지만, 언론계에선 좀처럼 찾아보기 어렵다. 현장의 원칙대로 학생들을 훈련시키고 성장시켜야 한다면 다른 분야에서 통용되는 관행을 넘어서는 것은 불가피하다. 에디터는 "취재 수업을 당신들의 전일제 일자리로 생각하라"며 이렇게 말했다.

"이것은 9시부터 5시까지의 일자리가 아닙니다. 종종 저녁이나 주말을 포함해 시간을 많이 차지할 것을 예상하고, 수업과 취재가 전체 주간을 차지할 것으로 생각하십시오. 취재 시간을 줄이거나 수업을 빠지거나 마감 시간을 맞추지 못하게 할 만한 사교 계획을 세우지 마십시오. 연애 중이라면 상대가 평소보다 연락을 덜 받거나 여러분을 덜 보게 될, 바쁘고 예측 불가능한 몇 달을 준비하도록 하십시오(그러나 집에 돌아가면 그들에게 말해줄 많은 재미있는 이야기를 갖게 될 것입니다). 아이를 돌봐야 할 의무나 다른 특별한 고려 사항이 있다면 미리 저에게 알려줘서 계획을 세우도록 합시다."

첫 학기 취재 수업은 기자로서의 기본기를 익히기 위한 과정으로, 학교생활의 중심에 있었다. 다른 대다수의 것을 후순위로 미뤄야 한다는 점에서 한국의 수습기자 과정에 빗댈 수 있다. UC버클리 저널리즘 스쿨의 경우 첫 학기엔 학교에서 수업 시간표를 일괄적으로 '배정'했다. 시간표의 중심에는 취재 수업이 있었는데, 일주일에 이틀만 수업이 없었다. 여기엔 다소 놀라운(?) 의미가 담겨 있었는데, 수업이 없는 날엔 취재를 하라는 것이었다. 학교 측은 "주 3회 수업에 참여하고, 수업이 없는 날에는 취재를 할 것으로 기대하면 된다"고 안내했다.

취재 수업은 수강생들의 사생활을 앗아간다는 악명이 높다. 많은 미국 학생들은 학교생활과 아르바이트를 병행하는데, 학교에서는 취재 수업이 강도 높게 진행되는 첫 학기에는 아르바이트를 포함한 일체의 외부 활동을 병행하지 말 것을 권유했다. 대부분의 수강생이 그렇게 함에도 불구하고 만성적인 시간 부족에 시달렸다. 취미생활을 잠시 접거나, 급한 취재가 생겨서 개인 일정을 취소하는 경우도 비일비재했다. 실무 역량을 키운다는 것은 강의를 수강하고 학점을 따는 것 이상을 의미했고, 수업을 듣고 과제를 하는 것 이상의 헌신을 요구했다.

국내 언론사에서는 선배 기자들이 수습기자들에게 "앞으로 엄청나게 바쁜 삶이 시작될 것"이라고 단단히 일러주곤 한다. 저널리즘 스쿨에서는 2년차 학생들이 신입생들에게 "취재 수업을 듣는 동안 개인 시간이 거의 없을 것"이라고 사전에 당부를 해준다. 취재의 치열함은 학교를 막론하고 저널리즘 스쿨에서 공통적으로 발견된다. 뉴욕시립대 저널리즘 스쿨을 졸업한 에디 마르티네즈(Eddy Martinez)는 재학 시절 시간이 없었던 까닭에 간신히 버텨 가면서 겨우 최소한의 잠을 잘 수 있었으며, 학우들도 다르지 않았다고 말했다.[33] 미주리대 저널리즘 스쿨 교수 캐서린 리드(Katherine Reed)는 이렇게 말했다.[34]

"지속적으로 저널리즘을 생산하기 위해 학생들과 일하는 사람은 이것이 고투라고 말할 것이다. 최근 다른 저널리즘 교육자는 내가 어떤 종류의 근무 시간을 유지하고 있냐고 물었고 나는 웃음을 터뜨렸다. 근무 시간은 학기 중에 절대 멈추지 않는다. 그것은 어려운 부분이다."

삶의 많은 부분을 포기하며 고군분투하는 것이 바람직하냐는 별개의 논의 주제다. 하지만 여러 압박을 이겨내며 치열하게 일해 본 사람은 정말로 많은 것을 해낼 수 있게 된다. 저널리즘 스쿨에서 취재 수업을 완주한 사람들이 하는 이야기가 있다. "취재 수업을 무사히 끝냈다면 뭐든지 할 수 있다"는 것이다. 입학 초기에 "압도당했다"며 한숨을 푹푹 쉬는 1년 차에게 2년 차 학생들은 "그것만 해내면 그다음은 쉽다"며 다독여준다. 커다란 장애물을 넘어보면 그다음 장애물은 한결 수월해지는 이치다. 어려워 보이는 새

....
33. Eddy Martinez(2020). I waited in line for Ken Auletta. Columbia Journalism Review, https://www.cjr.org/first_person/weinstein-trial-auletta-new-yorker.php
34. Katherine Reed(2014). Before the "teaching hospital model" of journalism education: 5 questions to ask. NiemanLab, https://www.niemanlab.org/2014/10/before-the-teaching-model-of-journalism-education-5-questions-to-ask/

로운 기술을 배우거나 고되어 보이는 수업을 수강해도 괜찮을지 고민하는 누군가에게, 학생들은 말한다.

"취재 수업도 해냈는데 그거라고 못할 게 뭐 있어?"

한번은 〈블룸버그〉 인턴십을 마치고 취직 제안을 받은 동문이 이런 말을 한 적이 있다.

"〈블룸버그〉는 엄청나게 치열한 곳입니다. 하지만 저널리즘 스쿨 학생들 중 이를 감당하지 못할 학생은 없다고 생각해요."

스스로를 한계에 몰아넣는 것은 누구에게나 고되고 때로는 고통스러운 과정이다. 하지만 하고 싶은 것을 모두 하면서 평온한 일상을 유지하고서는 결코 이뤄낼 수 없는 것들이 있다. 취재 수업은 그 몰입과 헌신의 가치를 가르쳐준다. 취재 수업 에디터는 이렇게 말했다.

"이 수업은 여러분의 삶을 잡아먹을 것이지만, 좋은 방식으로 그러할 것입니다. 실행하면서 배울 것이고, 배움은 엄청나게 빠르게 발생할 것입니다. 피곤하고, 좌절하고, 셔츠를 하루 종일 뒤집어 입었다는 것을 오후 5시에야 깨닫는 날이 있을 겁니다. 이것은 취재 수업이 가진 마법의 일부입니다. 거친 질주지만 이 과정이 끝나면 여러분은 되돌아보며 생각할 것입니다: 난 이걸 해냈다는 게 정말 기뻐. 내가 지금 어디에 있는지 봐봐."

안 배울
선택권은 없다

첫 학기에 '뉴스 취재' 수업을 수강할 당시, 동행 취재를 할 인물을 섭외하는 데에 꽤나 고생을 했다. 우여곡절 끝에 후보로 오른 인물은 치안 문제로 시끄러운 차이나타운을 담당하는 경찰이었는데, 흥미로운 현장을 누비고 있지만 섭외가 쉽지 않았다. 현지에서 경찰의 폭력이나 공권력 남용이 언론에 오르내리는 경우가 많아서인지 경찰 당국은 취재에 호의적이지 않았다. 수차례 연락을 하고 부탁하며 발을 동동 굴렀는데, 한 달이 훌쩍 지나서야 섭외가 됐다. 엄청나게 중대하고 특별한 인물도 아닐진대, 구태여 한 달 넘게까지 섭외에 매달린 이유는 하나였다. 수업에서 동행 취재 기사를 반드시 쓰도록 했기 때문이다.

뉴스 취재 수업의 커리큘럼은 다양한 형식의 기사를 의무적으로 쓸 것을 요구했다. 단순히 짧은 기사와 긴 기사, 스트레이트 기사와 기획 기사를 골고루 쓰라는 것이 아니었다. 에디터는 기사의 형식별로, 주제별로, 취재 수단별로 구체적인 조건을 명시하며 쓸 것을 요구했다.

수업에서 요구하는 기사 종류는 크게 네 가지 범주로 나눌 수 있었다.

첫째, 반드시 취재해야 하는 필수 항목이었다. 담당 분야와 관련된 인물을 입체적으로 조명하는 '프로파일' 기사와 경찰, 응급의료 대원, 소방관, 검시관 등 공무원이나 현업에서 일하는 사람을 따라다니며 일상을 취재하는 '동행 취재' 기사가 여기에 해당됐다.

둘째, 선택 가능한 필수 항목이었다. 기사를 쓸 때 세 가지 종류 중 두 가지 이상을 선택해서 쓸 것을 요구받았다. 첫 번째는 최근 7일 이내에 발생한 뉴스에 대해 지역적인 관점으로 작성하거나 지역 내 반응을 다룬 기사, 두 번째는 시의회나 학교 이사회, 타운 홀, 동네 워크숍 등 지방정부나 커뮤니티 미팅에 참석해 쓰는 공청회 기사, 세 번째는 정치 활동가들의 지역 행진이나 집회·시위 등을 취재해 쓰는 정치 행사 기사였다.

셋째, 말 그대로 선택 항목이었다. '법원, 범죄·응급·사고, 학교·교육, 문화·예술·음식에 관한 기사', 각자의 담당 분야와 관련된 정책이나 질문 등에 대해 설명하는 '해설 기사', 현재 이슈와 관련된 역사적인 인물이나 이벤트 등에 대한 '역사 기사', 기존에 쓴 기사 이후 어떤 일이 발생했는지에 대한 '후속 기사' 등이 대상이었다. 이 중에서 세 가지 이상을 골라 써야 했다.

넷째, 다양한 미디어를 활용한 보도였다. 기사를 취재보도하는 방식에 있어서 최소한 세 가지 이상의 방법이나 미디어를 활용해야 했다. 단순히 글을 쓰거나 사진을 찍는 것을 넘어서 오디오·팟캐스트를 제작하거나 데이터 시각화, 공문서, 포토갤러리 등을 활용해야 했다.

다양한 기사를 훈련시키겠다는 학교의 의지는 확고했다. 단순히 요구 조건을 채우기 위해 기존에 취재한 것과 유사한 소재로 기사를 쓰거나, 다른 기사에 등장했던 취재원을 토대로 형식만 다른 기사를 쓰는 것은 용납하지 않았다.

필수적으로 요구되는 커리큘럼을 다른 말로 하자면 '안 배울 선택권'을 주지 않는다는 것이었다. 각자의 취재 배경이나 희망하는 커리어를 막론하고, 본인이 생각하는 테두리 밖까지 배워야 했다. 익숙한 것을 탈피하고 편안한 지대를 벗어나는 것은 중요하게 인식됐다.

취재 수업에서는 발생한 뉴스를 급박한 데드라인에 맞춰서 제출하는 것부터 긴 호흡의 내러티브까지 넓은 범위의 기사를 다루는 것을 익혀야 했다. 그와 함께 수강하는 비주얼 저널리즘 수업에서는 모두가 사진과 동영상 촬영 및 편집을 배우고 시각물을 제작해야 했다.

당시 선택권이 있었다면 오디오와 팟캐스트에 대한 강의는 듣지 않았을 것이다. 하지만 오디오 강의가 수강생의 의지와 관계없이 커리큘럼에 포함돼 있었고, 팟캐스트를 제작해야 취재 수업의 요구 조건을 하나라도 더 채울 수 있기 때문에 '배울 수밖에' 없었다. 오디오 매체에서 일하는 강사는 라디오나 팟캐스트를 위한 글쓰기가 눈으로 읽는 기사 쓰기와 어떤 점에서 다른지를 알려주었고 스크립트에 대한 가이드와 템플릿, 약어 등이 나와 있는 샘플을 공유해 주었다. 눈이 아닌 귀를 위해 글을 쓴다는 것이 어떤 것인지 이때 알게 되었다.

계획이나 희망에 없던 것까지 '타의로' 배운 뒤에야 알게 된 것이 있다. 무언가를 배우기 전까지는 그것이 적성에 맞거나 흥미로울지 알 수 없다는 것과 무엇이든 배우고 나면 기존과는 안목이 달라진다는 것이었다. 글쓰기나 사진 촬영이라는 특정 분야에 스스로를 가둬두고 있을 때는 그 밖의 세계를 탐험하지 못한다. 탐험하지 않은 사람이 그 세계가 어떠하다고 말하는 것은 어리석은 것이다. 발을 내디뎌보면 새로운 관심사와 안목이 생기기 마련이다.

놀랍게도, 적지 않은 기자들이 새로운 무언가를 배우면서 관심 영역을 정말로 '확장'했다. 저널리즘 스쿨에 와서 처음으로 비디오카메라를 잡아본 기자가 다큐멘터리의 매력에 빠지고, 코드에 대한 지식이 없었던 기자가 코딩을 배우고 데이터 저널리즘에 발을 내딛는 식이었다.

배움의 과정을 요약하자면 이렇다: 입학 초에는 모든 것을 맛보기로라도 배우고 손수 제작해야 했다. 이후의 심화 학습은 자율이지만, 원한다면 누구나 새롭게 전문 분야를 개척할 수 있었다. 무엇이든 직접 해보기 전까지는 가능성과 잠재력을 알 수 없다는 것이 전제였다.

저널리즘 스쿨의 세부 전공은 여러 갈래로 나뉜다. 내러티브 글쓰기, 오디오·라디오, 다큐멘터리, 멀티미디어, 포토저널리즘, 비디오 스토리텔링 등이 있다. 입학 초기에는 모두가 모든 분야의 기초를 의무적으로 배우지만, 이후에는 각자의 커리어 계획에 따라 심층적으로 배울 분야를 정해 제작한다. 내러티브 글쓰기를 세부 전공한 사람은 졸업 후 동영상 제작을 하지 않을지 모르고, 다큐멘터리를 세부 전공한 사람은 졸업 후 기사 쓰기를 하지 않을지 모른다.

그렇다면 누군가는 의문을 가질지 모른다. 어차피 세부 전공을 정해 집중할 것인데, 왜 굳이 여러 종류의 기사와 미디어를 익혀야 하느냐는 것이다. 저널리즘 스쿨 학생들도 그런 의문을 제기한다. 그런데 그와 동시에 회자되는 이야기가 있다. "재학 중에는 그것을 도대체 왜 배워야 하는지 이해하지 못했는데, 뒤돌아보니 배우길 잘했다"는 것이다. 로버트 헤르난데즈(Robert Hernandez) 서던캘리포니아대 저널리즘 스쿨 교수는 학교의 프로그램을 두고 이렇게 말했다.[35]

"나는 학생들로부터 자신이 잡지 기자나 방송 기자가 되고 싶다는 것을 아는데 다른 기술을 배우는 게 얼마나 쓸모없는지에 대한 불평을 많이 들었다. 그들은 할 수만 있었다면 이 같은 필수 과목을 듣지 않고 기술을 배우는 것을 피했을 것이다. 그런데 그와 동시에 얼마나 많은 학생들이 이런 기술을 배웠기 때문에 인턴십과 일자리를 얻었으며, 통상 졸업 1, 2년 뒤에 얼마나 감사해하는지 이루 말할 수 없다. 그들 중 다수는 해당 기술 모두를 현업에서 사용하지 않겠지만, 각기 다른 플랫폼에서 매력적인 기사들을 제작할

....

35. Robert Hernandez(2013). Robert Hernandez: Those required courses in journalism school are there for a reason. NiemanLab,
https://www.niemanlab.org/2013/10/robert-hernandez-those-required-courses-in-journalism-school-are-there-for-a-reason/

수 있는 능력은 점점 많아지는 이력서 파일 더미 속에서 그들의 기술이 눈에 띄도록 돕는다."

이것은 단순히 구직에 국한된 이야기가 아니다. 기자가 하는 일은 근원적으로 낯선 것이다. 독자들이 기사를 소비하는 방식과 미디어 환경은 변화를 거듭하고 있는 만큼, 기존 테두리를 벗어나 새로운 지식과 역량을 유연하게 습득하는 것이야말로 오늘날 저널리스트에게 요구되는 것이다. 비주얼 저널리스트로 일하는 교수는 동영상 편집을 가르치면서 이렇게 말했다.

"여러분 중 일부는 저와 다시는 안 보게 될지 모릅니다. 매년 발생하는 일인데, 추후 글쓰기나 오디오·팟캐스트를 세부 전공으로 선택하게 되어 비주얼 저널리즘으로 전혀 돌아오지 않는 겁니다. 그렇다면 이번이 비주얼 저널리즘으로의 유일한 노출이 될 것입니다. 그럼에도 불구하고 우리는 이것을 정말 중요하게 생각해서 요구합니다. 이것이 세상이 소통하는 방식이기 때문입니다. 비주얼은 사람들이 기사를 소비하는 진입 길목이 되고 있습니다."

선택할 수 있는 옵션이 있음에도 불구하고 스스로의 경계를 넘어설 수 있는 사람은 많지 않다. 대다수는 경험이나 관심사라는 한계, 눈앞의 활용 가능성이라는 한계에 갇힌다. 중요한 것은 경계를 넘어서 발을 내딛지 않으면 바깥 너머를 정말로 알 수 없다는 것이다.

저널리즘 스쿨은 역량의 지평을 확장하는 곳이다. 학교는 각자의 관심사나 세부 전공과 관계없이 다양한 미디어의 ABC를 익히도록 했다. 그 철학은 배움의 과정 곳곳에 녹아있었다. 입학 초기 멀티미디어 기사 제작을 배우면서 팀 프로젝트를 할 때, 교수진은 동영상을 다뤄본 적이 있는 학생들을 팀마다 한 명 이상씩 배정했다. 유경험자가 동영상을 담당하고 무경험자는 다른 파트를 맡아서 프로젝트를 무사히 수행하도록 하기 위한 것인 줄 알았는데, 반대였다. 경험이 없는 학생이 동영상 제작을 담당하고, 동영상을 다룰 줄 아는 사람은 다른 분야를 새롭게 시도하고 배우면서 경험이 없는 학생을 도와주라는 취지였다.

새로운 과제를 부여받는 기자들은 당황한다. 하지만 어떻게든 과제를 완수해 내고 나면 기량의 지평이 넓어진다. 졸업할 즈음에는 무엇을 세부 전공했건 간에 여러 종류의 기사와 미디어에 대해 일정 수준의 이해력을 지니게 된다. 학교 커리어 디렉터는 이를 두고 말했다.

"저널리즘 스쿨은 새로운 기술을 배우고 실수를 하고 지금까지 했던 것을 넘어서 스스로를 밀어붙이는 것을 굉장히 지원하는 환경을 갖추고 있습니다. 여러분 각자가 지금까지 가능하다고 생각했던 것 이상으로 성취하는 것을 지켜볼 수 있게 되어 굉장히 영광으로 생각합니다."

잘할 때까지
연습하라

　　비주얼 저널리즘 수업을 수강하면서 동영상 촬영과 편집을 배웠다. 카메라를 처음 잡아보는 수강생도 있는 만큼, 간단한 촬영과 편집부터 실습을 시작했다. 처음 주어진 과제는 1분짜리 인물 동영상이었다. 시리아 출신 이민자로 샌드위치 식당을 운영하고 있는 남성을 주인공으로 택하고, 일하는 모습을 촬영하겠다는 계획을 세웠다. 교수는 이렇게 조언했다.

　　"어려운 점은 인터뷰하기 위해 비교적 조용한 공간을 찾는 것일 겁니다. 가게와 부엌은 굉장히 시끄럽기 때문이죠. 손님들이 와서 식사하기 전에 인터뷰를 하면 조용할 겁니다."

　　취재원이 운영하는 식당은 조그마했다. 개점 직후 찾아가 마이크를 부착하고 인터뷰를 시작했는데, 교수가 우려한 점이 가시화되기 시작했다. 아무도 없을 때 촬영을 시작했지만, 얼마 지나지 않아 손님들이 들어오기 시작했기 때문이다. 취재원은 혼자 식당을 운영하고 있었는데, 발언 중간에 손님이 들어오는 경우가 많아 촬영을 빈번하게 중지해야 했다. 엎친 데 덮친 격으로 식당은 도로변에 위치해 있었다. 차량이 지나가는 소리가 왕왕 들렸다.

최대한 손님이 없을 때를 틈틈이 활용해 인터뷰했다. 차량 소리가 간간이 거슬렸지만 불가피한 배경 소음은 용납하기로 했다. 취재원의 발언 내용을 또렷이 알아들을 수 있었기 때문이다. '간단한 영상'이고 '첫 과제'니 그 정도면 될 거라 생각하면서 그대로 영상을 편집해 제출했다.

교수의 반응은 예상 밖이었다. "음질이 깨끗하지 않다"며 동영상을 다시 촬영하라고 한 것이다. 인터뷰 음성만 또렷하면 될 줄 알았는데, 그의 생각은 달랐다. 오디오는 아마추어와 프로페셔널을 가르는 중요한 부분이었다. 아무리 간단한 과제라고 한들 깨끗한 음질을 얻어오지 않으면 통과시킬 수 없었다. 두 번이고 세 번이고 다시 촬영하더라도 음질을 개선해야 했다.

처음부터 다시 촬영을 하자니 힘이 쭉 빠졌다. 게다가 식당 내에는 조용한 공간이 없었다. 고심 끝에 취재원에게 양해를 구하고 제3의 장소를 대여해 초청했다. 고요한 동네에 위치한, 소음이 차단되는 장소였다. 재차 인터뷰를 촬영할 때는 헤드셋을 끼고 귀를 쫑긋 세우고서 미세한 소음이 있는지 없는지 중점적으로 체크했다. 조금이라도 소음이 있으면 다시 녹화했다. 그렇게 깨끗한 음질을 얻어 재차 동영상을 편집해 제출했다. 교수는 그제야 고개를 끄덕였다. 동영상을 단순히 촬영하는 것을 넘어서 '잘' 촬영한 뒤에야 통과를 시켜준 것이다.

저널리즘 스쿨은 전문적인 역량을 기르는 '프로페셔널 스쿨'이다. 학생들을 뛰어난 프로페셔널로 성장시키는 것이 목표인 만큼, '초보라서' '적당히'

넘어가 주는 일은 없다. 프로로서 요구되는 눈높이가 어느 정도인지 명확하게 인지시키고, 끊임없이 다시 연습해서라도 일정 수준 이상의 품질을 가져오도록 요구한다. 사소한 것이라도 기본을 지키지 않으면 '지킬 때까지' 다시 해올 것을 요구한다. 그것이 고품질 작품을 만들어 내는 비결이기 때문이다.

학교에서 무언가를 배우는 과정은 일관됐다. 바로 '가르쳐 주기 → 직접 해 보도록 하기 → 실전에서 어려웠던 점을 공유하고 다시 가르쳐 주기 → 다시 직접 해 보도록 하기'를 반복하는 것이었다. 연습의 사이클은 끝내 '잘하는 경지'에 이르러야만 끝이 났다. 무언가를 배운다면 단지 '시도'하는 것에 그쳐선 안 되고 반드시 '잘할 때까지' 해야만 통과시킨다는 것이다.

잘하고자 한다면 잘할 때까지 연습해야 한다. 어떤 경우에서든 적당한 수준에서 타협하고 머물러서는 높은 경지에 도달할 수 없다. 익숙지 않고 어려운 과제일수록 더더욱 그렇다.

교수나 강사가 다시 해 오라고 하는 것은 잘할 때까지 연습하도록 하는 '훈련'이다. 정말 잘하려면 스스로 잘할 때까지 연습해야 한다. 언론계에서 수준 높은 결과물을 생산해 내면서 좋은 기회를 잡은 사람들은 모두 무언가를 '잘할 때까지' 해서 실력을 키운 사람들이다. 사진 기자로 시작해 동영상, 애니메이션 등 다양한 미디어를 활용하는 비주얼 저널리스트가 된 교수는 무언가를 잘하게 되는 비결을 스스로 만든 조어인 'UPS'라는 약자로 소개했다. U는 '끝없는 연습의 추구(unrelenting pursuit of practice)', P는 취재 전에 플랫폼 · 패키지 · 디자인을 생각하고 배터리 충전 등 모든 것을 준비해야 한다는 '의도적인 준비(purposeful preparation)', S는 과거 한 번도 보지 않았던 것처럼 사물을 봐야 한다는 '강렬한 관찰(intense seeing)'이었다.

학교에서 모든 좌절에 대한 처방은 '연습'이었다. 텍스트 기사도 마찬가지였다. 글쓰기가 어렵게 느껴진다면 일부러도 글쓰기 수업을 들으면서 잘할 때까지 쓰도록 권유받았다. 그렇게 한 학생들은 졸업을 할 즈음이면 정말로 능수능란하게 기사를 쓰게 됐기 때문이다.

언론계에서 무엇이든 잘하는 경지에 이르기 위한 비결은 연습이라고 해도 과언이 아니다. 사진은 최대한 많이 찍어봐야 하고, 기사는 최대한 많이 써봐야 하고, 동영상은 최대한 많이 촬영하고 편집해 봐야 한다. 프랑스의 사진 기자 헨리 카르티에-브레손(Henri Cartier-Bresson)은 "당신이 찍은 최악의 사진들은 처음 찍은 1만 개의 사진들이다"라는 어록을 남겼다.

무엇이든 처음 배우는 것은 장벽이 높아 보이기 마련이고, 현장에서 실수도 있기 마련이다. 그래도 괜찮다. 잘할 때까지 연습하면 같은 실수를 반복하지 않게 되기 때문이다. 누구나 익숙지 않은 것을 배울 때면 현재의 초라한 수준과 반복되는 연습의 고달픔에 좌절한다. 그럼에도 불구하고 연습을 지속하는 것은 그 수준을 벗어날 것을 확신하기 때문이다. 연습하는 사람의 내일은 결코 오늘과 같지 않다. 동영상 제작을 처음 배울 때, 교수는 말했다.

"여러분은 실패할 겁니다. 괜찮습니다. 헤드폰을 마이크 잭에 연결하거나 마이크를 헤드폰 잭에 연결해 촬영하고는 오디오가 녹음되지 않았다는 것을 뒤늦게 발견할 수도 있습니다. 하지만 그렇게 해도 괜찮습니다. 왜냐고요? 우리는 이런 실수를 다시는 하지 않을 것이기 때문입니다. 당장 이번 주 내로 성과를 확인하고 좋은 느낌을 받을 수 있는 것은 아니지만, 두려워하지 마십시오."

누구나 초기에는 어설프게 일한다. 중요한 무대에 서기 전에 최대한 많이 연습해서 실패하고 시행착오를 줄여나가야 한다. 〈NPR〉 기자 타마라 케이스(Tamara Keith)는 이렇게 말했다.[36]

"여러분은 망칠 겁니다. 실패할 겁니다. 전국 라디오에서 들어보면 여러분의 목소리는 바라는 목소리가 아닐 겁니다. 여러분은 작은 에러를 만들 겁니다. 녹음기는 언젠가 중요한 순간에 배터리가 나갈 것입니다. 전국 무대가 아닌, 작은 무대에서 실패할 기회를 갖는 게 훨씬 낫습니다. 실패할 것이기 때문입니다. 저도 실패했고 우리는 모두 실패합니다."

연습에 대한 저널리즘 스쿨 구성원의 열망과 실천은 깜짝 놀랄 만한 수준이다. 수업에서 주어지는 과제와 별도로 '오로지 연습을 위해' 추가적인 과제를 하고 피드백을 받는 경우도 있다. 매주 지역 뉴스 기사를 취재해 에디팅 받는 한편, 동영상 촬영과 편집까지 하느라 주말까지 바쳐가며 헉헉대던

··················

36. 2017년 11월 16일 UC버클리 저널리즘 스쿨 초청 강연.

첫 학기에 비주얼 저널리즘을 가르치는 교수가 물은 적이 있다.

"앞으로 과제가 더 있을 예정입니다. 그런데 어떤 사람들은 과제와는 별도로 개인적인 연습을 위해 자신만의 추가적인 과제를 하고 있어요. 과제를 하는 데 관심이 있을지 모르겠지만, 혹시 이와 관련된 아이디어가 있나요?"

어느 세월에 그 모든 것을 할까 하는 생각에 숨이 턱 막혔지만, '연습을 위한 자발적인 추가 과제'라는 생소한 대열에 동참해 보기로 했다. 수업과 무관하게 오로지 연습과 실력 향상을 위해 교수의 피드백을 받기로 한 것이다. 우여곡절 끝에 또 다른 연습 영상을 제작했다. 놀라운 것은 버겁더라도 연습하고 또 연습하니 촬영과 편집에 대한 장벽이 낮아지더라는 것이다.

반복적이고 끊임없는 연습은 저널리즘 스쿨 전반에 흐르고 있는 '문화'와도 같다. 학생들은 새로운 것을 배우는 동시에, 배운 것을 지속적으로 연습하며 생활한다. 수업이 끝나고 과제를 마쳤는데도 연습은 끝나지 않는다. 더 잘할 때까지 연습, 또 연습하는 것이다. 학교에서 장비 활용 실습을 할 때, "30분이 아닌, 2시간 30분을 연습하라"는 말을 들은 적이 있다. 더 많이 연습하고 반복적으로 연습해야 실수하지 않으면서 장비가 손에 익어 촬영을 잘할 수 있다는 이유에서였다. 교수진은 주말이든 휴일이든 틈만 나면 카메라를 들고 어디든지 나가서 촬영할 것을 독려했다. 실습은 강의실에서만 하는 게 아니었다. 한 교수는 이렇게 말했다.

"기기를 더 많이 만질수록 더 잘하게 됩니다. 개를 대상으로라도 조명 연습을 해보든 하십시오. 저는 동영상 편집을 갓 시작했을 때 아내가 저녁 요리를 하는 장면을 촬영하면서 연습했습니다. 취재해야 할 사람들이 있으면 딸을 통해 시뮬레이션해 봤습니다. 제 딸은 종종 스티브 잡스 역할을 하고 부시 대통령 역할을 하곤 했지요."

낯선 것을 배울 때 학생들이 너도 나도 하던 말이 있다. 바로 "압도당했다"는 것이다. 배워야 할 것이 한두 개가 아닌데 적당히 해서도 안 됐다. '도대체 언제 능숙해질까' 하는 생각에 압도당할 수밖에 없었다. 같은 과정을 겪은 동문이 이렇게 비유한 적이 있다.

"새로운 도구를 배우는 것은 자전거 타기나 운전을 배우는 것과 같아요. 처음엔 어렵게 느껴지지만 계속 연습하다 보면 잘하게 되고 능숙해지죠."

아무리 어려워 보이는 기술이라도 처음부터 잘한 사람은 없다. 업계의 대가도 잘할 때까지 연습한 끝에 그것을 마스터한 것이다. 교수들은 "어떤 것도 아주 어려운 것이 아니며, 이곳에 있는 누군가의 역량을 넘어선 것이 아니다"라고 말했다. 단지 연습하고, 연습하고, 또 연습해야 할 뿐이지 애초부터 잘하는 건 아니라는 것이었다. 맞는 얘기였다. 입학 당시만 해도 "압도당했다"를 연발하던 학생들이 졸업 무렵에 생산하는 포트폴리오를 보면 결코 이전과 같지 않았다. 그들은 언제 아마추어였느냐는 듯이 그럴듯한 작품을 척척 제작해 감탄을 자아내게 했다. 잘할 때까지 연습하는 사람들은 정말로 잘하게 된다는 것을 보여준 것이다.

오늘날 저널리즘 스쿨 출신들은 어디에 내놓아도 손색이 없을 만큼 품질이 높은 작품을 생산해 내고 있다. 비결은 분명하다. 그들은 '어떻게 하면 최상의 작품을 만들 수 있을까'를 고민하며 치열하게 연습하고 또 연습한다. 아울러 단순히 연습하는 것을 넘어서, '잘할 때까지' 연습한다.

피드백과 비평에
익숙해져라

저널리즘 스쿨 재학 당시, 듣기만 해도 진이 빠지는 용어가 있었다. 바로 '피드백'이다. 무엇을 하든지 피드백의 과정이 너무나 상세하고 집요해서 진이 빠질 정도였다. 초고나 초안을 제작하는 것 자체 못지않게 그에 대한 피드백을 받으면서 발전시켜 나가는 과정이 지난했다.

기사 작성을 예로 들어보겠다. 에디팅은 피드백의 연속이었다. 초고는 기자에서 에디터로 한 방향으로 제출하고 끝나기보다는, 쌍방향으로 수차례 주고받으며 발전시켜야 했다. 에디팅은 몇 가지 단계를 거쳐서 진행됐다. 첫 번째는 '톱(top) 에딧'인데 기사 구조가 어떤지, 기사에 필요한 모든 것이 포함돼 있는지, 추가 취재가 필요한지, 기사 내용이 혼란스럽지 않으며 말이 되는지, 리드와 끝 문장이 적절한지 등 큰 그림을 점검하는 것이었다. 이를테면 취재 수업에서 난민 출신 전과자로 비영리단체에서 일하는 램(Lam)이라는 인물을 조명하는 기사를 쓴 적이 있다. 에디터의 톱 에딧 내용은 이랬다.

"수정된 기사에서는 램의 이야기가 왜 흥미로운지에 대해 더 많은 맥락과 설명을 분명히 제공하도록 하세요. 그는 감옥에 간 아시아인 난민이어서

가 아니라 현재 하고 있는 일과 이민 정책의 불확실성으로 인해 흥미로운 것입니다. 그것을 설명한 뒤에야 나머지 이야기가 더 말이 될 것입니다. 관찰할 수 있는 장면이 있다면 더해서 수정하는 것이 훌륭할 겁니다. 램이 새로 출소한 전과자들을 도와주는 장면을 관찰하는 것에 대해 이야기를 나눈 적이 있지만, 섭외하기가 너무 어려울지도 모릅니다. 그가 어떤 사람이고 어떻게 생겼으며 습관은 어떠한지 등 더 많은 색채와 감각을 더하기 위해 묘사할 수 있는 부분이 있을지 알아볼 수 있나요?"

톱 에딧의 다음 단계는 '라인(line) 에딧'인데, 문장 하나하나를 보면서 의미가 분명한지를 점검하는 것이다. 이를테면 기사 초고에 "램은 샌프란시스코의 가난한 동네에서 자랐다"라고 썼는데, 에디터는 "샌프란시스코에는 가난한 동네가 여럿 있는데 어디였느냐"고 물었다.

피드백을 받다 보면 때때로 머리를 쥐어뜯게 된다. 깊이 있는 기사를 위해서는 추가 취재를 해야 하는데 취재원을 끊임없이 귀찮게 하거나 난감하게 할 수 있기 때문이다. 해당 기사에 "램은 17세에 라이벌 갱의 일원을 살해하기에 이르렀다"는 문장을 썼더니, 에디터가 물었다.

"정확히 무슨 일이 벌어졌는지 세부 내용을 아나요? '살해하기에 이르렀다'는 사고였던 것처럼 들립니다. 싸움이 벌어졌던 건가요? 다른 사람을 죽이려고 의도했던 건가요? 피해자는 누구인가요? 피해자는 몇 살이었는지 등도 궁금합니다."

취재원을 재차 찾아가 과거 살인을 저질렀을 때 상황이 어떠했는지 상세히 물었는데, 여간 고역스러운 일이 아니었다. 심지어 확인해야 할 민감한 질문은 한둘이 아니었다. 이를테면 정확히 징역 몇 년을 선고받았는지, 어느 감옥에 있었는지와 같은 것도 추가로 확인해야 했다. 위의 내용을 확인하고 수정본을 제출했는데, 형을 선고받은 부분에 대해 에디터가 또다시 물었다.

"1급 살인으로 기소됐던 건가요, 2급 살인으로 기소됐던 건가요?"

다행히도 취재원은 내용 확인에 협조적이었다. 하지만 이런 질문에 대한 답을 듣기 위해 여러 차례 연락을 하고 다시 찾아가는 발걸음이 너무나 무거웠다. 그럼에도 불구하고 정확하고 깊이 있는 기사를 쓰려면 어떤 내용이든 하나하나 확인하고 보완하는 것은 마땅한 일이었다.

저널리즘 스쿨에서 피드백이 지난한 과정의 연속이었던 또 다른 이유는 그것이 쌍방향이 아닌 '다(多)방향'이었기 때문이다. 피드백은 에디터뿐만이 아니라 동료로부터도 받았는데, 최대한 여러 사람의 시각을 거치면서 다각적으로 점검할 때 더 많은 것을 살피고 발전시킬 수 있다는 이유에서였다.

기사의 경우 초고를 동료들과 돌려보면서 읽어보곤 했다. 물론 동료의 피드백이 에디터의 피드백처럼 단어 하나까지 훑진 않는다. 하지만 기사가 어떤 느낌이며 충분히 흥미로운지, 그것을 처음 접하는 사람도 관심을 갖고 몰입해 읽을 수 있을지에 대한 의견을 줄 수 있다.

동영상의 경우에도 마찬가지였다. 현장 촬영이 끝나면 일단 주요 동영상 원본을 수업 시간에 보여주면서 비평을 받았다. 인터뷰 세팅부터 빛이 들어오는 각도, 인터뷰이의 음성 출력, 주변 배경과 카메라 설정까지 하나하나 함께 점검하곤 했다. 이런 상황에서는 어떻게 찍어야 하고 배울 점과 더 나아져야 할 점이 뭔지 의견을 나누는 식이었다. 그것은 지난한 과정의 서곡이었다. 이후에도 가편집본과 최종본이 만들어지면 재차 비평을 주고받아야 했다.

비평은 선택이 아니라 '의무'였다. 교수는 동영상 하나당 수강생 세 명 이상이 의견을 이야기할 것을 요구했다. 의견은 하나 마나 한 이야기에 그쳐서는 안 되고, 무엇이 개선돼야 하는지에 대해 정말로 도움을 주기 위한 것이어야 했다. 수강생들은 동료들의 동영상을 볼 때마다 무엇이 개선돼야 하는지를 생각하면서 노트에 필기했다. 그렇다고 해서 수강생들이 요구 조건을 채우기 위해 의무적으로 비평을 한 것은 아니었다. 막상 수업이 시작되면 각 영상에 대해 비평하는 사람은 세 명이 아닌 5~7명이나 됐고, 대다수가 더 나아질 방법을 적극적으로 고민하면서 기꺼이 비평과 피드백을 해 주었다.

모든 영상에 대해 의무적으로 비평을 주면서 알게 됐다. 비평이든 피드백이든 일단 의견을 말하기 위해 적극적으로 관찰하다 보니 개선돼야 할 점이 더 잘 보이더라는 것이다. 자주 하는 실수라든지 어떤 식으로 촬영하는 게 더 효과적일지가 보다 명확히 보였다. 전방위적인 피드백과 비평은 어떤 작품을 제작하는 사람이 그것을 완성도 있게 다듬도록 할 뿐 아니라, 피드백과 비평을 하는 사람도 발전하도록 했다.

피드백과 비평을 받는 것은 제작의 결과물뿐 아니라 전 과정에 걸쳐 있었다. 학교생활 내내 온라인 공유 폴더를 활발히 사용했는데 각자의 기사 제안, 취재 내용, 기사 초고, 초고 수정본을 포함한 전체 자료를 동료들과 공유하고 의견을 나눴다. 모든 제작물은 언제나 여러 명의 눈을 거쳐서 나왔다고 해도 과언이 아니었다. 교수는 이유를 이렇게 설명했다.

"여러분이 한 일에 대해 지속적인 피드백과 비평을 받는 것이야말로 앞으로 커리어에서 지속적으로 겪게 될 일입니다. 이것은 여러분 자신에 대해 지적하는 게 아니라 더 나아지고 잘하기 위한 것입니다. 의미 있는 방식으로 발전하기 위한 것이기도 합니다."

지속적인 피드백과 비평을 주고받다 보면 무언가를 제작할 때 눈에 보이고 점검하게 되는 것이 무수히 많아진다. 그것은 기자에게 있어서 엄청난 자산이자 위력으로 작용한다. 문장 한 줄이 어떻게 읽히고, 동영상 한 장면이 어떻게 보일지 종합적으로 생각하게 되기 때문이다. 끊임없는 피드백과 비평은 생각하고, 고안하고, 실천하는 수준과 품질이 달라지게 한다. 이 같은 훈련을 지속적으로 받아본 기자와 그렇지 않은 기자는 차이가 날 수밖에 없다.

큰 그림을
생각하라

취재 수업에서 있었던 일이다. 한 수강생이 조그마한 행정구역이 다른 행정구역과 합병하는 이슈와 그곳의 열악한 인프라 문제를 기사로 다뤄보겠다고 제안했다. 교수가 말했다.

"피치(pitch · 기사 제안) 자체에 대해 이야기하자면 이것은 아주 좁은 피치입니다. 기본적으로 아주 작은 커뮤니티에 대한 사례 연구예요. 그런데 왜 이 문제가 중요하죠? 더 큰 인간의 진실은 무엇이죠? 전국적인 맥락은 어디에 있죠?"

어디에서 무슨 일이 발생하고 있으니 취재하겠다는 것만으로는 불충분했다. 기사를 제안하려면 그것이 왜 중요하고 더 큰 관점에서 인간의 진실은 무엇인지, 전국적인 맥락은 무엇인지가 모두 포함돼 있어야 했다. 해당 소재와 직접적인 관련이 없는 독자라도 기사에 관심을 갖고 의미를 얻을 수 있을 수 있도록 거시적인 관점을 고민해야 했다는 것이다.

저널리즘 스쿨 에디터들은 '작은 기사'를 용납해 주지 않았다. 지역이든 관점이든 좁은 테두리에 갇혀버리면 어김없이 지적을 하곤 했다. 어떤 이슈를 다루려고 할 때 넓은 의미와 맥락에 대한 구상이 결여돼 있으면 "그것에 대한 큰 그림은 어디 있느냐"고 물었다.

세상 모든 기사가 거대 이슈를 다루는 것은 아니다. 조그마한 커뮤니티에서만 관심을 받는 소소한 이슈를 다룬 기사도 있고, 그런 기사 역시 나름대로의 가치가 있다. 하지만 저널리스트의 역량을 키우기 위해 실무를 교육하는 곳에서 '좁은 시야'를 용인하는 것은 다른 얘기다. 기자들은 많은 독자들이 관심을 갖고 공감할 수 있도록 관점을 확장할 줄 알아야 한다.

크게 생각한다는 것이 물리적이거나 지리적인 개념이 아니듯이, 전국 혹은 세계 여기저기를 누비며 취재한다고 해서 반드시 큰 그림을 그리는 것은 아니다. 어느 이슈를 다루건 간에 그것이 전국적이거나 국제적인 맥락과 어떻게 연결되는지, 혹은 인간으로서 보편적으로 공감할 수 있는 지점이 어디인지 파악하고 다루는 것이 '큰 그림'이다. 그것은 통찰력의 문제에 가깝다. 지역사회를 취재하더라도 지역 이슈에 머무는 보도가 있고, 그렇지 않은 보도가 있다.

첫 학기에 수강했던 뉴스 취재 수업은 지역 뉴스를 다뤘다. 조그마한 커뮤니티에서 발생한 일을 취재해 지역 언론 매체에 기사를 싣는다고 해서 동네 소식을 취재하는 수준에 머물 거라고 생각하면 오산이었다. 수강생들은 '넓은 맥락에서 중요한 이슈'를 '지역적인 관점에서' 탐색하고 파헤칠 것을 요구받았다. 이를테면 '이민'을 주제로 한 취재 수업을 수강할 당시, 에디터는 다음과 같은 설명을 통해 수업에서 요구하는 생각의 넓이와 깊이를 알도록 했다.

"이민은 미국에서 중요한 주제이며, 최근 들어 더욱 그러합니다. 많은 미국인이 슬로건이나 어구 이상으로는 온전히 이해하지 못하는 난해하고 벅찬 주제이기도 합니다. 다행히 우리는 이에 대해 진지한 취재를 할 훌륭한 장소에 있습니다. 베이 지역 거주자의 30% 이상은 이민자이며, 이곳은 전국에서 외국 출생 거주자의 비율이 가장 높은 곳 중 하나입니다. 여러분은 프리몬트의 작은 카불이나 산 라파엘의 카날 동네와 같은 지역사회에 뛰어들어 드리머(Dreamer)[37]부터 피난 도시[38]들과 시리아 출신 난민들까지 전국적인 뉴스 기사의 지역적인 관점을 찾을 것입니다. 또 헤드라인 너머를 보면서, 충분한 관심을 받지 못하고 있는 하드 뉴스나 휴먼 스토리를 찾을 것입니다. 취재 분야를 개척하고 취재원과의 관계를 구축하며, 복잡한 이슈에 익숙지 않지만 이런 뉴스를 급박하게 찾는 독자를 위해 내용을 판독해 줄 수 있는 전문성을 쌓을 겁니다. 인종, 시민의 권리, 노동, 주거, 교육, 투표, 정의, 기술, 문화, 역사 같은 이슈와의 연결을 추적하는 광범위한 그물을 던지면서 정치와 정책도 파헤칠 것입니다."

미국의 기사들은 대개 거시 담론이 아닌, 좁고 구체적인 이야기를 통해 작게 시작한다. 특정한 이야기로 시작하되 그것을 전국적이거나 국제적인

....

37. 청소년기에 미국에 입국한 불법 체류자를 뜻한다.
38. 연방 정부의 이민자 추방 집행에 제한적으로 협조하는 도시를 뜻한다.

의미를 가진 기사로 발전시키는 식이다. 지역 뉴스를 취재한다면 해당 이슈가 어떻게 더 넓은 맥락을 갖는지를 탐색해 확장하는 것이다.

UC버클리 저널리즘 스쿨 학생들은 프레즈노(Fresno)라는 도시의 빈곤 문제를 취재한 적이 있다. 기사 제목은《날 때부터 불평등(Unequal from Birth)》인데, 누군가가 태어난 동네가 앞으로 어떻게 살고 언제 죽을지까지 결정할 정도로 동네별 불평등이 심각하다는 내용이었다.[39] 프레즈노의 한 구역은 기대수명이 69세인데, 6마일 바깥의 다른 구역은 기대수명이 90세라는 점이 이를 보여줬다. 기사는 이것이 전국적인 맥락과 어떻게 연결되는지 다음과 같이 설명했다.

"중부 지대는 캘리포니아의 생명선이다. 그곳의 윤택한 땅은 국가를 먹여 살린다. 하지만 이 지역에서 가장 큰 도시의 빈곤 수준은 미국 대부분의 지역보다 높다. 전국에 깊이 뿌리박힌 불평등은 프레즈노에서 드러나 있다. 당신이 태어나는 곳은 당신이 어떻게 살고 언제 죽을지를 결정한다."

이와 함께, 기사는 프레즈노주립대 사회학과장의 다음과 같은 멘트를 소개했다.

"우리는 가난한 사람들을 굉장히 잘 구분 지었어요. 이 나라의 어떤 곳보다 그것을 더 잘했습니다. 그것은 우연이 아니었습니다."

·················
39. UC Berkeley Graduate School of Journalism New Media Program(2019). Unequal from Birth. UC Berkeley Graduate School of Journalism. https://unequalfrombirth.com

생각과 시야를 넓히려면 질문부터 달라져야 한다. 질문의 범위가 내가 사는 지역이나 접하는 소식의 경계를 벗어나야 한다는 것이다. 저널리즘 스쿨에서 석사 프로젝트를 위해 기사 주제를 선정할 때, 교수진은 다음과 같은 질문을 하면서 사고의 확장을 유도했다.

- 가장 취재하고 싶은 주제 분야를 골라 상위 1~3개 나열하십시오.
- 지난해 저널리스트로서 당신에게 가장 영감을 준 기사의 링크를 보내십시오.
- 저널리스트로서 당신에게 가장 영감을 준 팀 프로젝트의 링크를 보내십시오.
- (학교가 위치한) 베이(Bay) 지역이 마주한 가장 중요한 이슈는 무엇입니까?
- 이 나라가 마주한 가장 중요한 이슈는 무엇입니까?
- 여러분 세대에게 가장 중요한 이슈는 무엇입니까?
- 우리가 단체로 다루면 가장 큰 영향력이 있을 이슈는 무엇입니까?

'이 나라가 마주한 가장 중요한 이슈'라든지 '여러분 세대에 가장 중요한 이슈'와 같은 질문은 기성 언론사에서도 흔히 듣기 어려운 질문이다. 그런데 교수진의 요구 사항은 학교나 지역이라는 경계를 벗어나 있었다. 그들은 이에 더해 다음과 같은 사항을 요구했다.

- 이미 알고 있는 내용 말고, 아직 답을 찾지 못한 주제를 취재하라.
- 보도된 것들 말고, 사람들이 모르는 것을 보여줘라.
- 취재에 있어서 지리적으로 제한받지 말아라. 학교에는 해외에 취재를 갈 수 있는 보조금이 있다. 여러분은 요르단이나 터키의 난민 캠프에서 취재를 할 수도 있다.
- 국제적인 영향력이 있을 수 있는 취재 소재를 찾아라. 캘리포니아에서 취재를 하더라도 세계를 뒤흔들 수 있는 보도를 하는 게 우리의 야망이다.
- 이 보도가 여러분들이 만든 작품 중 최상의 것이 되도록 해라. 나중에 일자리를 잡을 때 '내가 이런 일을 할 수 있다'라고 말하며 보여줄 수 있는 무언가가 되도록 해라. 고용주가 여러분의 작품을 봤을 때 '이런 일을 할 수 있는 사람과 일하고 싶다'고 느낄 수 있도록 해야 한다.

크고 넓게 생각해야 하는 이유는 자명하다. 기사는 독자들을 위해 쓰는 것이며, 기사의 의미는 더 많은 독자에게 다가갈 수 있을 때 커진다. 기사가 지역 내의 뉴스 수준에 머물지 않고 전국적이고 국제적인 맥락을 가질수록 전국 매체에서 발간될 가능성 역시 높아진다. 그러기 위해서는 유수 언론사와 마찬가지의 관점으로 기사를 취재하고 제작해 내야 한다.

기사에는 경계가 없다. 대중이 볼 수 있도록 발간되는 순간, 그 기자가 누구인지나 기사가 어디서 취재되고 작성됐는지는 그다지 중요하지 않다. 중요한 것은 그것을 읽는 독자가 누구이든 기사와 연결되고 기사에서 의미를 찾을 수 있느냐다. 누군가는 지역 언론사의 기자가 되고 지역 뉴스를 쓰더라도 보편적인 맥락을 살펴보고 넓은 의미를 생각할 줄 알아야 한다. 그것이야말로 기사의 가치를 극대화하고 더 많은 독자와의 연결을 촉진할 것이기 때문이다.

현장으로

등을 떠밀어라

UC버클리 저널리즘 스쿨에서는 학위 수여 요건으로 300시간 이상의 인턴십을 요구했다. 인턴십은 통상 여름방학에 진행되는데 크게 두 가지로 분류됐다. 한 가지는 '전통적인' 인턴십인데, 언론사 인턴십처럼 언론계 전문가로부터 감독을 받으며 저널리즘 업무를 하는 것이었다. 또 다른 하나는 언론계 경험이 상당히 있는 학생들을 위해 디자인된 '비전통적인' 인턴십인데, 다른 분야 전문가로부터 감독을 받아 일하면서 업무에 보탬이 되도록 하는 것이었다.

비전통적인 인턴십을 하기 위해서는 제안서를 제출하고 학교의 허가를 받아야 했는데, 당사자와 주기적으로 연락해 조언하면서 업무의 발전을 확인하겠다고 동의하는 교수의 서명이 동반돼야 했다. 허용 가능한 제안에는 다음과 같은 조직에서 일하는 게 포함됐는데, 어떤 종류가 됐건 기자로서의 업무나 커리어와 연관된 것이었다.

• 비영리, 비(非)뉴스 기관(예를 들어 인권기관)

- 학생이 희망하는 프로젝트를 할 수 있는 인큐베이터, 액셀러레이터 또는 다른 센터(예를 들어 기업가정신센터)
- 외국어 강좌 수강(예를 들어 중동이나 라틴아메리카를 광범위하게 여행했고 졸업 후 그곳에서 일하고 싶을 경우 비전통 인턴십의 일부로 아랍어나 스페인어를 공부할 수 있다)
- 디자인이나 프로그래밍 같은 디지털 미디어 기술을 발전시킬 수 있는 뉴미디어 회사
- 출판사에서 카피 에디팅이나 다른 편집 혹은 제작 업무를 하는 것
- 에디터, 발행인, 에이전트 또는 다른 문헌 전문가로부터 감독을 받으면서 논픽션 책이나 책 제안서를 작업하는 것

대부분의 저널리즘 스쿨은 학위 수여 요건으로 인턴십을 명시한다. 대학원 수준의 저널리즘 스쿨은 1년 과정이 다수인데, 그럼에도 불구하고 인턴십은 좀처럼 빠지지 않는다. 1년 과정인 뉴욕시립대 저널리즘 스쿨은 가을 학기에 시작해 이듬해 봄 학기와 가을 학기까지 세 학기로 운영되는데, 마지막 학기가 시작되기 전에 여름 인턴십을 마칠 것을 요구하고 있다.[40]

....

40. The Office of Student Affairs of Craig Newmark Graduate School of Journalism(2020). 2020-2021 Student Handbook. The City University of New York Craig Newmark Graduate School of Journalism,
https://www.journalism.cuny.edu/wp-content/uploads/2021/03/newmarkjschool-handbook-2020-mar1.pdf

저널리즘 스쿨이 단순히 인턴십을 권장하고 지원하는 것을 넘어서 '졸업 요구 조건'으로까지 내거는 것은 또 다른 이유가 있다. 산업계에서 실무 경험을 쌓아야만 진정한 프로페셔널로 인정하고 학위를 주겠다는 것으로, 어떻게든 현장으로 나가도록 등을 떠미는 것이다.

국내에서는 학교에서 언론계 인턴십을 요구 조건으로 내거는 것을 듣기 어렵다. 어느 프로그램의 커리큘럼이 언론계 인턴십을 졸업 요구 조건으로 내건다면 반발에 부딪칠지 모른다. 언론사 인턴십 기회는 제한적이고 합격하기가 쉽지 않은데 어떻게 하느냐는 것이다. 그런데 미국에서도 언론사 인턴십을 구하기는 무척 어렵다. 소수의 운 좋은 학생들은 〈뉴욕타임스〉, 〈LA타임스〉, 〈블룸버그〉와 같은 유수 언론사에서 인턴 기회를 얻지만, 전국 방방곡곡에 지원하고도 떨어지는 학생들이 많다. 그럼에도 불구하고 졸업 요구 조건에 타협이나 예외는 없다.

학생들은 인턴십을 구하기 위해 꽤나 고생을 한다. 우여곡절 끝에 모두가 조그마한 언론사에서라도 어떻게든 기회를 찾고 끝내 일을 한다. 합격이 늦어서 여름방학 때 의무 시간을 채우지 못하면 학기 중에 학교생활과 병행하며 일해서라도 인턴십 요구 조건을 채운다.

미국 언론계의 인턴십은 단순히 젊은이들에게 약간의 업무 기회를 준다거나 외부인으로부터 새로운 시각을 얻는다는 차원을 넘어선다. 언론사들은 추후 고용할 사람들을 진지하게 찾기 위한 방편으로 인턴을 고용한다.

채용 단계부터 고용 가능성을 주요 우선순위로 두고 있다는 것이다. 저널리즘 스쿨이 인턴십을 요구하는 것은 그 기회가 '전일제 일자리'로 이어지거나, 어떤 방식으로라도 진지하게 커리어에 직접적인 도움이 되기 때문이기도 하다.

인턴십이 전일제 일자리를 위한 포석이라면, 그것은 양질의 일자리여야 한다. 학생 본인도 추후 일할 만한 곳에서의 인턴십만 지원하고 수락해야 하고, 학교도 전일제 일자리로 추천할 만한 인턴십인 경우에만 정보를 공유해야 한다. 이를 둘러싼 대표적인 이슈가 '보상'이다. 국내에서는 '열정 페이'라 불리는 무급 인턴 자리를 보기 쉽지 않아졌지만, 미국에서는 아직도 무급 인턴십을 왕왕 볼 수 있다. 경제 사정이 좋지 않은 언론사에서 특히나 그렇다. 어떤 언론사는 자체적으로 유급 인턴을 고용할 여건이 되지 않아 외부 후원을 받기도 한다. 〈텍사스트리뷴〉은 "개인들의 기부가 수년간 인턴들을 유급으로 채용할 수 있도록 했다"고 말한 바 있다.[41]

인턴십을 어떻게든 구해야 하는 절박한 학생들은 무급이라도 기회를 찾곤 한다. 하지만 학교 측의 시각은 다르다. 학생들이 졸업 후 양질의 일자리에서 일하도록 하는 것을 목표로 인턴십을 요구하는데, 무급이라는 열악한 근무 조건을 권장할 순 없다. UC버클리 저널리즘 스쿨의 경우 인턴십 구직

......

41. Laura Castaneda(2015). Can't afford an unpaid internship? Help is here. Columbia Journalism Review,
   https://www.cjr.org/b-roll/journalism_paid_internships.php

에 있어서 목표를 높게 잡을 것을 권유하는 한편, 노동의 가치를 정당하게 대우하지 않는 무급 인턴은 근절돼야 할 관행이라고 판단해 정보 공유 대상에서 걸러내곤 했다.

학생들의 인턴십은 학교에 있어서 유·무형의 자산이 된다. 저널리즘 스쿨은 인턴십을 마친 학생들로부터 보고서를 받아 내부 참고 자료로 활용하곤 한다. 인턴십 보고서는 학생과 감독자 모두가 제출하는 쌍방향이다. 학생들은 미래 인턴들을 위해 인턴십 경험에 대해 기술하고, 감독자는 학생의 성과에 대해 기술하는 식이다.

UC버클리 저널리즘 스쿨의 경우 감독자에게 하는 질문에 "버클리 학생을 다시 고용하거나 멘토링할 의향이 있느냐"는 것과 "미래 기회에 우리가 어떻게 하면 실력 있는 버클리 학생이나 동문을 당신에게 제공할 수 있을지에 대해 코멘트하고 알려 달라"는 내용이 포함돼 있었다. 피드백을 통해 향후 학생들이나 동문의 커리어에 도움이 되도록 하겠다는 의지였다.

인턴십은 학교에 있어서 유용한 정보 파이프라인이 된다. 산업계가 흘러가는 최신 동향을 엿볼 수 있고, 그곳의 조직문화가 실제로 어떠한지 학생들로부터 평가를 들을 수 있으며, 학교가 학생들을 잘 가르치고 있는지 점검할 수 있는 방편이 되기도 한다. 이 모든 것은 미래의 신입생과 동문이 양질의 일자리를 얻도록 하는 데에 있어서 유용한 수단이 된다. 이에 더해 해당 언론사 구성원과의 네트워크를 형성해 학교가 가진 인적 관계망을 확장해 준다.

저널리즘 스쿨이 실무 중심의 커리큘럼을 통해 '편집국 같은 경험'을 제공하려고 노력하지만, 언론사에서 그것을 경험하는 것은 또 다른 가치를 더한다. 뉴욕시립대 저널리즘 스쿨 교수 제프 자비스(Jeff Jarvis)는 "여름에 일하고 돌아오는 학생들은 자신들이 공부하는 것의 맥락에 대한 이해를 달리했다"고 말했다.[42] 이렇듯 학교가 인턴십을 요구하는 것은 그만한 효과가 있어서다.

인턴십은 학교에 다니면서 학교라는 경계를 넘어서는 경험이다. 학교에서는 학생들이 졸업 이후에 언론계에 진출할 것으로 기대하지만, 사실 학교를 졸업한 이후엔 무슨 길을 언제 갈지는 각자의 자유다. 학교 재학 중에 업무와 연관된 인턴십을 요구받는 것은 현재의 반경을 벗어날 것을 요구받는 것과 같다. 이것은 압박이지만, 충분히 해낼 만한 가치가 있다.

....

42. Jeff Jarvis(2012). Jeff Jarvis: Here's a blueprint for radical innovation in journalism education. NiemanLab,
https://www.niemanlab.org/2012/09/jeff-jarvis-heres-a-blueprint-for-radical-innovation-in-journalism-education/

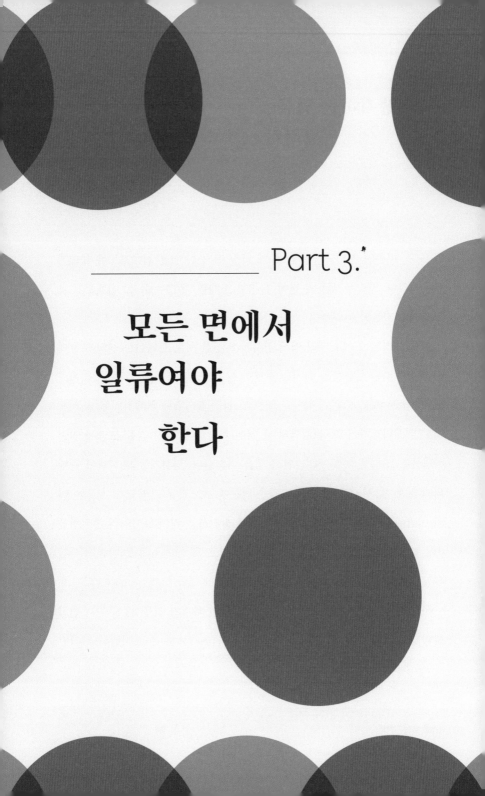

Part 3.

모든 면에서
일류여야
한다

생각하는 힘을
길러라

비주얼 저널리즘을 배울 때 가장 먼저 한 것은 취재보도를 둘러싼 토론이었다. 기술을 배우기 전에, 특정한 소재를 '무슨 이유로' 취재하고 보도할 것인가부터 논의했다.

토론 대상은 9·11 테러 당시 참사가 발생한 월드 트레이드 센터 고층에서 뛰어내리는 사람들을 원거리 촬영한 사진이었다. 사진은 〈AP〉의 리처드 드류(Richard Drew) 기자가 촬영한 것으로, 인근 패션쇼를 취재하던 중 소식을 듣고 뛰쳐나갔다가 포착해 찍게 된 것이라고 한다. 당시 건물 고층에 있던 사람들은 하나둘씩 뛰어내리면서 생을 마감했다. 당사자들의 신원이 규명되지 않은 채, 사진은 전 세계 수많은 언론에 보도됐다. 그리고 그 보도는 여러 비판에 직면했다. 어떤 이들은 사진을 발간하는 것이 당사자의 존엄성을 빼앗고 사생활을 침해하는 것이라고 지적했고, 또 어떤 이들은 언론이 사진 속 인물이 누구인지 알았어야 했다고 말했다.

사진 속 인물의 신원을 규명하는 것은 어떤 의미가 있을까? 교수는 편집 회의를 가정해 토론하도록 했다. 본인이 사진 기자 혹은 에디터라면 어떤 판단을 할지에 대해서였다. 한 수강생은 "사진 속 남자의 신원을 확인하는 것이 당사자의 가족에게 도움이 될 것이므로 확인하겠다"고 말했다. 유족들은 그날 숨진 가족 구성원에게 무슨 일이 일어났는지 상세히 모르는 만큼, 이를 알고 싶어 할지도 모른다는 것이다. 하지만 교수는 반박했다.

"저널리스트의 책임과 의무는 취재원의 가족에게 있는 게 아닙니다. 가족을 고려해야 하지만 우리가 하는 일의 의미는 대중에게 알리는 것에 있습니다. 확인해야 할 이유는 무엇입니까?"

실제로 모든 유족이 가족의 신원을 확인하기 원하는 것은 아니었다. 〈글로브앤드메일〉 기자는 사진을 분석한 끝에 오렌지색 셔츠를 입고 있던 식당 직원 노베르토 헤르난데즈(Noberto Hernandez)라는 남성으로 후보를 좁히고, 가족을 찾아가 확인에 나선 바 있다. 형제자매는 그가 맞다고 했지만 딸은 부인했다. 당시 뛰어내린 행동은 자살이 아닌 불가피한 내몰림으로 인식됐음에도 불구하고, 아버지가 건물에서 뛰어내렸으니 지옥에 갈 거라는 이야기를 인터넷에서 봤다는 이유에서였다. 만약 그것이 맞다면 자신은 무너져 내려서 정신 병동에 있을지 모른다면서 말이다. 〈에스콰이어〉는 신원을 확인하기 위한 여정을 다룬 뒤 이렇게 썼다.[43]

"그 떨어지는 남자의 신원을 확인할 수 있는 유일한 방법은 누가 됐든 그일지 모르는 사람의 가족에게 연락해 아들, 남편 또는 아버지의 마지막 날

....
43. Tom Junod(2016). The Falling Man. Esquire,
    https://www.esquire.com/news-politics/a48031/the-falling-man-tom-junod/

에 대해서 무엇을 아느냐고 묻는 것이다. 그가 오렌지색 셔츠를 입고 일하러 갔냐고 묻는 것이다. 하지만 그런 연락을 해야 하는가? 그런 질문들을 물어야 하는가? 그런 질문들이 이미 비통에 빠져 있는 사람들에게 단지 고통만 더할 것인가? 그것들은 노베르토 헤르난데즈가 사진 속 떨어지는 남자라는 오명에 대해 헤르난데즈 가족이 여긴 방식대로 망자에 대한 기억을 모욕하는 것으로 여겨질 것인가?"

비주얼 저널리즘 수업이 단순히 촬영 기술을 가르치기 위한 것이었다면 '판단 근거'를 두고 치열하게 토론하지 않았을 것이다. 그것이야말로 저널리스트와 기술자를 구분하는 차이이며, 기자 교육과 기술 교육을 가르는 요소다. 기자들은 단순히 실무 역량을 기르는 것을 넘어서 뉴스를 다룰 때 판단하고 고려해야 하는 것을 깊이 있게 사고할 수 있어야 한다.

흔히들 기자는 질문하는 직업이라고 한다. 하지만 취재원에게 질문하는 것 못지않게 스스로에게 질문하는 것도 중요하다. 무언가를 취재한다면 왜 취재해야 하는지, 그것을 보도한다면 왜 보도해야 하는지 자문하며 현명한 의사 결정을 하는 것이다. 발생한 일을 취재하는 것과 보도하는 것 사이에는 생각해야 할 수많은 요소가 있다. 교수는 이렇게 물었다.

"사진과 관련해 기자의 역할이 무엇인지, 우리가 아는 것과 알 수 없는 것은 무엇인지, 왜 그것을 알고 싶어 하는지, 그것을 아는 게 왜 중요한 것인지를 이야기하고 싶습니다. 이 사진에서 발생하는 일을 우리가 보는 것이 팬

찮나요, 괜찮지 않나요? 죽게 될 남자에 대해 보는 것은 역사의 일부로서 괜찮은 것인가요? 어떤 측면에서 가족에게 불경스러운 일인가요? 기사를 발간할 것입니까? 당사자의 신원을 확인할 것입니까? 그 신원을 가족에게 확인할 것입니까? 그 신원을 대중에게 공개할 것입니까? 한쪽에서는 당사자가 인간인 것을 알면 충분하니 신원을 확인할 필요는 없다고, 기사는 거기서 끝난다고 이야기할 수 있습니다. 또 다른 쪽에서는 이 사람이 누군지 알아야 한다고 말할 수 있습니다. 왜 이 사람이 누군지 알고 싶을까요? '기사를 통해 클릭을 얻자' 말고, 그가 누군지 확인해야 할 저널리즘적인 이유가 무엇입니까?"

미국에서 취재보도를 하면서 자주 들었던 이야기가 있다. '취재는 공격적으로, 보도는 신중하게' 하라는 것이다. 기자라면 무엇이든 발생한 사실을 일단 기록해야 한다는 것에는 대부분 이론의 여지가 없다. 사건·사고는 찰나에 발생하는 만큼, 일단 기록하지 않으면 역사의 중요한 순간을 놓치게 된다. 사안의 중대함이나 의미를 추후 깨닫게 되는 경우도 있다.

리처드 드류(Richard Drew) 기자는 미국의 정치인 바비 케네디(Bobby Kennedy)가 머리에 총을 맞았을 때 사진 취재를 한 경험이 있었다고 한다. 당시 케네디의 뒤에 서 있었던 까닭에 재킷에 피가 묻었는데, 테이블로 뛰어올라가 케네디의 눈이 감기는 모습과 함께 부인 에텔 케네디(Ethel Kennedy)가 남편에게 몸을 구부린 채 사진을 찍지 말아 달라고 간청하는 모습을 찍었다. 〈에스콰이어〉는 이를 두고 "그는 사진을 안 찍지 않았고, 눈을 피하지 않았다"며 이렇게 적었다.[44]

"그는 저널리스트다. 누군가가 역사를 만들기 전에는 역사가 만들어졌는지 모르는 법인 만큼, 프레임을 채우는 이미지를 거절하는 것은 그에게 달려있지 않다. 그 신체가 살아있는지 죽었는지를 구별하는 것도 그에게 달린 것이 아닌데, 카메라는 그런 구분을 하지 않고 안셀 아담스(Ansel Adams[45])가 아니고서야 모든 사진 기자들은 신체를 찍는 산업에 종사하기 때문이다."

가장 어려운 부분은 '보도' 결정이다. 기록한 사실을 대중에게 공개할 것인지에 대한 판단은 편집국에 있는 기자와 에디터가 상시로 마주하는 것이자, 때때로 어렵고 논쟁적이기도 하다. 어떤 보도가 과다하거나 불필요한 것인지는 구분선이 분명하지 않다. 기자들은 기사를 발간함으로 인해 종종 사생활을 침해하거나 국가 안보를 위협한다는 지적을 받으며, 취재원은 기사로 인해 일자리나 자유, 심지어 삶 자체를 잃게 될 수 있다.[46]

기사는 현장을 얼마나 있는 그대로 보여줘야 하는가? 어느 정도의 보도가 '적정'하고 어느 정도의 보도가 '과도'한 것이며, 어느 정도가 '보도하기

....

44. Tom Junod(2016). The Falling Man, Esquire,
https://www.esquire.com/news-politics/a48031/the-falling-man-tom-junod/
45. 자연 전경 사진을 찍는 미국의 환경주의 사진기자.
46. Helen Lewis(2015). When is it ethical to publish stolen data? Nieman Reports,
https://niemanreports.org/articles/when-is-it-ethical-to-publish-stolen-data/

에는 과도한 끔찍함'인가? 끔찍한 장면이라도 종류와 정도는 천차만별이며, 보도되는 정도 역시 제각각이다.

2014년 ISIS가 제임스 폴리(James Foley)를 살해하는 장면을 담은 동영상을 공개한 적이 있다. 대부분의 주요 매체는 처형 장면을 보도하지 않았다.[47] 그런데 같은 해 볼티모어 레이븐스의 런닝백, 레이 라이스(Ray Rice)가 약혼자를 때려 기절시키는 영상이 〈TMZ〉를 통해 공개됐을 때, 〈뉴욕타임스〉와 〈뉴요커〉는 해당 영상을 보도했다.[48] 이 같은 시각적인 증거는 볼티모어 레이븐스와 미국프로풋볼(NFL)이 라이스를 무기한 퇴출하는 것을 촉발했다.[49]

물론 폴리와 라이스의 상황은 다르고, 처형과 폭력은 다르다. 하지만 처형 장면이든 폭행 장면이든, 폭력적인 시각물을 보는 것은 기사에 대한 독자의 이해에 필수적인가? 대부분의 경우 기자나 에디터도 이에 대해 같은 의견을 갖고 있지 않다. 그리고 누구도 보도로 인해 일어나는 후폭풍을 예측할 수도, 책임질 수도 없다. 저널리즘 스쿨 교수는 이렇게 말했다.

"우리는 이미지가 어떻게 인식될지 제어할 수 없습니다. 그것을 통해 증

··············

47. Christopher Massie(2014). What embedding the Ray Rice video reveals about news judgement. Columbia Journalism Review, https://archives.cjr.org/behind_the_news/ray_rice_video_news_judgement.php
48. TMZ Sports(2014). Ray Rice elevator knockout fiancee takes crushing punch(video). TMZ, https://www.tmz.com/2014/09/08/ray-rice-elevator-knockout-fiancee-takes-crushing-punch-video/
49. Christopher Massie(2014). What embedding the Ray Rice video reveals about news judgement. Columbia Journalism Review, https://archives.cjr.org/behind_the_news/ray_rice_video_news_judgement.php

오 범죄가 일어날지 사람들이 일하러 가기를 두려워하게 될지, 어떤 법이 통과될지 모릅니다. 여러분이 커리어에서 집중해야 할 중요한 것은 자신이 하는 일을 기억하는 것입니다. 기자가 하는 일은 스토리를 이야기하는 것이고, 목격자가 되는 것입니다. 순간을 포착하고 가장 진실이라고 생각하는 것에 내러티브를 입히는 것입니다. 그게 여러분이 제어할 수 있는 것의 전부입니다."

취재나 제작을 잘하는 것만으로는 충분하지 않다. 취재나 제작 기술은 기자에게 요구되는 역량의 일부에 불과하기 때문이다. 저널리스트를 구성하는 중요한 축은 '저널리즘'이며, 뉴스 가치와 보도 기준에 대한 판단은 단순히 기자가 된다거나 언론사에 입사하는 것을 넘어선 영역이다. 기자라면 무엇이 독자가 알아야 할 사안이며, 어째서 알아야 하는지 고민하고 판단할 수 있어야 한다. 저널리즘 스쿨 교수는 보도사진에 대한 토론을 하면서 다음과 같이 말했다.

"이건 그냥 사진들이 아닙니다. 제가 강조하고자 하는 것은 우리가 찍는 사진이 사람들의 삶에 영향을 미친다는 것입니다. 우리가 하는 질문은 사람들의 삶에 영향을 미칩니다. 우리가 발간하는 것은 세상에 중요합니다. 이런 토론을 하고, 동의하지 않는 의견을 갖고 고군분투하는 것은 자신이 하는 일을 아주 진지하게 인식한다는 것을 의미합니다."

기본의
기본을 배워라

인터넷을 통해 '셀프 학습'하며 동영상 편집 기술을 익혔다는 사람의 바탕화면을 본 적이 있다. 온갖 파일들이 두서없이 뒤엉키며 화면을 빼곡하게 채우고 있었다. 파일 더미를 헤매다가 필요한 것을 용케 찾아내는 것이 신기하면서도, 그것을 지켜보자니 머리가 어지러웠다.

저널리즘 스쿨에서 이런 화면은 볼 수도 없고, 있어서도 안 되는 것이다. 프로페셔널이라면 작업의 효율과 품질을 높이기 위해 파일 정리를 포함한 기본부터 정비하고 일하는 것이 마땅한 것으로 인식된다. 그것이 업무의 효율을 높여 스스로의 작업뿐 아니라 타인과의 협업이 매끄럽도록 하고, 복잡하고 방대한 작업도 체계적으로 할 수 있도록 하기 때문이다.

학교에서는 거창하고 고차원적인 기술을 배우기 전에 '기본 중의 기본'부터 배우게 했다. 취재 자료나 장비, 작업 파일을 일목요연하게 정리하며 일하는 방법을 익히게 한 것이다.

기사 작성을 위해 여러 가지 작업을 하다 보면 여러 인터넷 페이지를 확인하며 참고해야 할 경우가 있다. 이때 수십 개의 탭을 동시에 띄워놓고 오가며 혼란스러워지기보다는, 각 페이지를 하나의 탭에 일목요연하게 저장해 두고 한곳에서 선택하며 간편하게 이동할 수 있는 서비스를 소개받았다.

동영상에 있어서는 편집 프로그램인 '어도비 프리미어'를 배우기 전에 파일들을 어떻게 일목요연하게 정리할 수 있는지를 배웠다. 교수는 프로젝트 폴더의 하위 폴더를 00_Premiere_Projects, 01_Exports, 02_Footage, 03_Audio, 04_Graphics, 05_Stills, 06_Archival, 07_Other, 08_Media_Cache라는 이름으로 개설해 분류한다고 했다. 이렇게 폴더를 정리해 두고 작업에 임하니 자료 관리가 용이했고 시간도 절약할 수 있었다.

소소한 팁도 배웠다. 동영상 편집 프로그램은 공간을 많이 차지하는 만큼, 큰 프로젝트의 편집을 시작할 때는 다른 주요 프로그램을 종료해야 했다. 다른 프로그램을 동시에 열어두면 컴퓨터가 느려질 수 있기 때문이다. 편집을 시작하기 전에는 컴퓨터를 재부팅해 말끔한 상태에서 작업을 시작하고, 편집 관련 파일을 모두 외장 하드에 저장하면 컴퓨터가 마비되거나 정체불명의 파일로 저장 공간이 가득 차는 현상을 방지할 수 있음도 안내받았다.

카메라 촬영을 배우면서 조작 기능 활용법 못지않게 중요하게 배운 것은 선을 감거나 부속 기기를 정리하는 방법과 같은 '기본'이었다. 마이크 선을 정리할 때는 꼬거나 묶지 말고 손으로 한쪽을 잡고 길게 원을 만들면서 감아야 한다는 것, 삼각대는 카메라를 고정하는 위쪽이 손상되면 안 되니 가방의 두툼한 부분을 향하도록 넣어야 한다는 것, 헤드셋 선을 정리할 때는 헤드셋에 빙빙 감지 말아야 한다는 것 등이었다. 학교에서는 자체적인 장비

대여 시설을 운영하고 있었는데, 그곳에서 일하는 직원이나 학생은 장비를 정석으로 정리하는 게 몸에 배어 있었다. 이들은 다른 학생들이 반납하는 장비를 하나하나 확인하고선 조금이라도 줄이 잘못 감겨 있거나 얼기설기 돼 있으면 한눈에 찾아내 다시 정리하며 시범을 보여주곤 했다.

장비를 제대로 다루고 관리하면 고장 가능성을 줄일 수 있어 현장에서 촬영을 매끄럽게 진행할 수 있고, 기기를 오래 사용할 수 있다. 사소해 보이지만 기본을 알고 실천하는 사람과 그렇지 않은 사람의 장비는 시간이 지날수록 내구성과 품질에 차이가 날 수밖에 없다.

장비든 기기든 프로그램이든 사전에 정비하고 제대로 관리하는 것은 '좋은 습관'이라고 불렸다. 작업량이 많아질수록 좋은 습관과 나쁜 습관은 차이를 만들었다. 좋은 습관을 가질수록 업무의 능률이 높아지기 때문이었다. 이것은 프로와 아마추어를 가르는 차이이기도 했다. 단순히 어떤 업무를 하거나 도구를 다룰 줄 아는 것만으로는 불충분하다. 업무를 하는 것 못지않게 효율적으로 일하는 게 중요하고, 도구를 다루는 것 못지않게 내구성을 유지하는 게 중요하다. 그러지 못하는 사람은 시간이나 도구라는 소중한 자원을 낭비하게 된다.

'기본의 기본'은 업무의 품질에도 영향을 미쳤다. 비주얼 저널리즘을 가르치는 교수는 아마추어 제작의 세 가지 신호로 '흔들리는 카메라, 드러난 마이크, 나쁜 오디오'를 꼽았다. 촬영할 때 카메라가 흔들려서는 안 되고, 인터뷰이에게 마이크를 설치할 때는 옷 안이나 카메라 프레임 바깥에 마이크를 두어 화면에 포착되지 않도록 해야 하며, 촬영하는 내내 헤드셋을 끼고 음질이 깨끗한지 확실히 확인해야 한다는 것이었다. 이것은 촬영에 임하기 전에 점검해야 하는 기본적인 요소였는데, 어긋날 경우 전체적인 제작물이 엉성해 보이게 된다.

모든 단계에는 챙겨야 하는 기본이 있었다. 동영상 제작 수업에서는 제작물을 상영하는 자체 시사회인 쇼케이스 행사를 열곤 했는데, 아무리 내부 행사라지만 반드시 지켜야 할 기본이 있었다. 마지막 엔딩 크레딧에 적히는 폰트 종류나 크기, 길이, 위치 등 양식을 통일하는 것이다. 사소한 것처럼 보이지만, 엔딩 크레딧 형식이 뒤죽박죽이면 두서없어 보인다. 작은 것부터 세밀하게 점검하며 통일성 있게 정리해 내는 '디테일'이야말로 작품과 행사의 품질을 높였다.

쇼케이스를 할 때면 엔딩 크레딧의 양식을 통일하는 학생이 지정되곤 했다. 각자의 작품에 실린 표기법을 어떻게 통일해야 하는지에 대한 설명을 상세히 보내고 취합하는 학생이었다. 이것을 학교생활 내내 실천하다 보니 일관되고 조화로운 스타일이 몸에 배었고, 매번 점검하게 됐다.

싸구려 물품과 명품의 차이는 '디테일'에 있다. 그럭저럭 제작한 것 같은데 어딘가 품질이 어설퍼 보이거나 열심히 일했는데 능률이 오르지 않았다면 '기본'에서 어긋났을 가능성이 높다. 기본을 배운 사람과 그렇지 않은 사람은 과정과 결과가 다르다. 자료 정리법을 배운 사람은 더 효율적으로 일하고, 촬영 장비 관리법을 배운 사람은 오래도록 장비를 사용하며, 촬영의 기본을 배운 사람은 양질의 취재를 통해 훨씬 더 나은 결과물을 제작하게 된다.

일류가 되려면 모든 것에서 일류여야 한다. 안목이 일류여야 하고, 습관이 일류여야 하고, 업무 방식이 일류여야 하고, 결과물이 일류여야 한다. 이 모든 것은 기본에서 출발한다.

장비는
고품질이어야 한다

저널리즘 스쿨에 다니려면 반드시 일정 사양 이상의 노트북을 갖고 있어야 했다. 학교에서는 필요한 노트북을 입학 전에 안내했는데, 맥북 프로를 구비하되 당시 시점에서 3년 이내에 출시된 것으로 사 올 것을 권유했다. 학교에서 제공하는 소프트웨어들과 주변 장치들이 맥북에서만 작동하고, 동영상 편집을 하려면 사양이 일정 수준 이상이어야 원활하기 때문이었다. 노트북 요구 사항은 각자의 세부 전공에 따라 조금씩 달랐는데, 다큐멘터리나 동영상을 세부 전공하는 학생들은 모니터가 비교적 큰 15인치 맥북 프로를 사와야 하는 식이었다.

학교에서는 맥북에 익숙한 정도가 어느 정도인지에 대한 설문조사를 실시하는 한편, 입학 예정자들이 노트북 사양을 어떻게 확인할 수 있는지에 대한 세부 항목을 상세하게 안내했다. 노트북은 업무에 사용하는 장비의 핵심으로, 일을 잘하는 데 있어서 굉장히 중요하기 때문이었다. 장비 담당자는 노트북 프로세서 옵션을 선택할 때 고려할 점을 이렇게 안내했다.

"노트북은 교육과 커리어에 대한 투자입니다. 더 강력한 프로세서를 고르면 더 오래 지속되고, 이른 시일 내에 교체하지 않아도 되는 만큼 장기적으로는 잠재적으로 돈을 아껴줍니다. 우리는 학생들이 노트북을 5~7년간 쓰는 것을 봤습니다. 이에 더해, 강력한 노트북을 갖는 것은 데드라인이 임박했을 때 더 효율적으로 일하고 더 많은 애플리케이션 사이를 점프할 수 있다는 것을 뜻합니다. 그러나 노트북이 전체 교육비 지출에 더할 상당한 부담감을 알고 있습니다. -중략- 다시 한 번, 할 수만 있다면 가장 높은 수준의 노트북을 구매할 것을 추천합니다."

한 마디로 노트북은 일정 사양 이상으로 사되, 할 수만 있다면 최고 사양을 사야 했다. 그것이 업무를 '더 잘하게' 하도록 하기 때문이다. 돈이 많이 들더라도 어쩔 수 없다. 힘이 닿는 선에서 가장 좋은 것을 사야 한다. 업무를 원활하게 하는 것만큼 중요한 것은 없다. 더 나은 커리어를 얻기 위해서는 투자해야 할 것이 있다. 장비는 더 나은 결과물을 위한 투자의 대상이었다.

좋은 장비는 학교 구성원에게 있어서 전제에 가까웠다. 산업계의 프로페셔널들이 좋은 장비를 쓴다면, 그들과 같은 전문성을 지향하는 학생들도 좋은 장비를 써야 했다. 누구 못지않게 복잡하고 고차원적인 작업을 효율적으로 하면서 수준 높은 결과물을 내놓아야 하기 때문이었다.

국내에서는 학교나 언론사에서 '할 수 있는 한 가장 좋은' 장비를 쓰는 경우를 보기가 쉽지 않다. 노트북은 적당한 사양이고, 업무를 '가장 잘할 수 있는가'보다는 '할 수 있는가'가 고려된다. 다소 느리거나 불편하더라도 업무를 할 수 있다면 굳이 가장 좋은 것을 사지 않아도 된다고 생각하는 사람들이 많다. 이는 '적당한 것'이 전제로, 이 전제가 단지 예산 때문은 아니다. 누구에게나 예산은 한정돼 있다. 관건은 '무엇에 투자해 어떤 가치를 얻어내는가'에 대한 것이다. 예산에 한계가 있더라도 고사양의 중요성과 업무 효율성이라는 우선순위는 얼마든지 권유될 수 있다.

저널리즘 스쿨의 원칙은 일관됐다. '적당한 것'으로는 충분치 않았다. 제작 장비를 살 때는 한결같이 '가장 좋은 것'을 살 것을 권유받았다. 노트북뿐 아니라 다른 장비에 있어서도 권유되는 원칙은 동일했다. 일정 사양 이상을 사되, 가급적이면 가장 높은 사양을 구매하라는 것이었다.

하드 드라이브를 구입할 때도 마찬가지였다. 취재를 하다 보면 무수한 현장을 사진과 동영상으로 담게 된다. 학교에서는 휴대 가능한 외장 하드와 집에 놔두는 백업 외장하드를 이중으로 구비해 데이터 유실을 방지하도록 했는데 속도, 내구성, 동영상 편집에 필요한 요구 사항과 호환성 등을 종합적으로 검토하고 자체적으로 사양을 검수한 제품을 추천하며 구매를 안내했다. 하드 드라이브는 사양에 따라 가격이 천차만별이다. 높은 사양을 살수록 학생들에게는 상당한 비용 부담이 된다. 하지만 비주얼 저널리즘을 가르치는 교수는 이렇게 말했다.

"비주얼 저널리스트로서 하드 드라이브에 대해 생각해 봐야 할 점이 있습니다. 몇 테라바이트짜리인데 저렴한 하드 드라이브를 사면 안 되냐고, 무엇이 차이냐고 말할 수 있겠지요. 하드 드라이브를 사서 그 안에 있는 동영상 파일이나 모션 그래픽 파일에 계속 접근해 작업하고 싶다면 사양이 일정 수준 이상이어야 함을 알아야 합니다. 어느 날 상점에 가서 '와, 세일하네'라 고 생각하겠지만 그게 아무 의미가 없을 수 있습니다. 몇 테라바이트짜리를 30달러에 샀더라도 작업하는 데 필요한 정보를 충분히 빠르게 전송해 주지 않는다면 안 됩니다. 두 번째는 커넥터에 대한 겁니다. RPM과 용량이 같은 데 어떤 하드 드라이브는 왜 비싸거나 쌀까요? 커넥터의 속도 때문입니다. 작업 속도가 느려지지 않고 삶이 쉬워지려면 아주 중요한 요소입니다. 하드 드라이브는 대부분의 경우 값을 치르는 만큼 얻게 돼 있습니다. SSD도 마 찬가지입니다. 저는 프리미어를 작업할 때 항상 SSD를 씁니다. 약간 비싸지 만 바닥에 떨어뜨려도 될 정도로 단단하고 내구성이 좋습니다. 모션 디자인 을 진지하게 하고 싶다면 SSD를 사십시오."

모든 투자에는 위험이 따른다. 고사양, 고성능 제품을 사기 위해 거액을 지출하는 것은 말할 것도 없고, 현장에 가지고 다니는 장비의 경우 분실이 나 파손 위험도 있다. 적어도 분실이나 파손에 대한 위험 부담은 국내보다 미국이 훨씬 크다고 할 수 있다. 학생들이 변화무쌍한 취재 현장을 누비는 가운데, 치안 사정이 한국보다 훨씬 나쁘기 때문이다. 장비에 대한 절도나 강도 등이 적지 않게 발생하는 까닭에 장비가 파손되거나 분실되는 일이 왕 왕 있다.

어떤 위험 부담이 됐든, 업무의 능률을 올리기 위해 필요한 것이라면 '구더기 무서워 장 못 담글' 이유가 되지 못한다. 고품질 장비에 투자하되, 위험 부담에 대한 대비책을 세우면 된다. 장비의 경우 장비 보험을 드는 방법이 있었다. 학교에서는 자체적으로 검수한 장비 보험을 안내했는데, 보험 회사는 장비가 분실되거나 도난됐을 때 입증 자료를 제출하면 보상을 해 줬다.

좋은 장비를 쓰면서 제작에 임해보면 왜 위험 부담을 감수하면서까지 투자를 감행하는지 알게 된다. 언론계에서 필요로 하는 다양한 기술을 배우고 제작할 때, 업무의 효율과 품질은 장비의 사양과 비례했다. 노트북 메모리가 높을수록 모션 그래픽을 성공적으로 제작하는 데 유리했고, 카메라 사양이 높을수록 동영상 촬영을 매끄럽게 할 수 있었으며, 하드 드라이브의 품질이 높을수록 방대한 취재 자료를 빠르고 안전하게 보관하기가 용이했다.

학교도 장비에 상당한 투자를 했다. 노트북이나 하드 드라이브같이 개인 장비는 학생들의 몫이었지만, 그 외의 장비는 학교에서 구비했다. 장비 저장실에 DSLR, 비디오카메라, 고프로, 드론을 포함한 각종 촬영 장비를 비치해 두고 대여 시스템을 운영했고, 학내 편집실에는 최고급 사양의 아이맥 프로가 여러 대 설치돼 있었다. 아울러 학생들에게 동영상과 그래픽 제작 등을 위한 소프트웨어를 제공했고, 관련 업무를 전담하는 기술 디렉터도 있었다. 이에 더해 하드웨어 업무를 전담하는 프로덕션 매니저와 자체 스튜디오를 관리하는 스튜디오 엔지니어도 있었다.

저널리즘 스쿨에 소속돼 있다면 적어도 장비 자체의 한계로 인해 무언가를 못할 일은 없었다. 언론계에서 활용하는 거의 모든 기기나 프로그램을 사용할 수 있도록 학교에서 구매를 안내하거나 지원했기 때문이다. 대부분의 학생은 최대한 좋은 장비를 사용해 보고, 그 효과를 체감했다.

세상에는 비용에 품질을 타협하는 사람이 있고, 품질에 비용을 타협하는 사람이 있다. 프로페셔널은 돈을 이야기하기 전에, 도달하고자 하는 품질부터 이야기한다. 품질을 최우선으로 여긴다면 원하는 지점에 도달하기 위해 필요한 예산을 어떻게든 구하고, 방법을 찾는다. 품질이 가장 중요한 사람은 가장 높은 수준의 결과물을 생산할 수밖에 없다. 고품질 업무 장비를 지향한다는 것은 예산이 넉넉하고 그렇지 못하고의 문제가 아니라, 우선순위의 문제다.

준비된
플레이어가 돼라

저널리즘 스쿨 재학 당시, 학내에서 격렬한 시위가 예정된 적이 있었다. 학생들은 취재 수업을 넘어 프리랜서 기자로서도 곳곳을 취재하는 만큼, 학교에서는 사전에 유의 사항을 안내했다.

"시위에 가기로 계획한다면 여러분을 감독할 의무를 가진 에디터가 있어야 합니다. 프리랜서로 일한다면 여러분이 다치거나 체포됐을 때 재정적이고 법적인 위험을 감당하면서 취재자료를 편집하고 발간할 에디터가 해당 언론사에 있어야 합니다. 시위 취재를 맡긴 저널리즘 스쿨 강사가 에디터 역할을 맡을 수 있지만, 여러분이 체포당하거나 부상당하는 것에 대해 감독할 의무를 가져야 합니다. 이곳 지역 시위는 종종 새벽 2시까지 진행됩니다. 지도 교수와 미리 상의하는 것만으로는 충분치 않다는 것입니다. 에디터와 시위 내내 연락을 하고 있어야 합니다."

당시 시위는 사진 기자로 일하는 교수가 취재에 나설 계획이었다. 학교에서는 취재를 가는 학생들이 해당 교수에게 사전에 연락해 자신이 현장에 있을 것임을 알리도록 독려하는 한편, 장비를 가져갈 경우 적합한 장비 보험 혜택을 확실히 갖고 있을 것을 당부했다. 장비 보험에 대한 정보를 알려

줄 수 있는 직원의 연락처, 만에 하나의 상황에 대비해 당일 학과 건물에 밤 9시까지 머물 직원의 연락처, 시위 취재에 대한 정보가 담긴 미국기자협회 링크도 공유했다.

갓 입학한 1년 차 학생의 취재 경험은 천차만별이다. 시위 취재 경험이 있는 경우도 있지만, 전무한 경우도 있다. 학교에서는 1년 차 학생들에게는 특별 메모를 남겼다. 취재 수업 에디터로부터 해당 과제를 부여받은 게 아닌데 취재를 할 거라면 사전에 상의하고, 앞으로 1년 차 학생들을 대상으로 시위 취재에 대한 훈련을 실시할 것이니 일정에 참고하라는 것이었다.

저널리즘 스쿨에서는 취재 전에 항상 교육을 시켰는데, 매사에 숙지해야 할 변수와 원칙을 상세히 가르친 뒤 취재에 임하게 했다. 학교에서 부여한 과제건 개인적으로 하는 취재건 상관없었다. 학교에 소속된 기자라면 제대로 된 교육과 관리·감독을 받으며 현장에 나가야 했다.

시위 취재를 예로 들자면 가이드라인은 이렇다: 자신이 취재 중인 기자임을 주변에서 분명히 인식할 수 있도록 해야 한다. 편한 옷과 신발을 착용해도 검은색 후드를 입거나 얼굴을 가리는 복장은 하지 않아야 한다. 시위대로 오인받으면 체포당할 수 있기 때문이다. 이외에도 숙지할 것은 여럿인데, 뉴욕시립대 저널리즘 스쿨의 가이드라인을 요약해 소개하자면 이렇다.[50]

50. The Office of Student Affairs of Craig Newmark Graduate School of Journalism(2020). 2020-2021 Student Handbook. The City University of New York Craig Newmark Graduate School of

1. 신분증명을 가져가라(그리고 착용하라)

자신을 언론의 일원으로 분명하게 표명하는 무언가를 가져야 한다. 지역이나 카운티, 주 경찰 부서로부터 생성한 개인 신분증명이 가장 좋을 것이다. 그것이 가능하지 않거나 얻을 수 없다면 매체나 학교에서 자신을 조직의 일원으로 표명하는, 사진과 이름이 기재된 공식적인 증명 문서가 다음으로 좋은 대안이 될 수 있다.

2. 시위 참가자처럼 보이는 것을 피하라

휘장을 착용하거나, 팻말을 지니거나, 시위 참가자(혹은 반대 시위자들)의 구호에 동참하는 것은 저널리스트가 정보를 수집하고 뉴스를 취재하는 것이 아닌 다른 목적으로 그곳에 있다고 인식될 가능성을 높인다. 에디터 또는 교수들에게 당신이 그곳에 시위를 취재하기 위해 있다는 것을 명확히 알려라. 그들은 즉각 당신을 시위자가 아닌 저널리스트로 확인해 줄 수 있다.

3. 휴대전화와 소량의 현금을 지녀라

구류나 체포를 통해 위협을 당한다면 외부 도움을 빠르게 얻기 위해 바깥에 연락할 수 있어야 한다. 교수나 에디터, 조언자 혹은 필요시 변호사에게 연락할 수단을 지녀라. 시위 지역 바깥에서 대기 중인 교수나 동

··············
Journalism,
https://www.journalism.cuny.edu/wp-content/uploads/2021/03/newmarkjschool-handbook-2020-mar1.pdf

료에게 주기적으로 연락할 계획을 세우는 것이 현명할 것이다.

4. 경찰의 모든 지시에 따라라

경찰이 장소를 떠나거나 해산하라고 명령하면 대중 바깥으로 나와서 관찰할 곳을 찾은 뒤 최대한 가까이서 취재하라. 가능하다면 담당 경찰에게 자신을 기자로 소개하고 그들의 업무를 방해하지 않으면서 일을 계속할 수 있는 가이던스를 요청하라. 경찰이 당신에게 명령하는 데 있어서 불법적으로나 불합리하게 행동하는 것 같으면 당사자의 이름과 직위뿐 아니라 다른 목격자들의 이름과 연락처도 기록하기 위해 최선을 다해라.

5. 체포당하거나 구류 당했다면 즉각 행동하라

우선 문제가 되는 경찰들에게 당신이 시위를 취재하기 위해 그곳에 있던 저널리스트라는 것을 알려주고 당신의 기자 신분증명을 보여주라. 둘째, 교수나 학업 디렉터에게 연락해 무슨 일이 벌어지고 있는지 알려라. 셋째, 경찰이 당신을 체포하거나 구류할 것을 주장한다면 변호사와 연락하길 원한다는 것을 그들에게 알리고 즉각 그렇게 하라.

6. 증거를 제시하라

당신이 해야 할 일을 하고 있었던 것이고 경찰은 그렇지 않았다면 현장 동영상, 사진, 음성은 매우 귀중한 협력 자료가 될 것이다. 당신이나 동료가 경찰에 의해 체포되거나 기자로서의 업무를 방해받았다면 주변 사람에게 기록해 줄 것을 요청하고 교수에게 최대한 빨리 해당 자료를 보내라.

국내 언론계에서 기사 작성 교육은 많지만, '취재 교육'은 드물다. 수습기자 훈련 과정에서는 무언가를 알아오라는 취재 결과물을 집요하게 요구하지만, 어떻게 취재해야 하는지 '과정'을 교육하는 경우는 보기 어렵다. 수습기자들은 누군가에게 거짓말을 하는 것을 포함해 수단과 방법을 가리지 않고 취재를 하곤 한다. 대개 선배 기자들은 "어떻게든 알아오라"고 할 뿐이다.

미국의 저널리즘 스쿨은 취재 결과물 못지않게 '과정'을 중요시한다. 때로는 '과정'이 더 중요할 수도 있다. 떳떳하고 투명하지 않은 방식을 썼거나 취재원에게 부적절하게 행동해 얻어낸 정보라면 그 자체로서 취재 내용이 신뢰받지 못할 근거가 될 수 있다.

취재 수업에서는 취재 결과물을 가져오도록 하기 전에 현장에서의 원칙과 유의 사항을 교육했다. 그 교육이 얼마나 철저하냐면, 에디터들이 수업 시간에 역할극을 해 보일 정도였다. 전화 취재를 예로 들면, 취재 내용을 어떻게 정확하게 기록할 수 있는가? 곧장 완벽하게 기록하기 어렵다면 녹음하는 것도 방법이다. 미국에서는 통화 녹음에 대한 법률이 주마다 다른데, 캘리포니아주를 포함한 몇몇 주에서는 통화 상대방의 동의를 구하고 녹음을 해야 법에 저촉되지 않는다. 그렇다면 어떻게 동의를 구할까. 에디터는 취재할 때 어떤 식으로 말해야 하는지 보여주기 위해 다른 에디터와 함께 다음과 같은 역할극을 해 보였다.

에디터 A : "안녕하세요, 지금 통화해도 괜찮은 시간인가요?"

에디터 B : "괜찮아요."

에디터 A : "제가 이러저러한 내용으로 취재를 하려고 하는데 통화 녹음
을 해도 되나요?"

에디터 B : "네, 그러세요."

에디터 A : "네, 그럼 지금부터 녹음을 시작합니다."

취재 수업의 한 축이 편집회의라면, 또 다른 축은 취재보도에 대한 교육
이었다. 여러 기자들이 마주하거나 예상하는 다양한 시나리오를 논의하면
서 주의해야 할 점을 짚어보곤 했다. 에디터뿐 아니라 수강생들과 같이 취
재 상황에 대해 토론하다 보면 수많은 사항을 숙지하게 됐다.

취재에는 현장에 가거나 취재원의 이야기를 듣는 것 외에, 자료를 수집하
고 검증하는 것도 있다. 정보를 검증하는 취재 훈련을 받지 않은 기자들은
온라인에 떠돌거나 다른 언론사에서 보도했거나 취재원이 건넨 정보를 별
다른 검증 없이 그대로 게재하곤 한다. 출처만 표기하면 될 것 같지만, 검증
하지 않은 정보를 그대로 퍼 나르는 것은 기자의 업이 아니다. 기자는 어떤
정보라도 직접 취재해야 하고, 정보가 어디서 생성됐으며 사실인지 검증해
야 한다.

저널리즘 스쿨에서는 타인이 생성한 정보를 '어떻게 검증할지'도 세세히

교육했다. 우선 다른 언론사에서 보도한 기사의 경우다. 총기 난사 사건이 발생했을 때, 에디터는 관련 보도를 한 줄 한 줄 비판적으로 살펴보고 논의하도록 했다. 정보의 출처를 구체적으로 밝히지 않고 '당국(authorities)'이라고 뭉뚱그린 경우에는 진위를 의심해 보고, 취재원을 구체적으로 적지 않은 코멘트는 인용하지 않으며, 타사 기사를 볼 때는 여러 언론사에서 발간한 것을 비교해 볼 것을 권유했다. '속보 소비자의 핸드북'이라는 자료도 소개했다.[51] "사건 발생 직후에는 언론사들이 잘못 인지할 것이다", "익명의 취재원은 믿지 말라", "정보의 근원으로 다른 언론 매체를 인용하는 기사들은 믿지 말라"는 등의 내용이 담겨 있어 유의점을 숙지할 수 있었다.

소셜 미디어에 올라오거나 누군가가 전달하는 정보도 사실인지 검증해 봐야 한다. 아무리 유명한 사람이 언급한 내용이나 업로드한 자료라도 궁극적으로 '가짜 정보'일 수 있다. 에디터는 누군가가 무엇을 말하면 "그것을 어떻게 알았는지"를 묻고, "원자료가 무엇이고", "누가 올렸는지", "언제 만들어졌는지", "원출처가 어디인지"를 물으며 검증하도록 했다.

취재원이 보낸 자료라고 해서 믿을 만한 것은 아니다. 취재원이 사진을 전해왔다면 출처를 재차 검증해야 한다. 에디터는 사진 포렌식 웹사이트를 소개한 뒤, 수업 시간에 즉석에서 사진을 촬영하고 해당 웹사이트에서 검증

51. WNYC Studios(2013). The Breaking News Consumer's Handbook. WNYC Studios, https://www.wnycstudios.org/podcasts/otm/articles/breaking-news-consumers-handbook-pdf

해 보였다. 아이폰 7 플러스 후면 카메라로 촬영했다는 것과 사진 촬영 날짜 등 기본적인 정보뿐 아니라 사진이 찍힌 위치까지 GPS 데이터로 나왔다. 이를 활용하니 사진이 조작됐는지, 거짓으로 제공된 정보는 아닌지를 검증할 수 있었다.

이외에도 검증 수단은 다양했다. 이를테면 구글 이미지를 활용하면 해당 사진이 다른 곳에서도 사용된 적이 있는지 검색해 볼 수 있었다. 취재원이 사진을 전송해 줬을 때, 그것이 직접 찍은 사진인지 온라인에 있는 걸 다운로드해서 준 것인지 검증해 볼 수 있는 수단이었다. 때로는 '구글 스트릿뷰'도 유용하다. 어떤 도시에서 폭탄 테러 같은 일이 발생했을 때 누군가가 현장 사진을 보내왔다면 구글 스트릿뷰를 활용해 해당 장소와 촬영 이미지를 비교해 볼 수 있다.

취재를 하기 전에는 현장을 알아야 하고, 현장을 알기 위해서는 실전에서 발생하는 다양한 변수를 예측하고 대비할 수 있어야 한다. 취재보도 과정에서 리스크가 동반될 경우 더더욱 그렇다. 이를 미리 교육받고 임하는 기자는 그렇지 않은 기자와 대처 역량이 같을 수가 없다.

유능하고 프로페셔널한 조직일수록 구성원들이 '준비된 플레이어'가 될 것을 분명히 한다. 기자들도 예외가 아니다. 언제 어디에 가든, 훈련과 대비가 숙련도를 높인다.

하나만
잘해선 안 된다

국내에서는 '신문 기자'냐 '방송 기자'냐의 분류를 꽤나 자주 듣는다. 하지만 저널리즘 스쿨에서 '신문'이나 '방송'이라는 매체와 결부해 스스로를 규정하는 사람을 본 적이 없다. '펜 기자(writer)', '사진 기자(photographer)' 등 직무에 대한 정체성은 갖고 있지만, 기사를 게재하는 플랫폼이 신문이거나 방송이어야 한다는 식의 '매체에 결부된 직무 정체성'이 없었다는 것이다.

최근 미국에서는 직무에 대한 경계마저 희미해지고 있다. 사진과 동영상을 포함해 시각적인 요소 전반에 전문성을 지닌 '비주얼 저널리스트'가 있고, 텍스트뿐 아니라 사진이나 동영상 등 다양한 미디어로 기사를 제작하는 '멀티미디어 저널리스트'도 있다. 그리고 기사도 쓰고 코딩도 하는 '데이터 저널리스트'나 '저널리스트 엔지니어' 등 다양한 직군들이 뉴스룸 내에 생겨나고 있다.

글을 쓰는 기자 중에서도 글만 쓸 줄 아는 기자가 있고, 글도 쓸 줄 아는 기자가 있다. 국내에서는 글만 쓸 줄 아는 기자가 다수지만, 저널리즘 스쿨에서는 글만 쓸 줄 아는 기자를 찾아볼 수 없다. 어떤 커리어를 지향하건 간에 모두가 멀티미디어의 기본을 배우기 때문이다. 적어도 요즘 시대에 저널리즘 스쿨을 다니면 글만 쓸 줄 아는 기자는 없다고 볼 수 있다.

신문사에서건 방송사에서건, 기자들이 글만 쓰거나 동영상만 제작하는 등 '한 가지 기술'만 갖는 것은 불충분하다. 기사가 한 가지 수단을 토대로 제작되지 않기 때문이다.

저널리즘 스쿨에서 자주 접한 '커리어 팁'이 있다. 구직할 때 경쟁력이 있으려면 주특기가 '두 개'는 있어야 한다는 것이었다. 글도 쓰고 사진도 찍는다거나, 글도 쓰고 코딩도 한다거나, 사진도 찍고 동영상도 제작한다거나 하는 식이다. 실제로 저널리즘 스쿨 재학생이나 동문의 이력서에서 '기술 (skills)'란에 한 가지 역량만 기재한 경우는 한 번도 본 적이 없다.

오늘날 미국 기자들은 기자라는 업의 본질이 신문이나 방송, 잡지와 같은 특정 매체를 생산하는 것이 아닌 '저널리즘의 구현'이라고 생각한다. 저널리즘을 구현하는 방식은 끝없이 진화하는 만큼, 유연하게 새로운 기술을 배우고 추가적인 역량을 습득하는 것이 마땅하다. 고정된 매체 역할은 옛날얘기다. 핵심은 '저널리즘'이지 '매체' 자체가 아니기 때문이다.

성공적인 서비스는 핵심에 부가가치를 더해 경쟁력을 극대화한 데에서 출발했다. 아마존은 전자책 서비스 '킨들'을 만들 때 '책을 없애고 새로운 독서 방식을 고안해 내자'라고 생각한 게 아니라 '책의 환상적인 모든 것을 유지하면서 디지털에서의 혜택을 추가하면 어떨까'라는 접근법을 취했다.[52] 킨들 출시는 아마존 창업자 제프 베조스(Jeff Bezos)에게 인쇄된 활자가 종이에만 있을 필요가 없다는 것을 각인시켜 주었다. 베조스는 "훌륭한 작가들은 또 다른 세계를 만든다. 그 세계에 디지털을 통해 들어가든 인쇄 매체를 통해 들어가든 상관없다"고 말했다.[53]

이것은 언론에도 해당되는 얘기다. 기사는 저널리즘이라는 핵심을 유지해야 하지만, 그것을 전달하는 수단에 있어서는 얼마든지 유연해지면서 부가가치를 새롭게 더할 수 있다. 따라서 저널리즘은 단순히 취재를 하고 글을 쓰는 것에 한정되지 않는다. 한 교수는 "취재와 기사 쓰기는 한 부분일 뿐"이라며 "저널리즘은 독자의 경험에 대한 것"이라고 말했다. 학교에서는 독자의 '읽기'가 아닌 '경험(experience)'이라는 말을 썼고, 그것을 고민했다. 저널리즘 구현에 있어서 글은 일부일 뿐이며, 신경 써야 할 것은 전체 기사인 '최종 제품'에 대한 경험이었다.

기사를 둘러싼 개념은 변하고 있다. 글만 쓴다면 어떠한 장면이 있을 때 눈에 보이듯이 잘 묘사하는 게 중요하다. 그런데 멀티미디어로 구성해 보면

52. Kyle Pope(2016). Revolution at The Washington Post. Columbia Journalism Review, https://www.cjr.org/q_and_a/washington_post_bezos_amazon_revolution.php
53. Paul Farhi(2013). Jeffrey Bezos, Washington Post's next owner, aims for a new 'golden era' at the newspaper. The Washington Post, https://www.washingtonpost.com/lifestyle/style/jeffrey-bezos-washington-posts-next-owner-aims-for-a-new-golden-era-at-the-newspaper/2013/09/02/30c00b60-13f6-11e3-b182-1b3bb2eb474c_story.html

다르다. 학교에서는 "생생한 장면을 사진이나 동영상으로 직접 보여주는 게 가장 효과적인데 왜 굳이 구구절절 쓰느냐"는 질문을 받았다. 통계 역시 마찬가지였다. 글로 쓰려 할 때, "지루한 통계는 사람들이 읽지 않으니 그래픽으로 한눈에 보기 좋게 그려서 직관적으로 보여주라"는 조언을 들었다.

저널리즘에는 지켜야 할 것이 있고, 변해야 할 것이 있다. 오늘날 미국 언론계는 저널리즘이라는 '본질'을 구현하기 위해 다양한 '방식'을 유연하게 채택한다. 학교에서는 기자로서의 기본을 지키되, 전달 방식에서는 유연해질 것을 독려했다.

국내 많은 언론사들은 매체를 기반으로 취재 소재를 고안하고 제작하곤 한다. 신문사들은 글을 중심으로 기사를 계획하고, 방송사들은 화면을 중심으로 기사를 계획하는 식이다. 저널리즘 스쿨에서는 취재 소재를 '어떤 방식으로 보도할지'가 고정돼 있지 않았다. 수강생들은 기사를 제안하는 단계부터 '취재 소재의 특성에 따라' 어떤 미디어를 어떻게 조합하는 게 가장 적합할지를 판단해 이야기해야 했다. 사진이든 음성이든 동영상이든 그래픽이든 어떤 요소를 활용하는 게 가장 효과적일지 진단해 제안했다는 것이다.

어떤 사람들은 멀티미디어 기사가 다양한 미디어를 최대한 많이 가져다 놓는 것이라고 생각한다. 독자의 머리를 어지럽히고 몰입을 해치더라도 멀티미디어를 구현하기 위해 사진과 그래픽 등을 과도하게 모아놓은 경우도 있다. 멀티미디어 기사는 취재 소재의 전달을 극대화하기 위해 여러 미디어를 활용하는 것이지 다양한 미디어 자체가 목적은 아니다. 어떤 기사는 장문의 글이 적합할 수 있다. 전달력을 극대화하는 방안을 '진단'하는 게 관건이다.

취재 소재를 진단한다는 것은 기사 내용뿐 아니라 그것이 전달되는 방식을 기획하고 디자인하는 것이다. 그것은 단순히 그래픽 디자인이나 웹 디자인을 넘어, 기사를 어떻게 내보낼지에 대한 전체적인 디자인이다. 낚시성 제목이나 아무런 의미 없는 호루라기를 의미하는 게 아니다. 똑똑하고 세련된 방식으로 기사를 디자인해 내용의 전달력을 높일 수 있어야 한다.

한 가지 미디어에 대한 전문성만 갖고 기사의 전달력을 극대화하는 것은 불가능에 가깝다. 여러 미디어에 대한 이해 없이 취재 소재의 구현 방안에 대한 제대로 된 진단이 나올 리가 만무하기 때문이다. 독자들이 접하는 미디어라면 무엇이든 일정 수준 이상의 이해를 하되, 최소한 두 가지에 대해서는 깊은 조예를 지녀야 한다. 더 많은 독자를 만나고 독자의 경험을 가장 높은 수준으로 끌어올리기 위해서는 결코 하나만 잘해선 안 된다.

높은 기준을
추구하라

오늘날 기자들이 마주한 어려움은 크게 두 가지로 요약된다. 누구도 기사를 읽으려고 하지 않는다는 것과, 누구도 기사에 돈을 지불하지 않으려고 한다는 것이다. 그런데 기사가 읽히지 않으면 그것에 돈을 지불할 만한 가치가 있는지 판단조차 받지 못한다. 기자들은 훌륭한 스토리텔링뿐 아니라 사려 깊은 디자인을 통해 독자들이 문을 열고 들어오도록 해야 한다.

한때 저널리즘은 역사의 '첫 번째 초고(the first draft of history)'라고 불렸지만, 오늘날엔 역사의 '두 번째 초고(the second draft of history)'라고 불린다.[54] 독자들이 언론을 통해 세상의 소식을 처음 알게 되는 게 아니라, 인터넷에서의 다른 창구를 통해 정보를 먼저 접하기 때문이다. 기사가 정보 자체만 전달하는 데 치중해서는 경쟁력이 떨어지는 이유다. 탐사보도센터(Centre for Investigative Journalism) 소장 제임스 하킨(James Harkin)은 말했다.[55]

················

54. James Harkin(2019). Journalism is now the second draft of history. Columbia Journalism Review,
   https://www.cjr.org/opinion/journalism-is-now-the-second-draft-of-history.php
55. James Harkin(2019). Journalism is now the second draft of history. Columbia Journalism Review,
   https://www.cjr.org/opinion/journalism-is-now-the-second-draft-of-history.php

"피할 수 없는 진실은, 역사의 첫 번째 초고는 더 이상 내일 자 신문에 실리지 않는다는 것이다. 대신 이것은 루머와 음모론이 가득한 새로운 소셜 미디어에서 나온다. 인터넷에 있는 허튼소리에 대해 저널리스트들이 할 수 있는 것은 별로 없다. 허위정보를 겨냥하는 것은 제멋대로인 새떼에 기관총을 발사하는 것과 같다. 우리가 할 수 있는 것은 우리 집을 정돈하는 것이다. 정보의 바닷속에서 저널리스트로서 '인터넷에서 읽는 모든 것을 믿다가 결국 아무 것도 믿을 수 없게 될 사람들'에 대해 너무 걱정해선 안 된다. 좋은 저널리즘은 이런 걱정에 도움이 될 수 있다."

역사의 두 번째 초고는 첫 번째 초고보다 뛰어나야 한다. 상대적으로 느리더라도 더 깊이 있는 내용과 격상된 품질로 색다른 경험을 제공해야 한다. 하킨은 이렇게 제안한다.

"기사를 덜 쓰더라도 더 많은 깊이와 맥락을 제공하면서 우리의 권위를 회복하기 위해 애쓰는 것은 어떤가? 그 결과는 세부 내용의 축적에 의존하고 근본적인 진실에 도달하는 더 느린 종류의 저널리즘이 될 것이다. 저널리즘에 대한 이런 새로운 접근법은 이미 회자되고 있다. 이것을 두 번째 초고라고 부르자. 좋은 두 번째 초고는 새로운 소셜 미디어에서 종종 첫 영감을 얻을지 모른다. 하지만 저널리즘은 첫 번째 초고에 반박하거나, 첫 초고 자체의 부족함을 기사화하거나, 우리 탐사보도 부대가 전체 화력을 쏟는 대상으로 두는 것을 거리껴서는 안 된다. 저널리즘이 페이스북이나 구글과 같은 커다란 뉴미디어 생태계에 놓일 때, 우리는 우리만의 방식을 그들에게 가르치기보다는 그들이 하는 방식을 빌려와 모든 것을 향상 하려는 유혹을 받는다. 하지만 지난 10년의 격변이 우리에게 가르친 한 가지가 있다면 편집적인 측면이든 재정적인 측면이든 이 방식은 효과가 없다는 것이다."

인정하든 인정하지 않든, 오늘날 기자들이 생산하는 대부분의 정보는 역사의 '두 번째 초고'에 가깝다. 독자들은 원한다면 해당 내용을 기사가 아닌 동영상 생중계, 각종 기관의 웹사이트, SNS 등에서 접할 수 있다. 그렇다면 굳이 '기사'를 읽어야 하는 이유는 무엇인가? 두 번째 초고는 어떤 첫 번째 초고보다도 깊이 있고 품질이 높은 방식으로 경쟁력 있어야 한다. 저널리즘 스쿨의 지향점은 그런 점에서 분명했다. 온라인 세계에서 떠도는 다수가 어떠하든 간에 소수의 '명품'을 만들어야 한다는 것이다. 비주얼 저널리즘을 가르치는 교수는 말했다.

"어떤 온라인 이미지 공유 커뮤니티에 올라오는 사진들의 90%는 엉망진창입니다. 종종 그 속을 헤엄치고 다니지만, 스토리의 맥락에서 생각해 보면 90%는 형편없고 정말 목적 없는 것들입니다. 여러분이 나머지 10%의 의미 있고 잊을 수 없는 것들을 생산하길 바랍니다."

디지털의 바다에서 정말로 의미 있고 잊을 수 없는 고품질 콘텐츠가 10%든 1%든, 저널리즘 스쿨 구성원은 보기 드문 '명품'을 생산하는 데에 집중한다. 타인들이 무엇을 어떻게 만들든, 그것은 그들의 일일 뿐이다. 기자들은 저널리즘을 최고의 방식으로 구현해 내야 한다.

경쟁력 있는 작품을 생산하기 위해서는 기사의 품질과 심미성을 종합적으로 챙겨야 한다. 깊이 있는 취재를 하는 기자들도 스토리뿐 아니라 디자인도 고려하고 공부해야 한다는 것이다.

과거 언론계에서는 창의성이나 예술에 대한 이야기를 별로 하지 않았다. 하지만 인터넷은 판을 바꾸었고, 스토리텔링에 대해 실험할 수 있는 문을 열었다. 오늘날 저널리즘 스쿨은 스토리와 구조뿐 아니라 디자인도 중요해지는 시대가 왔다며 디자인 관련 교육을 시킨다. 디자인과 기술은 세상이 작동하는 방식이자 사람들이 소통하는 방식이기 때문이다. 독자들은 즉각적인 인상을 통해 기사를 들여다보거나 지속적으로 소비할지를 결정한다.

기자들이 높은 기준을 추구하는 데 있어서 중요한 부분이 있다. 바로 '눈높이를 높이는 것'이다. 무엇이 명품인지에 대한 안목이 결여된 사람은 낮은 수준에 만족하기 때문에 고품질을 생산하기 어렵다.

높은 안목을 갖는 가장 빠른 방법은 명품을 계속 접하는 것이다. 고품질에 길들여진 사람은 저품질 제품을 마주했을 때 즉각 알아볼 수 있다. 지속적으로 높은 기준을 실천한 작품을 꾸준히 접한 기자들만이 명품이 추구해야 하는 수준을 감지해낼 수 있다.

명품을 끊임없이 접하기 위해서는 바깥세상으로 눈을 돌리고, 산업계의 동향을 주시해야 한다. 저널리즘 스쿨에서는 이를 위해 '영감을 주는 모델'을 끊임없이 찾아 공유하도록 했다. 기사나 동영상, 뉴스 패키지 등을 제작할 때 참고할 만한 혁신적이거나 아름답거나 훌륭한 모델을 찾아 제시하라는 것이었다. 학생들은 매번 자신에게 영감을 준 리스트를 공유하고 보여주면서 어떤 점에서 그것이 인상적이었는지, 어떤 점을 차용할 수 있는지 등을 이야기했다.

영감을 주는 모델을 찾아봐야 하는 순간은 기사 제작의 여러 단계에 걸쳐 있었다. 초기 아이디어를 구상할 때, 효과적인 팀 프로젝트를 논의할 때, 디자인적인 요소나 기능적인 부분을 설계할 때 등 다양한 순간에 벤치마킹 모델을 찾았다. 사소하게는 그래픽 하나를 만들 때도 어떤 그래픽이 영감을 주고 그것에서 무엇을 차용할 것인지 살펴봤고, 뉴스 웹사이트 기능에 대한 아이디어를 제시할 때도 어느 것이 참고할 만한지를 찾아보고 공유하곤 했다.

학교생활 내내 외부 작품을 공유하고 토론하는 일을 정말 많이 했다. 비주얼 저널리즘 수업에서는 각자 '볼만한 영상'을 적는 공유 문서를 만들어서 학생들이 좋아하거나 싫어하거나 질문이 있는 영상들을 공유하도록 했다. 교수는 이에 더해 벤치마킹 모델이나 정보를 얻을 수 있는 뉴스레터를 다양한 분야에서 구독하도록 했다. 뉴스레터는 언론계뿐 아니라 영화 및 동영상, 사진, 디자인, 저널리즘 산업, 혁신적인 삶, 웹 디자인 등 다방면에 걸쳐 있었다. 교수는 말했다.

"비주얼 독해 능력의 수준을 높이기 위해서는 무언가를 볼 때 단순히 즐기기만 해서는 안 됩니다. 저는 〈왕좌의 게임〉을 보면서 그렇게 즐기지 않습니다. 왜 이 장면 다음에 저 장면이 나올까, 왜 여기서 장면을 자를까 등을 생각합니다. 시청하는 모든 것에 대해 그렇습니다. 약간은 즐기지만 이중적인 임무가 있습니다. 템포와 리듬, 장면을 해부하고 많은 세부 사항을 보는 겁니다. 온라인에서 어떻게 스토리텔링을 할지 영감을 얻는 데에 있어서 〈뉴욕타임스〉와 〈워싱턴포스트〉와 같은 다른 언론 매체들을 살펴보기만 해서는 안 됩니다. 영감만 받지 말고 플랫폼이 어떻게 다른지 인식하고 어떻게 하면 내 스토리를 전개할 수 있을지를 생각해야 합니다. 여러분에겐 스토리가 구현되는 방식을 변화시킬 수 있는 기회와 가능성이 있고 모든 게 열려있습니다."

저널리즘 스쿨은 기성 언론사 못지않은 수준이 아닌, 기성 언론사를 뛰어넘는 수준의 결과물을 요구했다. 모든 학생의 작품이 언론사에서 생산하는 것보다 나은 수준이었다는 것이 아니다. 학교에서 설정하고 요구한 수준의 눈높이가 그만큼 높았다는 것이다.

무엇을 보고 기준점으로 삼느냐는 중요한 부분이다. 학교에서는 산업계에서 최고의 수준으로 꼽히는 것을 지속적으로 탐색하고 공유하면서 목표 지점으로 삼고, 프로젝트를 해 나가도록 했다. 기대하는 수준에 도달할 수 있느냐와는 별도로, 높은 이상을 추구하는 것은 중요한 부분이었다. 눈높이가 높지 않으면 품질을 높일 수 없다는 것만큼은 분명하기 때문이다.

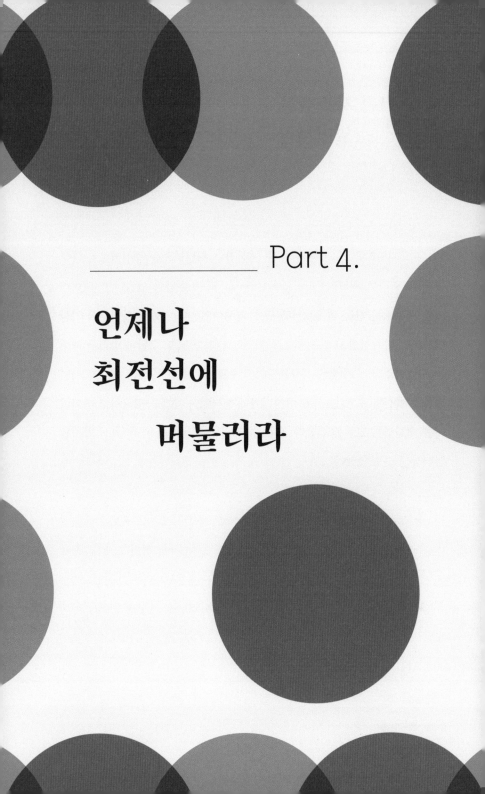

Part 4.

언제나
최전선에
머물러라

기존 시스템을
넘어서라

저널리즘 스쿨 재학 당시, 혁신적인 저널리즘을 중점적으로 다루는 '인터랙티브 내러티브(Interactive Narratives)'라는 수업이 있었다. 멀티미디어를 세부 전공하는 학생들에겐 필수 과목이었는데, 360도 촬영부터 가상현실(VR), 증강현실(AR), 드론 등에 이르는 다양한 보도 수단과 방식을 배우는 수업이었다. 수강생은 기사를 혁신적으로 제작하는 방식뿐 아니라 저널리즘을 혁신할 수 있는 사업 아이디어까지 다양한 모델을 탐구하고 아이디어를 제시하는 교육을 받았다. 교수가 낸 과제에는 아래 예시 중 한 가지를 선택하는 것도 있었다.

- 모바일 뉴스 앱 만들기: 수업 시간에 제시된 모형/프로토타이핑 앱 중 하나를 사용해 앱 모형을 스토리보드하고 혁신적인 뉴스 앱에 대한 아이디어를 제시하기
- 뉴스 지형의 미래 시나리오 만들기: 2025년을 가정해 뉴스의 미래

를 생각해 보기. 노스트라다무스(Nostradamus)[56]가 되어 뉴스가 어떻게 수집되고 취재되고 전달될지 예측해 보기

- 뉴스 관련 스타트업을 위한 사업 계획 짜기: 실리콘밸리 투자자들에게 제시할, 구글 뉴스를 앞지르거나 차세대 〈버즈피드(BuzzFeed)〉[57]가 될 훌륭한 아이디어를 제시하기
- 혁신적인 인터랙티브 내러티브 만들기: 수업에서 본 모든 몰입적인 인터랙티브에서 영감을 받아 혁신적인 몰입 경험을 선보일 본인만의 아이디어를 제시하기
- 케이스 스터디 수행: 본인이 제안하는 인터랙티브 패키지의 기자들, 개발자들, 디자이너들 중 최소 1명 이상의 사람과 인터뷰하기. 그 패키지가 어떻게 제작됐는지 한 페이지의 리포트 제출하기. 리포트에서는 프로젝트에 대해 상세한 요약을 제공하고 몇 가지 관련된 질문들에 대답해 결과물을 제시하기. 이를테면 '그 기사는 무엇에 대한 것이고 어떻게 디자인됐는가? 그것을 구성하는 각기 다른 멀티미디어는 무엇인가? 작품의 목표는 무엇이었으며 디자인이 어떤 방식으로 기사에 영향을 주거나 그 반대인가? 프로젝트를 제작하는 데 있어서 업무 과정은 어떠했는가? 취재와 제작을 하는 데 있어서 어

56. 르네상스기 프랑스의 의사·철학자·점성가.
57. 미국의 뉴스 및 엔터테인먼트 웹사이트. 한국의 피키캐스트가 버즈피드의 콘텐츠 큐레이팅 방식을 벤치마킹했다고 알려져 있다.

려움은 무엇이었는가? 초기에 가진 아이디어는 무엇이었는가? 취재
하고 제작하기까지 시간이 얼마나 걸렸는가? 디자인과 개발은 언제
부터 시작됐는가? 프로젝트의 최종 구현 방식이 취재에 어떤 영향을
미쳤는가? 대중에게 그리고 편집국 내에서 그 스토리의 함의는 무엇
이었는가?'

　한국에서는 모바일 뉴스 앱을 만드는 것을 언론 관련 학과는커녕 언론사
편집국에서도 접하기 어렵다. 뉴스 앱을 만드는 것은 기술자와 같이 '다른
누군가'의 영역으로 간주된다. 하지만 저널리즘 스쿨에서는 저널리즘을 혁
신하는 것이라면 얼마나 도전적인 영역이든 간에 기자들이 실행하는 것을
마땅히 여겼다. '인터랙티브 내러티브'를 가르치는 교수는 모바일 앱을 디
자인할 수 있는 툴을 가르쳤고, 독자 친화적인 앱을 고민해 보도록 했다. 그
는 과제를 내면서 말했다.

　"우리 중 누군가는 모바일 앱에 대한 아이디어를 제시하길 바랍니다. 우
리라 함은 집합적인 언론인들을 말하는 것입니다, 우리가 '플립보드(미국의
모바일 뉴스 앱)'를 만들어 냈어야 했습니다. 플립보드는 가장 훌륭한 콘텐츠
제공 앱입니다. 그 아름다운 앱을 넘기면서 〈뉴욕타임스〉 등을 읽을 수 있습
니다. 그런데 이 플립보드는 실리콘밸리의 괴짜로부터 나온 것입니다. 그리
고 이것은 저널리즘 분야의 괴짜로부터 나와야 하는 것이었습니다. 누군가
는 모바일 앱에 대한 아이디어를 갖고 있을 겁니다. 앱의 모형을 만들 수 있

는 도구를 가르쳐 주겠습니다. 이 수업을 들은 학생이 제작한 모형이 실제 앱으로 구현된 경우도 있습니다."

국내 기자들이 새로운 도구나 기술을 배우는 것과 관련해 종종 하는 이야기가 있다. 바로 "기자가 그런 것까지 해야 하느냐"는 것이다. 적지 않은 기자가 '취재하고 글을 쓰는 것' 외의 업무는 제삼자가 해야 한다고 믿는다. 스마트폰과 SNS가 발달하면서 사진과 동영상 촬영으로 저변이 조금 넓어졌지만, 여전히 전통적인 역할에 스스로를 가두어 두고 있는 경우가 많다.

저널리즘 스쿨은 전제부터 다르다. 교수진이 지양하라고 누누이 강조한 태도가 있다. 바로 '저널리즘이 지금까지 어떤 방식으로 돼 왔으니 앞으로도 그렇게 돼야 한다'고 믿는 갇힌 사고방식이다. 미디어 환경은 끊임없이 변화하고 있는 만큼, 무엇이든 고정된 것으로 생각하지 말고 역량을 확장하면서 새로운 시도를 하고 가능성을 탐색하라는 것이다. 한 교수는 말했다.

"저널리즘이 항상 어떠한 방식으로 돼 왔으니 언제까지고 그런 방식으로 돼야 한다고요? 아닙니다. 어떤 어려움을 마주하든 간에 우리는 저널리즘을 스토리텔링의 본질에 맞춰서 진화시켜야 합니다. 만약에 어떤 멋진 가상현실 기술이 나온다면 그것을 통해 독자들이 관여할 수 있는 저널리즘을 고안하는 겁니다. 저널리즘은 그것이 무엇이든 간에 한계에 갇히는 것이 아닙니다. 이것은 자신을 틀에 가두는 것이 아니라 새로운 아이디어를 혁신적인 방식으로 갖고 와서 어려움을 해결하고 독자들의 관여를 끌어내는 것입니다."

수업 시간에 자주 들은 이야기가 있다. 단순히 언론사에 취업을 한 뒤가 아니라, 언론사에 들어가서 '조직을 이끌게 됐을 때' 이러저러해야 한다는 것이었다. 학교에서는 학생들이 단순히 조직의 구성원으로서 주어진 틀에 맞춰서 일을 하는 게 아니라, 보다 큰 안목을 갖고 조직에 비전을 제시하고 언론계를 더 나은 방향으로 이끌 수 있는 사람이 되기를 원했다.

단지 유수의 언론사에 취업을 하거나 연봉을 높여 이직하는 것을 목표로 한다면 '미래의 혁신'을 치열하게 탐구할 필요가 없을 것이다. 하지만 저널리즘 스쿨은 현재의 취직이나 이직 이상을 내다본다. 로버트 헤르난데즈(Robert Hernandez) 서던캘리포니아대 저널리즘 스쿨 교수는 저널리즘 스쿨의 목표가 "당장의 일자리뿐 아니라 커리어를 준비하게 하는 것"이라고 말했다.[58] 그것이야말로 저널리즘 스쿨이 의료계에서의 '수련 병원(teaching hospital)'에 비유되는 이유다.

저널리즘 스쿨들은 과거에는 언론사 진출을 위한 훈련의 장으로 기능했지만, 오늘날에는 뉴스 산업에 있어서 혁신과 연구 기지 역할도 하고 있다.[59] 수련 병원들이 새로운 치료법과 처치법을 발달시키는 것처럼, 현재의 방식

58. Robert Hernandez(2013). Robert Hernandez: Those required courses in journalism school are there for a reason. NiemanLab.
https://www.niemanlab.org/2013/10/robert-hernandez-those-required-courses-in-journalism-school-are-there-for-a-reason/
59. Bill Grueskin, Felix Salmon, and Alexandria Neason(2018). Do we need J-schools? Columbia Journalism Review,
https://www.cjr.org/special_report/do-we-need-j-schools.php

을 넘어서 더 나아질 수 있는 방법을 고안하고 발달시키는 것이다. 〈헤칭거 리포트〉 에디터 존 마르쿠스(Jon Marcus)는 이를 다음과 같이 설명했다.[60]

"의사의 지도하에 피를 뽑는 것부터 아이를 받는 것까지 배우는 의대생들처럼, 경험이 많은 프로페셔널들 밑에서 배우는 미래의 저널리스트들은 실제 현실에서 저널리즘을 생산하기 위해 새로운 기술과 테크닉들을 활용할 수 있다. 수련 병원들이 혁신의 중심지이기도 한 것처럼, 저널리즘 스쿨들은 뉴스를 취재하고 생산하는 새로운 방식을 위한 실험실이 될 수 있다."

기존 시스템에 편입하기 위해 애쓰는 것이라면 저널리즘 스쿨은 수지 타산이 안 맞아 보인다. 기자들의 통상적인 수입을 감안하면 저널리즘 스쿨 학비는 만만찮은 수준이기 때문이다. 하지만 교육에 대한 투자는 현재나 눈앞에 대한 것이 아니라 '장기적인 미래'에 대한 것이다.

언론사에 입사하고 적응하는 것도 중요하지만, 그에 못지않게 중요한 것이 기존 시스템을 넘어서는 것이다. 기존에 해 왔던 방식을 그저 답습하지 않고 '더 잘할 수 있는' 방식을 모색하려면 당장의 시스템 너머를 볼 줄 알아야 한다. 미래는 현재와 같지 않기 때문이다.

눈앞의 마감과 당장의 매출을 신경 써야 하는 언론사들은 미디어의 큰 흐

....

60. Jon Marcus(2014). Rewriting J-School. Nieman Reports,
   https://niemanreports.org/articles/rewriting-j-school/

름을 보고 변화를 주도하기 쉽지 않다. 독자들의 소비 패턴은 언론사들의 매출 패턴과 일치하지 않기 때문이다.[61] 자생력을 갖출 뿐 아니라 발전할 수 있는 언론사는 미국에서도 손꼽힐 정도로 적다. 단순히 생존하는 게 아니라 성장할 수 있는 체급을 갖춘 곳은 많지 않다는 것이다. 〈워싱턴포스트〉가 매물로 나왔던 것도 지속적인 투자를 감행할 수 있는 소유주가 필요하다는 판단 때문이었다.[62] 대학에 소속된 저널리즘 스쿨은 일선 언론사보다 멀리 내다보고 투자할 수 있고, 그렇게 해야만 한다. 시라큐즈대 교수 로레인 브란함(Lorraine Branham)은 "매출을 늘리거나 예산에 맞춰야 한다는 압박 없이, 대학에는 실험하고 새로운 것들을 시도할 자유가 있다"고 말했다.[63]

저널리즘 스쿨은 오늘을 대비하는 곳이 아니라 미래를 내다보며 기존 시스템을 넘어서기를 지향하는 곳이다. 학생들은 제도권에 들어가기 위해 애쓰는 것을 넘어서 새로운 가치와 혁신을 창출할 것을 목표로 삼고, 발을 내디뎌야 한다. 가까운 미래를 신경 써야 하는 기성 언론사보다 더 멀리 보고, 더 많은 것을 탐색하고, 더 다양한 것을 해낼 것을 요구받는 이유다.

················
61. Dianne Lynch(2015). Above & Beyond: Looking at the future of journalism education. Knight Foundation,
    https://knightfoundation.org/features/je-the-state-of-american-journalism/
62. Paul Farhi(2013). Jeffrey Bezos, Washington Post's next owner, aims for a new 'golden era' at the newspaper. The Washington Post,
    https://www.washingtonpost.com/lifestyle/style/jeffrey-bezos-washington-posts-next-owner-aims-for-a-new-golden-era-at-the-newspaper/2013/09/02/30c00b60-13f6-11e3-b182-1b3bb2eb474c_story.html
63. Jon Marcus(2014). Rewriting J-School. Nieman Reports,
    https://niemanreports.org/articles/rewriting-j-school/

독자를
최우선시하라

저널리즘 스쿨 수업에서 독자를 위해 뉴스 소비 경험을 디자인하는 훈련을 한 적이 있다. 수강생들이 두 명씩 조를 이룬 뒤 각자 A, B라는 역할을 맡고, 본인이나 세상이 아닌 오로지 '상대방을 위해' 뉴스 소비 경험을 설계해 보는 것이었다. 핵심은 자기 자신은 싫어하는 방식이라도 '상대방이 좋아하는 방식'으로 뉴스 소비를 디자인해 보는 것이었다.

먼저 4분 동안 서로를 인터뷰하면서 가장 최근에 소비한 뉴스에 대해 물었다. 통상적으로 소비하는 매체의 뉴스를 어디서 어떻게 소비했는지 인터뷰한 것이다. 이를 통해 소비 동기가 무엇이었고 그 경험을 위해 광고든 구독료든 돈은 얼마나 지불했는지, 그것이 최적이었는지, 어렵거나 쉬웠는지 등을 알아봤다. 첫 번째 인터뷰가 끝나면 다른 주제로 다시 4분간 서로를 인터뷰했다. 이번에는 뉴스를 소비하면서 경험한 '감정'에 대해 파악하는 단계였다. 소비 이면에 어떤 감정을 느꼈는지 심층적으로 묻는 것인데, 이를테면 뉴스를 읽으면서 똑똑해 보이고 싶었다거나 사람들과 대화를 할 때 뒤처지기 싫어서 세상 돌아가는 일을 알고 싶었다거나 하는 식이었다.

인터뷰가 끝난 뒤, 상대에게서 들은 것을 토대로 두 가지를 적었다. 상대방이 뉴스를 소비함으로 인해 무엇을 달성하려고 하는지에 대한 '필요'와, 그로 인한 '시사점'이었다. 사람들은 제각기 다른 의도를 갖고 뉴스를 소비한다. 상대방에게는 무엇이 관건인지, 이를 위해 개선해야 할 것이 무엇으로 판단되는지를 메모했다. 이것은 잠재적으로 해결해야 할 가장 큰 문제가 무엇인지, 어떻게 뉴스 소비 경험을 최적화할 수 있는지를 모색할 수 있도록 했다.

문제와 시사점을 짚어봤다면 해결책을 도출해야 한다. 해결책은 글이 아닌 그림으로 내놓아야 했는데, 다섯 개의 박스가 그려진 종이에 아이디어를 그려야 했다. 틀을 벗어나 시각적이고 공학적으로 생각하기 위해서다. 이런 식으로 그림을 그리다 보면 추가적인 영감을 얻기도 하는데, 그림을 그릴 때는 뇌의 다른 부분을 사용하기 때문이라고 한다. 그림을 그렸다면, 각자 돌아가면서 상대방에게 자신의 아이디어를 설명하고 피드백을 받아야 했다. 어떤 아이디어를 제시했건 간에 실패란 없다. 상대방이 해당 아이디어들을 모두 싫어한다고 하더라도 그 피드백을 토대로 다시 해결책을 설계해 제시하면 되기 때문이다.

마지막 단계는 피드백과 재설계를 반복하는 것이다. 상대의 피드백을 토대로 무엇이 작동하고 작동하지 않았는지 파악하고, 뉴스 경험에 대해 새로운 단 하나의 해결책을 도출해야 했다. 해결책을 마련한 뒤에는 각자 아이디어를 발표하면서 공유했다. 독자에게 귀를 세심하게 기울이고, 최적의 소비 경험을 고민하고 설계해 보기 위한 훈련이었다.

저널리즘 스쿨에 다니면서 귀에 못이 박히도록 들은 말이 '독자의 경험'이다. 독자를 최우선시해야 한다는 것이다. 에디터나 기자 본인의 마음에 드는 것이 중요한 것이 아니다. 기사 설계는 모두 '독자는 그것을 어디서 어떻게 소비할 것인가'에 초점이 맞춰져 있었다. 독자는 뉴스 외에도 소비할 것이 많다. 에디터들은 "여러분은 독자의 눈동자와 관심을 얻기 위한 경쟁을 하고 있다"고 강조했다. 단지 취재를 잘 하고 기사를 잘 쓰는 것만으로는 충분하지 않다. 독자들이 소비하지 않는 저널리즘은 죽은 것이나 마찬가지기 때문이다.

20세기 언론계는 독자에 대해 이야기하더라도 실제 업무에 있어서 독자의 소비 패턴에 무심해 왔다. 하지만 언론계가 마주한 불확실성과 경제적인 압박은 독자에게 면밀하게 귀를 기울이도록 했다. 〈워싱턴포스트〉 에디터를 지낸 마티 바론(Marty Baron)은 말했다.[64]

"우리는 종종 우리가 원하는 것이 고객들이 우리로부터 원하는 것이라고 생각했다. 최소한 우리는 그것이 그들에게 좋은 것이라고 말했을지 모르지만, 사실 고객들은 우리가 제공하는 것을 항상 소비하지 않는다. 어떤 경우에는 그러할 것이라고 추정하기도 했다. 하지만 만약 당신이 커피숍에 앉아 사람들이 신문을 넘기는 것을 본다면, 그들이 우리의 기사를 건너뛰는 것을

....

64. Marty Baron(2014). Optimism is the only option: The Washington Post's Marty Baron on the state of the news media. Nieman Lab,
   https://www.niemanlab.org/2014/04/optimism-is-the-only-option-the-washington-posts-marty-baron-on-the-state-of-the-news-media/

보고 실망하며 관찰했을지 모른다. 이제는 우리 저널리즘이 독자, 시청자, 청자와 연결되지 않는다면 그것을 더 잘하기 위한 다른 누군가가 나타날 것임을 확신한다."

오늘날 새롭게 부상하거나 번영하는 언론사들은 모두 독자의 경험을 중요시하고 있다. 2012년 출범한 신생 경제매체 〈쿼츠〉가 급속도로 성장할 수 있었던 것도 독자에게 '최적의 뉴스'를 전달하기 위해 다양한 실험을 했기 때문이다. 모든 전략을 관통하는 키워드는 '독자'였다. 〈쿼츠〉의 편집국장을 지낸 케빈 델라니(Kevin Delaney)가 말한 팁은 다음과 같았다.[65]

- 독자의 시간을 낭비하지 마라. 기자들이 쓴 기사를 에디팅할 때 첫 번째 문단을 없애는 경우가 많다. 첫 문단에 워밍업 내용들이 많아서인데, 그런 것은 덜어내고 핵심만 전달해라.
- 독자들이 알아야 할 가장 중요한 내용이 무엇인지를 계속 고민해야 한다. 독자들이 알아야 할 중요한 토픽 10개가 무엇인지를 선정해라.
- 독자를 더 똑똑하게 만들고 각기 다른 변혁과 사업, 경제를 이해하게 만들기 위해 노력해라. 불법 마리화나 비즈니스가 있다고 치자. 누가 이해관계자이며 그 분야에서 앞서가기 위해서는 무엇이 필요한지 좋

· · · · · · · · · · · · · · ·
65. 2019년 2월 11일 UC버클리 저널리즘 스쿨 초청 강연.

은 가이드를 제공해라.

- 독자가 정보를 건강하게 소비할 수 있도록 도와야 한다. 통계 기사라면 사람들은 지루한 700자 기사를 읽지 않는다. 중요한 정보는 시각적인 차트로 대체하고, 글은 200~300자로 줄여라.

저널리즘 스쿨에서 뉴스 기사를 제작하는 데 있어서 목표로 삼고 강조했던 게 있다.

첫째, 독자들이 내 기사나 뉴스 웹사이트에 주의를 기울이고 머물러야 할 '단 한 가지 이유'가 있어야 한다는 것이다. 독자들은 그 한 가지 이유로 기사나 웹사이트를 방문한다. 이것은 취재 프로젝트를 하는 데 있어서 목표 지점이 되곤 했다. 학교에선 기사를 클릭하는 것뿐 아니라 오래도록 머물면서 읽고 경험하는 것을 주요한 목표로 삼았고, 단순히 텍스트를 넘어서 기사의 모든 영역을 독자들이 어떻게 경험할지를 신경 썼다.

둘째, '공유할 만한' 기사를 제작하라는 것이었다. 무언가 훌륭하고 어마어마한 것을 보면 주변에 공유하려 하는 게 인간 본성인 만큼, 독자가 지인들에게 추천할 만한 무언가를 제작하라는 것이다. 누군가에게 기사를 공유하는 것이야말로 기사에서 깊은 인상을 받아 입소문을 내고 싶어졌다는 방증이다. 학교에서는 "당신은 독자를 위해 뉴스를 제작하는 게 아니다. 독자의 친구를 위해 제작하는 것이다"라는 격언이 회자됐다. 기사를 읽는 순간 '내 가족이나 친구가 이걸 봐야 해'라고 생각하고 "이 기사 봤어?"라며 공유하도록 하는 것이다.

저널리즘 스쿨에서는 모두가 기자인 동시에, 독자 분석 전략가가 됐다. 독자의 경험을 최적화하기 위해 고민하며 작품을 만들어야 했기 때문이다. 이것은 산업계의 '이용자 연구'와 유사했다. 어떤 제품을 이용하는 사람들이 어떤 식으로 그것을 이용하는지를 파악하듯이 독자들이 기사의 어디를 보고 활발하게 반응하는지 파악하는 것이었다. 멀티미디어 기사를 제작할 때, 학교에서는 폰트나 색깔 하나도 그냥 정하지 않도록 했다. 글자체 하나, 색깔 하나라도 여러 폰트 후보군과 색채 팔레트들을 펼쳐 놓고 의미와 전달력을 토론하며 최적의 선택을 낙점했다.

성공한 서비스들은 이용자들의 행태와 수요를 면밀히 분석한 데서 출발했다. 아마존 창업자로 2013년 〈워싱턴포스트〉의 새로운 소유자가 된 제프 베조스(Jeff Bezos)는 이렇게 말했다.[66]

"우리에겐 아마존에서 18년 동안 고수한 세 개의 커다란 아이디어들이 있었고, 그것들이야말로 우리가 성공적이었던 이유였다: 고객을 우선으로

....

66. Paul Farhi(2013). Jeffrey Bezos, Washington Post's next owner, aims for a new 'golden era' at the newspaper. The Washington Post.
https://www.washingtonpost.com/lifestyle/style/jeffrey-bezos-washington-posts-next-owner-aims-for-a-new-golden-era-at-the-newspaper/2013/09/02/30c00b60-13f6-11e3-b182-1b3bb2eb474c_story.html

하라, 발명하라, 그리고 인내심을 가져라. '고객'을 '독자'로 바꾼다면 그 접근법과 관점은 〈워싱턴포스트〉에서도 성공적일 수 있다."

이것은 미국 언론계에서 실제로 발생하고 있다. 독자를 우선으로 두고 제작한 기사가 관심과 호응을 얻고 있으며, 독자를 면밀히 분석해 기사 소비 경험을 발전시키는 언론사가 번영하고 있다. 독자와 관련된 보직들도 새롭게 생겨나고 있다. '독자 전략 에디터', '독자 관여(Engagement) 에디터'라는 보직이 대표적이다. 기사가 어디서 얼마나 소비되고 있는지를 분석하고 소셜 플랫폼에서 무엇이 화제가 되는지 살피며 유통 전략을 짜는 등의 역할을 한다.

기사를 지도하는 에디터에게서 들은 흥미로운 문구가 있다. 바로 "저널리즘 스쿨을 졸업하는 사람에게 있어서 최악의 결과는 좋은 기사를 쓰는 것만 생각하고 그것을 사람들이 어떻게 소비하는지에 대해서는 알지 못하는 것"이라는 말이다. 기사가 정말로 소비되길 원한다면 좋은 기사 너머를 알아야 한다. 독자들이 그것을 어떻게 소비하는지 알고 전략을 세울 줄 알아야 한다.

플랫폼
지능을 가져라

비주얼 저널리즘을 가르치는 교수는 어느 소셜 플랫폼에서 수십만 명의 팔로어를 지니고 있었다. 그는 평소 '무슨 요일 몇 시 정도'에 사진을 올려야 반응을 극대화할 수 있을지 파악해 올린다고 말했다. 포스팅은 독자에 대한 분석을 토대로 통상 수요일 오전 7시에 했다. 독자가 활동적인 시간대는 플랫폼마다 다른데, 교수는 그것이 핵심이라며 다음과 같이 말했다.

"독자를 이해해야 합니다. 저는 컨설팅을 많이 해 왔는데, 상대에게 수많은 질문을 합니다. 제가 그들에게 처음으로 하는 질문은 '당신의 독자가 누구냐'는 것입니다. 그들은 '몰라요'라고 말합니다. 젊나요?, 나이가 들었나요?, 모바일로 보나요?, 데스크톱으로 보나요?, 언제 웹사이트에 오나요? 이 모든 것을 알아야 합니다. 설문조사를 할 필요도 없습니다. 구글 애널리틱스를 간단히 이용해 봐도 웹사이트에 오는 사람들에 대해 많은 측면을 알 수 있습니다. 종종 독자는 여러분이 생각하는 사람들이 아닙니다. 독자를 이해한다는 것은 그들에게 반응하고 적극적으로 대응해야 한다는 것을 뜻합니다. 거기에는 하나의 대답만 있는 것이 아닙니다."

학교에서는 플랫폼을 알아가는 데에 많은 시간을 보낼 것을 강조했다. 소셜 미디어를 포함해 어떤 플랫폼도 가볍게 생각해선 안 된다는 게 중론이었다. 소셜 미디어건 자사 웹사이트건 간에 기사의 전달력을 높이려면 해당 플랫폼에 대한 이해는 필수적이었다.

기사는 그것을 게재하는 플랫폼의 특징에 따라 다르게 제작되고 유통돼야 한다. 텍스트건 오디오건 동영상이건 원하는 대로 제작해 플랫폼에 던지기만 해서는 안 되고, 각각의 특성을 파악해 제작과 유통 전략을 세워야 한다. 이것은 '플랫폼 지능(Platform Intelligence)'이라고 불렸다.

저널리즘 스쿨 입학 직후, 에디터는 신문에 실리는 '하드 뉴스'가 왜 가장 중요한 정보를 맨 위에 두고 덜 중요한 정보일수록 아래쪽에 배치하는지 아느냐고 물었다. 그것은 신문이라는 '도구'의 특성 때문이었다. 신문 기사는 지면 분량에 맞추기 위해 뒷부분부터 잘라내곤 한다. 덜 중요한 정보일수록 아래쪽에 배치해야 잘려나가도 핵심 내용은 남는다. 또 독자들은 지면에서 여러 기사를 한 번에 보기 때문에 기사 초반부를 읽고 다른 기사로 점프해가며 읽는다. 그것은 기사를 쓰는 방식에 영향을 미쳤다. 즉, 기사가 소비되는 방식이 제작에 영향을 미친 것이다.

기기의 특성을 이해하기 위해 배운 개념이 있다. 바로 '린 포워드(lean forward·몸을 앞으로 구부리기)'와 '린 백(lean back·몸을 뒤로 젖히기)'이라는 것이다. 이것은 어떤 기기를 사용할 때 몸을 구부려 능동적으로 무언가를 하느냐,

몸을 뒤로 젖히고 수동적으로 소비하느냐에 대한 것이다.

컴퓨터는 '린 포워드' 기기에 속한다. 통상 무언가를 확인하거나 작성하는 등 어떤 목적을 달성하기 위해 사용되기 때문이다. 텔레비전과 아이패드는 몸을 뒤로 젖히고 편안하게 소비하는 '린 백' 기기에 속한다. 컴퓨터로 책을 읽지 않고 아이패드로 책을 읽는 것은 기기의 목적이 달라서다. 컴퓨터를 통해 페이스북이나 유튜브로 20분짜리 영상을 시청한다면 길게 느껴지지만, 텔레비전에서는 내용이 지루할지언정 시간이 길게 느껴지지는 않는 것도 기기의 차이 때문이다.

모바일은 '린 포워드'와 '린 백' 둘 다로 통용된다. 무언가를 적극적으로 수행할 때도 사용하지만, 편안하게 몸을 뒤로 젖히고 쉴 때도 사용하기 때문이다. 다만 언제 어떤 방식으로 사용할지는 시간이나 맥락에 따라 달라진다. 언론사들이 시점에 따라 다른 종류의 기사를 제공하는 이유다. 일간에는 그날의 업데이트를 짤막하게 소셜 미디어에 공유할 수 있는 기사를, 저녁이나 주말엔 조금 긴 시간을 갖고 읽을 수 있는 기사를 제공하는 식이다.

플랫폼 지능을 탑재한 사람과 그렇지 않은 사람은 제작 과정과 결과에 차이가 있다. 플랫폼을 이해하는 사람은 기사의 제작 단계부터 그것이 유통되는 플랫폼의 특성을 고려한다. 같은 내용을 담은 콘텐츠라도 플랫폼마다 효과적으로 소비되는 형식이 다르다. 동영상을 예로 들자면 유튜브는 분량이 상대적으로 길고 카메라 앞에서 인물이 등장하는 동영상이, 페이스북과 인스타그램에선 텍스트가 병기된 짧은 동영상이 잘 소비된다. 같은 내용을 취재했더라도 효과적으로 유통하려면 해당 소셜 미디어의 특성에 맞는 형식과 분량으로 제작해야 한다.

적지 않은 언론사들이 플랫폼에 특화된 에디터를 두고 있다. '모바일 에디터', '디지털 에디터', '소셜 미디어 에디터'는 말할 것도 없고, 특정 소셜 미디어에 특화된 에디터도 있다. 〈워싱턴포스트〉는 2021년 '인스타그램 에디터'라는 직무를 도입해 인스타그램 계정에서 새로운 독자들과 팔로어들을 빠르게 유인하도록 했다.[67] 〈워싱턴포스트〉는 그가 이끌 팀이 "우리의 스토리텔링을 인스타그램에 최적화하고, 〈워싱턴포스트〉의 저널리즘이 그 플랫폼을 이용하는 수십억 명에게 있어서 핵심적인 일상 습관이 되도록 할 것"이라고 말했다.

과거 매체가 신문이나 TV로 한정돼 있었을 때는 플랫폼이 한정돼 있었기 때문에 그에 맞춰서 기사를 잘 제작하는 것에 중점을 둬도 됐다. 이제는 판도가 변했다. 오늘날 대부분의 독자들은 스마트폰을 이용해 여러 플랫폼에서 기사를 소비한다. 그것은 기사의 형식도 바꾸고 있다.

새로운 기기나 플랫폼은 저널리즘의 구현 방식을 진화시키는 촉매와 같

67. WashPostPR(2021). Travis Lyles becomes The Post's Instagram Editor. The Washington Post, https://www.washingtonpost.com/pr/2021/01/27/travis-lyles-becomes-posts-instagram-editor/

다. 기존의 방식에서 벗어나 저널리즘이 어떤 형식으로 제작되고 소비될 수 있는지 또 다른 가능성을 연다. 기자들은 플랫폼과 이용자를 이해하며, 제작과 유통 방식을 변화시켜야 한다. 기사는 플랫폼 지능 없이는 제대로 전달할 수 없고, 저널리즘은 기사의 제대로 된 전달 없이 존재할 수 없기 때문이다.

학교에서는 기사가 소비되는 무대라면 어떤 플랫폼도 가볍게 생각하지 않고 전략을 구사하도록 했다. 모바일이라는 기기를 염두에 두고 기사를 제작할 때는 파일 사이즈가 어느 정도 이하여야 매끄럽게 페이지에 뜰지를 계산하도록 했고, 소셜 플랫폼에 동영상을 게시할 때는 어느 플랫폼에 게재할 것이냐에 따라 음성만 넣을지 자막도 넣을지를 결정했다.

플랫폼을 이해하는 데 있어서 자주 회자된 용어가 있다. 바로 '주의 깊은 긍정'이다. 어떤 플랫폼이든 사려 깊게 살펴보고 적극적으로 활용하며 독자를 새로운 방식으로 만나라는 것이다. 한 교수는 어떤 새로운 기기에도 관심을 갖고 가능성을 열 것을 강조하며 말했다.

"언제나 도구는 넘쳐날 것입니다. 어떤 새로운 기술이 와서 모든 것을 변화시킬지 모릅니다. 인터넷은 변하고 모바일 폰도 변화했습니다. 도구의 출시를 가볍게 생각하지 마십시오. 무시하지 마십시오. 주의 깊은 긍정을 가지십시오. '이게 뭐지? 내가 말하고 싶은 스토리나 우리 편집국, 커리어와 관련이 있을까?'하면서 말이죠. 탐험하지 않으면 절대 알지 못합니다."

새로운 것은
뭐든 배워라

저널리즘 스쿨에서는 드론을 몇 대 갖추고 있었다. 취재보도에 드론을 사용하는 학생들이 있었기 때문이다. 학교에서는 전문 강사를 초빙해 '드론 워크숍'을 진행했다. 워크숍은 실내 강의와 현장 실습으로 구성됐는데, 원하는 사람은 등록해 활용법을 교육받을 수 있었다.

한국도 마찬가지지만 미국에서도 드론을 날리려면 안전상의 이유로 여러 제약이 있다. 학교에서는 자체적인 프로토콜을 준비해 학생들이 이를 따른다는 조건하에 드론을 날릴 수 있도록 했다. 프로토콜을 따르는 것은 쉽지 않았는데, 이틀 동안 워크숍을 참석하고 학교 유관부서의 승인을 얻어야 하며, 드론을 통해 촬영한 영상이 단지 보기 좋은 것을 넘어서 기사에 어떤 도움이 되는지 설명하고, 상세한 비행 계획과 함께 보험 증명서를 제출해야 했다. 비행에 동행해 상황을 정찰해 줄 동반자로부터 받은 확인 메일도 전달해야 했다. 이 모든 행정적인 번거로움에도 불구하고 드론을 활용해 취재하는 학생들이 적지 않았다.

학교에서는 취재 계획과 무관하게 워크숍에 참석해 드론을 학습하고 직접 날려볼 것을 독려했다. 무엇이 활용 가능한지 가능성을 탐색해 보는 것만으로도 생각의 지평을 넓힐 수 있기 때문이다. 새로운 기술의 잠재력을 아는 것과 모르는 것은 천지 차이다. 어떤 기술이든 배울 기회를 잡는 것은 당연하게 인식됐다. 실제로 드론 워크숍에는 거의 모든 학생이 참석했다.

낯선 커리큘럼이 개설됐을 때, 학생들은 무엇이든 배우고 봤다. 뉴스룸 개발자나 데이터 저널리스트를 지망하지 않더라도 코딩을 입문부터 고급 과정까지 배우고, 애니메이션 제작자를 꿈꾸지 않더라도 애니메이션 제작을 배우는 식이었다. 물론 대다수의 기술은 향후 커리어에서 활용하거나 주특기로 삼지 않을 것을 분명히 알았다. 새로운 도구를 배우는 것이 쉽지 않을 것도 알았다. 그럼에도 불구하고 사서 고생하며 배우는 이유는 명확했다.

우선 무엇이든 신기술을 배우면 뉴스를 새롭게 구현할 아이디어와 영감을 얻을 수 있었다. 해당 기술을 활용해 저널리즘을 색다른 방식으로 구현해 볼 수 있었다는 것이다. 애니메이션의 경우 복잡하고 난해한 뉴스를 설명해 주는 설명(explainer) 동영상을 만드는 데 활용되곤 했는데, 텍스트만으로는 내용에 관심을 갖고 소비하지 않을 독자들을 끌어모으곤 했다.

새로운 기술을 배우면 해당 분야의 전문가와 일하는 절차도 익히게 됐다. 애니메이션을 예로 들자면 제작 전에 에디터나 클라이언트에게 물어볼 사항은 무엇인지(선호하는 색감이 있는지, 필요한 로고나 이미지를 보내줄 수 있는지 등), 개요와 참고 모델은 어떤 식으로 공유하는지, 스크립트는 어떻게 주고받는지를 알게 되는 식이다. 이 모든 것은 기술적인 이해도를 갖추는 것을 넘어서 편집국에서 필요한 협업 절차를 익히고 시행착오를 줄이도록 했다.

무엇보다도, 어떤 것이든 일단 배워놓고 나면 심리적인 장벽이 낮아졌다. 배우는 과정은 힘들지만 일단 손을 담가보면 그것이 엄청나게 난해한 것은 아님을 알게 돼 일종의 자신감을 얻게 되는 것이다. 대부분의 학생들은 맨 처음에는 무엇이든 "맙소사, 이걸 어떻게 하지?"라고 했지만, 교육 과정을 마무리할 때쯤엔 본인 스스로도 놀랄 정도로 꽤 괜찮은 작품을 만들어 냈다.

오늘날 저널리즘 스쿨에서는 편집국에서 활용되고 있는 거의 모든 기술을 가르치고 있다. 그것은 시간이 지날수록 더욱 광범위해지고 있다. 내러티브 글쓰기, 사진, 오디오, 동영상, 다큐멘터리 등은 말할 것도 없고, 세세하게 들어가면 코딩, 디자인, 데이터, 애니메이션 등 무수히 많다. 거의 매 학기 커리큘럼이 개편되고 새 강의가 개설된다. 어떤 배경을 가졌든 항상 낯설고 새로운 커리큘럼이 있을 수밖에 없다. 그것을 경험하는 것은 중요한 부분이었다. 모든 도구는 저마다의 특성이 있고, 도구의 잠재력을 알고 모르는 것은 천지 차이기 때문이다.

가상현실(VR)을 예로 들어보자. 가상현실은 해당 장소로 직접 이동하는 것 같은 효과를 준다. 스토리에 몰입하면 독자는 자신이 어디에 있는지 잊어버리고 해당 장소에 빠져든다. 이것은 동영상만으로는 구현하기 어려운 효과다. 현장에 있는 누군가의 입장에 더 가까이 다가갈 수 있게 하고, 대상에 대해 공감을 유발하고 강렬한 반응을 얻을 수 있다. 수업 시간에 교도소 독방 경험을 가상현실로 구현한 기사를 접한 적이 있다.[68] 가상현실 기어를 착용하고 독방 구석구석을 둘러보니 그곳에서 살아간다는 것이 얼마나 답답하고 고독한 것인지 체험해 볼 수 있었고, 그곳에서의 삶에 더욱 몰입하고 공감할 수 있었다. 직접 경험해 보지 않았다면 그것을 구현할 때의 효과와 잠재력을 생생하게 알지 못했을 것이다.

저널리즘 스쿨에서는 의도적으로 새로운 기기나 서비스에 노출시켰다. 그것이야말로 변화하는 미래에 필요한 것이기 때문이었다. 〈보스턴글러브〉 출신으로 노스웨스턴대 나이트 뉴스 이노베이션 랩 사무총장을 지낸 미란다 멀리간(Miranda Mulligan)은 이렇게 말했다.[69]

"강사가 할 수 있는 것 중에 가장 중요한 것은 학생들이 기술에 대해 열린 마음을 갖도록 영감을 주는 것이다. 향후 10년은커녕 2년 후 스토리텔링 전경이 어떨지 누구도 모른다. 교육자로서 우리는 디지털 저널리스트가 되는 것을 더 접근 가능하고 얻을 만한 것으로 만들 수 있다. 졸업생들은 빠르

68. The Guardian(2016). Welcome to Your Cell. The Guardian,
   https://www.theguardian.com/world/ng-interactive/2016/apr/27/6x9-a-virtual-experience-of-solitary-confinement
69. Miranda Mulligan(2012). Miranda Mulligan: Want to produce hirable grads, journalism schools? Teach them to code. Nieman Lab,
   https://www.niemanlab.org/2012/09/miranda-mulligan-want-to-produce-hirable-grads-journalism-schools-teach-them-to-code/

게 배우고 적응하고, 새로운 아이디어와 솔루션에 열려 있으며, 날 때부터 자기 주도적인 사람인 것처럼 솔선수범할 수 있는 능력을 무장한 채 떠나야 한다. 그들은 결코 지루해지지 않을 것이며, 항상 고용될 만한 자격을 갖출 것이다."

국내 기자들 중에서는 자신이 어떤 분야에 문외한임을 당연하다는 듯이 이야기하는 사람들이 있다. 자신은 '전형적인 기자라서' 글쓰기밖에 모르고 디자인에 대한 감각이나 관심이 없으며, 기술과는 열촌 넘었다는 식이다. 그런데 저널리즘 스쿨에서는 새로운 기술과 장벽을 쌓는 것이 허용되지 않았다. 개인적으로 관심이 없는 무언가라도 어쩔 수 없었다. 그것이 세상이 작동하는 방식이고 사람들이 소통하는 방식이라면 무엇이든 외면하지 말고 손을 담가 보아야 했다.

언론계에 필요한 역량이 무엇이든 그것은 고정돼 있지 않다. 앞으로는 지금까지 요구돼 온 것을 넘어선 또 다른 무언가가 필요할지 모른다. 저널리즘의 본질을 제외한 모든 것에 유연해지는 것이 필요한 이유다. 낯설고 새로운 것에 선을 그어서는 결코 미래를 주도할 수 없다.

기술을
깊숙이 끌어들여라

UC버클리 저널리즘 스쿨에서 멀티미디어를 가르치는 지도 교수 3명은 각자 다른 특기와 배경을 지닌 인물로 구성됐다. 펜 기자, 비주얼 기자뿐 아니라 학부에서 컴퓨터과학을 전공하고 언론사에서 개발자로 일한 경력을 지닌 교수가 한 조를 이뤄서 학생들을 가르쳤다.

멀티미디어 기사 제작에 있어서 코딩 능력은 필수적이었다. 데이터를 시각화하기 위해 그래픽을 만들고 움직이는 기능을 넣는 것뿐 아니라, 뉴스페이지를 설계하기 위해서도 코딩 능력이 필요했다. 개발은 무척 중요한 부분이라 졸업 프로젝트를 할 때는 학교에서 인근 언론사인 〈샌프란시스코 크로니클〉의 개발자를 파트타임으로 추가 고용하기도 했다.

한국에서는 언론 관련 학과는 물론이고 편집국에서도 개발자를 보기가 쉽지 않지만, 미국은 다르다. 변화하는 현실은 학과 프로그램 분류에도 반영돼 있다. UC버클리 저널리즘 스쿨의 경우 '강의 프로그램 분류(CIP · Classification of Instructional Programs)' 코드가 '과학 기술 공학 수학'을 뜻하는 'STEM(Science, Technology, Engineering, Mathematics)'의 일종인 '디지털 커뮤니케이션 및 미디어/멀티미디어'로 분류돼 있다. 미국 전국교육통계센터 (National Center for Education Statistics) 자료에 따르면 '디지털 커뮤니케이션 및 미디어/멀티미디어'는 다음과 같이 정의돼 있다.[70]

> 컴퓨터 애플리케이션을 사용해 새로운 전자 커뮤니케이션 기술들의 발전, 사용, 비판적인 평가, 규제에 집중하는 프로그램; 이를 통해 개인들이 디지털 커뮤니케이션 미디어의 개발자와 관리자들로 기능하도록 준비시키는 것. 컴퓨터 및 텔레커뮤니케이션 기술과 처리, 디지털 커뮤니케이션의 디자인과 개발, 마케팅 및 유통, 디지털 커뮤니케이션 규제, 법, 정책, 디지털 미디어의 활용 및 인간과의 소통에 대한 공부, 새로운 트렌드와 이슈들에 대한 지도를 포함.

미국에서 학생 비자(F-1)를 소지한 외국인 학생들은 졸업 후 '선택실무훈련(OPT · Optional Practical Training)'을 통해 12개월 동안 일을 할 수 있는데, 학과가 STEM으로 분류된 경우에는 24개월을 연장해 총 36개월을 일할 수 있다. 이런 까닭에 분류 코드 변경은 외국인 학생들 주도로 추진됐는데, 그것이 승인된 것은 기술적인 요소가 정말로 주요하다는 인식 때문이었다. 저널리즘 스쿨 중 STEM으로 분류된 곳은 UC버클리 저널리즘 스쿨뿐이 아

....

70. National Center for Education Statistics. Detail for CIP Code 09.0702, https://nces.ed.gov/ipeds/cipcode/cipdetail.aspx?y=55&cipid=87221

니다. 뉴욕대 저널리즘 스쿨도 STEM의 일종인 '디지털 커뮤니케이션 및 미디어/멀티미디어'로 분류돼 있다.[71]

코딩은 오늘날 기자들의 스토리텔링에 있어서 주요한 기술로 떠오르고 있다. 뉴스룸에서 반복적으로 제시되는 질문이 "웹에서 어떻게 기사를 더욱 잘 구현할 것인가"이기 때문이다. 취재는 중요하지만 그것이 웹에서 형편없게 구현된다면 스토리텔링은 성공할 수 없다. 이러한 이유로 미국 언론계에서는 기자들이 코딩을 배워야 한다고 주장하는 사람들이 적지 않다. 직업인으로서 개발자가 돼야 한다는 것이 아니다. 저널리즘을 둘러싼 기술적인 요소를 이해하고 독해할 줄 알아야 한다는 것이다. 노스웨스턴대 나이트 뉴스 이노베이션 랩 사무총장을 지낸 미란다 멀리간(Miranda Mulligan)은 저널리즘 수업에서 매 학기 코드를 가르쳐야 한다고 주장하며 말했다.[72]

"기자들은 코드에 대해 더 많이 배워야 한다. 우리의 매체를 이해하는 것은 우리가 더 나은 스토리텔러가 되도록 만든다. 명석함을 자부하는 산업에서 인터넷에 대한 무심함을 용납하는 것은 어리석은 일이다. 이제는 미래의 저널리스트들이 코드를 배울 시기다."

....

71. Arthur L. Carter Journalism Institute. How to Apply,
    https://journalism.nyu.edu/graduate/programs/news-and-documentary/how-to-apply/
72. Miranda Mulligan(2012). Miranda Mulligan: Want to produce hirable grads, journalism
    schools? Teach them to code. Nieman Lab,
    https://www.niemanlab.org/2012/09/miranda-mulligan-want-to-produce-hirable-grads-
    journalism-schools-teach-them-to-code/

멀리간은 프로그래밍을 배우는 모든 기자나 에디터가 소프트웨어 엔지니어나 웹 디자이너가 돼야 한다고 주장하는 것은 아니라고 말한다. 목표는 프로그래밍의 유창함이 아니라 브라우저들이 기사들을 어떻게 읽고 처리하는지를 이해하는 것이며, 그것에는 많은 가치가 있다는 것이다. 그는 이렇게 덧붙였다.

"교육자로서 우리의 임무는 기자들에게 악명 높게 횡행하는 두려움인 배움의 두려움을 제거하는 것이다. HTML은 마법이 아니다. 코드를 쓰는 것은 초현실적인 것이 아니다. 이것은 단지 열심히 해야 하는 일일 뿐이다. 프로그램을 배우는 것은 저널리즘을 구해주지 않을 것이며 아마도 우리가 기사를 쓰는 방식을 변화시키지도 않을 것이다. 하지만 컴퓨터가 우리의 콘텐츠를 어떻게 읽고 이해하는지를 알면 저널리스트로서 웹에서 더 많은 재미를 얻을 수 있다."

오늘날 저널리즘 스쿨에서는 기술적인 요소가 적지 않은 역할을 한다. 새롭게 떠오르고 있는 대표적인 수업의 종류가 코딩이며, 새롭게 부상하는 교수진의 대표적인 배경이 개발자다. 웹에 대한 이해를 바탕으로 한 디지털 독해 능력이야말로 미래에 필요한 것이기 때문이다.

저널리즘 스쿨이 기술을 끌어들이는 정도는 단일 프로그램이라는 울타리를 뛰어넘는다. 컬럼비아대 저널리즘 스쿨은 2012년에 컬럼비아대의 푸(Fu) 재단 공학 및 응용과학 대학과 함께 컴퓨터과학과 저널리즘 이중 학위 프로그램을 개설했다.[73] 2015년엔 커리큘럼에서 데이터 지도를 강화하기 위한 노력으로 석사 프로그램에 데이터 세부 전공을 넣었다.[74] 이에 더해 데이터 저널리즘에 대한 첫 이학 석사(Master of Science) 프로그램을 개설했는데, 3학기 동안 진행되는 과정으로 컴퓨터 기술과 데이터 과학을 저널리즘 교육과 결합하고 있다.[75]

저널리즘 스쿨은 끊임없이 진화하고 있다. 그 진화의 중심에는 다양한 형태의 기술이 있다. 뉴욕시립대 저널리즘 스쿨 학장을 지낸 세라 바틀렛(Sarah Bartlett)은 이렇게 말했다.[76]

"10년 전에는 누군가가 소셜 미디어, 팟캐스팅, 웹 비디오, 코딩, 데이터 시각화나 모바일 앱 개발에 대한 수업을 하나도 듣지 않고 훌륭한 저널리즘 프로그램을 졸업할 수 있었다. 이제 이것은 말이 되지 않는다. 매년 우리는 새로운 수업을 개설할 기회를 본다."

국내에서 언론계는 신문이라는 종이 매체와 결부된 '사양산업'으로 종종

....
73. Columbia Journalism School 2020 Impact Report,
    https://journalism.columbia.edu/system/files/content/impact-report-web.pdf
74. Columbia Journalism School 2020 Impact Report,
    https://journalism.columbia.edu/system/files/content/impact-report-web.pdf
75. Columbia Journalism School 2020 Impact Report,
    https://journalism.columbia.edu/system/files/content/impact-report-web.pdf
76. Sarah Bartlett(2015). New No More. Knight Foundation,
    https://knightfoundation.org/features/je-append-sarah-bartlett-new-no-more/

회자된다. 미국에선 다르다. 언론계는 저널리즘을 구현하는 데 있어서 더 많은 이용자에게 도달하기 위해 '기술을 활용하는' 분야다. 텍사스주립대 교수 신디 로열(Cindy Royal)은 이렇게 말했다.[77]

"당신이 저널리즘 교육자거나 미디어 프로페셔널이면 알려줄 소식이 있다. 우리는 기술 분야에서 일한다는 것이다. 이것은 당신이 20년, 10년, 심지어 5년 전에 이 직업에 입문했을 때 기대한 것과 완전히 다름을 알고 있다. 하지만 상황이 변했다. 우리가 이전에 저널리즘으로 알고 있던 직업의 신조 일부는 유지됐지만 업무 흐름, 사업 관행, 참여자들, 경쟁자들은 모두 다르다. 우리는 기술 분야에서 일하기 때문이다. 인터넷과 웹 기술은 인쇄물과 멀티미디어가 조화롭게 어우러지는 새로운 매체만을 나타내지 않는다. 우리가 개인적으로 그리고 직업적으로 소통하는 방식들은 완전히 변했다. 소통은 기술이며 기술은 소통이다. 그것이 진정한 융합이다."

· · · · · · · · · · · · · · · ·

77. Cindy Royal(2014). Cindy Royal: Are journalism schools teaching their students the right skills? Nieman Lab,
https://www.niemanlab.org/2014/04/cindy-royal-are-journalism-schools-teaching-their-students-the-right-skills/

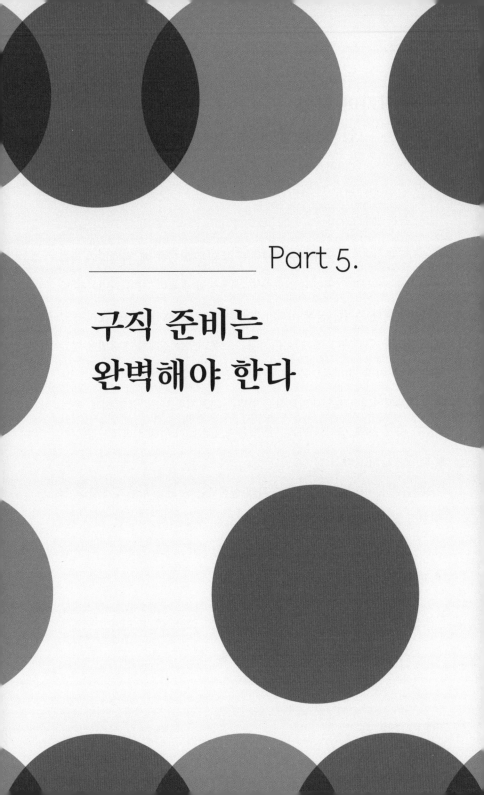

Part 5.

구직 준비는
완벽해야 한다

커리어 강화
전략을 세워라

저널리즘 스쿨 입학을 3개월도 더 앞두고 있을 때, 학생들의 커리어 관리를 전담하는 '커리어 디렉터'로부터 연락이 왔다. 각자 커리어를 발전시키기 위한 준비를 곧장 시작하라고 독려하기 위해서였는데, 요지는 크게 세 가지로 구분됐다. 첫째, 이력서와 포트폴리오를 강화하는 방법을 가르쳐줄 테니 '미리' 준비하도록 하자. 둘째, 소셜 미디어상에서 공개되는 프로필을 프로페셔널하게 업데이트하는 방법을 가르쳐줄 테니 '입학 전에' 완료하도록 하자. 셋째, 당신의 커리어를 맞춤형으로 돕기 위해 설문조사를 실시할 터이니 답해 달라.

설문조사는 이때를 시작으로 수차례 실시됐는데, 단순히 통계 산출을 위한 것이 아니었다. 입학생들의 역량과 수요를 파악한 뒤 '맞춤형'으로 커리어 전략을 짜고 구직 준비를 시키기 위한 것이었다. 설문조사에서 가장 먼저 물어본 질문은 다음과 같았다.

- 희망하는 세부 전공은 무엇인가?(멀티미디어, 다큐멘터리, 오디오, 비디오, 내러티브 글쓰기, 포토저널리즘 등이 있었다.)
- 30분간 대면으로 만나 커리어 계획을 논의하기에 가장 적합한 날짜는 언제인가?(입학 오리엔테이션은 8월 말이었는데, 커리어 상담을 할 수 있는 날짜의 범위는 등록금도 내기 전인 5월 말부터 8월 중순까지로 설정돼 있었다.)
- 저널리스트에게 필요한 역량(짧은 뉴스 기사, 긴 형식의 내러티브 글쓰기, 사진 촬영, 비디오 촬영, 오디오 녹음, 교정교열 기술, 기본적인 HTML과 CSS 코드를 활용해 일하는 것, 비주얼 디자인과 구성, 멀티미디어 뉴스 프로젝트의 스토리 보딩, 취재 자료 해석, 기사의 뉴스 가치 판단, 공문서 활용, 정확하고 훌륭한 팩트 체킹 기술, 효과적이고 프로페셔널한 인터뷰 기술 등) 중 자신의 기술 수준은 어떠한가?(탁월, 좋음, 양호, 나쁨, 해당 사항 없음 중에 선택해야 했다.)

극성스러운 학부모가 자녀에게 선행학습을 시키듯이, 커리어 디렉터도 구직 시즌이 다가오기 전에 서류를 점검하고 면접을 준비하도록 했다. 공고가 난 뒤에야 준비하는 게 아니라 사전에 전략을 짜며 움직였다는 것이다. 대표적인 순간이 여름방학 인턴십에 지원할 때였다.

미국 언론사 중에는 여름방학 인턴십 공고를 전년도 가을에 내는 곳들이 있다. 커리어 디렉터는 공고의 흐름을 파악해 '할 수 있는 한 가장 이른' 시점에 준비를 시키기 위해 신입생들이 입학하기 세 달 전부터 "인턴십 준비를 시작하자"며 연락을 해왔다. 입학 전인 지금부터 준비하면 1년 뒤인 '내년 여름에' 인턴십을 하고 싶은 곳의 리스트를 만들기에 좋으며, 지원서 제출 시기는 데드라인 '한 달 전'이 이상적이기 때문이라는 이유에서였다. 가을에 지원하는 프로그램은 9월 말 지원을, 봄에 지원하는 프로그램은 1월 말 지원을 목표로 하라고 시점까지 조언했다.

물론 모든 학생이 가을에 지원서를 접수할 필요는 없다. 하지만 가을을 넘기고 인턴십 시즌이 임박해진 이듬해에 지원서를 작성하는 것은 단순히 깜빡하거나 미적거린 결과가 아니라 '전략적인 판단'에 따른 것이어야 한다. 커리어 디렉터는 상담을 제안하며 이렇게 설명했다.

"커리어 상담 약속을 잡는 것은 톱 언론사들(〈뉴욕타임스〉, 〈AP〉, 〈로이터〉, 〈블룸버그〉, 〈LA타임스〉, 〈CNN〉, 〈워싱턴포스트〉 등)의 가을 인턴십 데드라인에 준비하도록 하기 위한 겁니다. 여러분 중 일부는 인턴십을 구하기 위해 봄 학기까지 기다리는 것이 더 좋다고 생각할 수도 있습니다. 봄에도 많은 인턴십 기회가 있을 테니까요. 더욱이 봄에 지원하면 여러분은 더 많은 업무 샘플과 기술을 갖춘 상태일 것입니다. 가을에 인턴십 공고를 내는 언론사들은 급여를 많이 주지만 베이(Bay) 지역에 있지 않습니다. 이런 언론사들은 6개의 업무 샘플을 요구하고, 경쟁이 굉장히 치열하며, 9월 말까지 지원서가 접수되어야 합니다. 다른 말로 하면 인턴십 지원에 있어서 봄까지 기다리는 것은 전략적인 우위일 수 있습니다."

커리어 디렉터는 커리어 발전에 있어서 넓고 얕은 지식을 갖춘 제너럴리스트(Generalist)가 아니라, 특화된 지식을 깊이 갖춘 스페셜리스트(Specialist)였다. 그는 웬만한 기자들보다 언론계 동향과 흐름을 더 잘 꿰뚫고 있었는데, 그래야만 존재 가치가 빛나기 때문이었다.

UC버클리 저널리즘 스쿨에서 커리어 서비스의 역할은 구체적이고 능동적이다. 찾아오는 학생에게 상담이나 정보를 제공하는 것을 넘어서 1 대 1 코칭과 훈련을 적극적으로 시키고, 구직자의 요구 사항에 부응하는 것을 넘어서 당사자에게 필요한 것을 먼저 제시하고 요구한다. 제공하는 서비스의 범위도 넓다. 커리어와 관련된 행사를 주관할 뿐 아니라 지속적으로 1 대 1 코칭을 하고 채용 정보를 상시적으로 공유한다. 이것은 여느 저널리즘 스쿨에서나 마찬가지인데, 뉴욕시립대 저널리즘 스쿨은 커리어 서비스 부서의 기능을 다음과 같이 소개하고 있다.[78]

- *1 대1 커리어 전략 세션들*
- *이력서, 커버레터, 포트폴리오 도움*
- *일자리와 인턴십을 위한 안내 및 연락*

78. The Office of Student Affairs of Craig Newmark Graduate School of Journalism(2020). 2010-2021 Student Handbook. The City University of New York Craig Newmark Graduate School of Journalism,
https://www.journalism.cuny.edu/wp-content/uploads/2021/03/newmarkjschool-handbook-2020-mar1.pdf

- 연례 일자리 및 인턴십 페어와 다른 구인 이벤트들에 대한 코칭
- 에디터들 및 채용 담당자들과의 정보 세션들
- 면접 연습

프로페셔널 스쿨에서 이 같은 서비스를 받는 것은 옵션이 아닌 필수에 가까웠다. 모든 학생은 커리어 담당자와 지속적으로 교류하고 구직 상황을 점검받으면서 생활했다. 그러다 보니 학교생활을 하면서 취재보도를 가르치는 에디터만큼이나 자주 연락을 해 오는 인물이 커리어 담당자였다. 학생들이 이렇게 커리어 담당자와 지속적인 교류를 한 것은 배움과 경험을 통해 궁극적으로 도달하고자 하는 지점이 바로 커리어 발전이기 때문이었다.

커리어에도 전략이 필요하다. 단순히 실력을 갈고닦는 것만으로는 충분치 않다. 언론계에서 요구하는 역량은 끊임없이 다변화되고 있는 만큼, 무슨 일을 어디서 어떻게 해 나갈지 전략을 세워야 한다. 우선 실력을 키웠다면 그것을 적합한 고용주에게 잘 제시할 수 있도록 구직 시점과 방식에 있어서 전략을 짜야 한다. 원하는 고용주로부터 구직 제안을 받았다면 좋은 처우를 얻어낼 수 있도록 그다음 전략을 구사해야 한다. 그렇게 취직을 했더라도 더 나은 기회가 있는지, 그 기회를 얻기 위해서는 무슨 역량을 키우고 어떻게 해야 하는지를 살피며 다음 단계를 위한 전략을 세워야 한다.

커리어 서비스 부서는 이 모든 전략에 있어서 종합적인 컨설팅과 코칭을

제공했다. 기업이나 기관에 있는 전략기획부서를 생각하면 이해하기가 쉽다. 전략기획부서는 큰 그림을 멀리 내다보며 전략을 세우고 업무를 기획하는 조직으로, 실행 부서에서 내다보지 못하는 것을 점검하고 계획한다. 이와 마찬가지로 커리어 서비스도 취재보도 커리큘럼만으로 채우지 못하는 부분을 메웠다.

저널리즘 스쿨에 입학한 순간, 모든 사람은 '더 나은 커리어'라는 전략의 대상이 됐다. 취재와 제작 등 눈앞의 일에 치여서 구직에 대한 정보가 부족하고 준비가 미흡하더라도 상관없었다. 커리어 부서에서는 학생들이 생각하고 실행해야 할 것들을 직접 챙기며 관리해 줬다.

학교의 커리어 관리는 재학생에게 한정되지 않는다. 훌륭한 이력을 갖춘 동문이 포진할수록 언론계 곳곳의 정보와 네트워크를 활용해 양질의 일자리가 돌고 도는 선순환 구조를 극대화할 수 있다. 따라서 동문의 커리어 추적과 관리는 필수적인 부분이었다. 학교에서는 동문에게도 구직 정보를 지속적으로 전해주는 한편, 도움이 필요한 게 있으면 언제든 연락을 하라고 독려했다. 좋은 소식이 있다면 학교 소셜 미디어 계정에 올려서 홍보를 해주기도 했다.

저널리즘 스쿨에 입학한 순간, 모든 학생은 전략적인 '커리어 관리 네트워크'의 일부가 된다. 무언가를 실행하는 개인이나 조직에 있어서 그 네트워크를 두는 것과 그렇지 않은 것은 천지 차이다. 저널리스트로서의 발전을 지원하고 역량을 관리하는 전략가의 도움을 받아보고, 그와 지속적으로 연결돼 있는 것은 커다란 자산이다. 학생들은 커리어라는 큰 그림을 내다보며 보완할 역량과 염두에 둘 타임라인, 준비 사항을 종합적으로 내다볼 줄 알게 된다.

적당히는
충분치 않다

미국에서는 언론사에 입사 지원할 때 통상 이력서와 함께 지원 에세이 같은 개념인 '커버레터'가 요구된다. 그런데 두 가지 모두 한국에서 통용되는 개념과는 상당히 다르다. 한국에서는 이력서의 경력란에 회사명과 부서명, 기간 등을 적으면 충분하지만 미국에서는 그렇지 않다. 해당 경력을 통해 무슨 일을 했고 어떤 성과를 냈는지에 대한 부연 설명을 적어야 한다. 국내의 이력서처럼 단순히 인적 사항과 경력 사항 등 신상 정보만 나열해서는 안 된다는 것이다. 저널리즘 스쿨 학생들은 이력서의 업무 경력란에 학교에 소속돼 취재한 경험을 적곤 한다. 커리어 담당자가 이 부분을 어떻게 기술할 수 있을지에 대해 예시를 든 내용은 다음과 같다.

예술 및 문화 담당 기자, 리치먼드 컨피덴셜(2017~현재)

- *온라인 뉴스 사이트에 탐사보도 뉴스 기사를 매주 보도*
- *오디오, 비디오, 인터랙티브 데이터, 데이터 시각화를 포함한 뉴스 패키지 제작*

이력서 작성에 있어서 어려운 부분은 고정된 형식이 없다는 것이다. 국내에서는 표가 첨부된 이력서 양식이 보편적이지만, 미국에서는 각자 재량껏 양식을 만들어 작성해야 한다. 무엇을 어떤 글자체와 폰트로 어느 위치에 넣을지 설계하는 것이 간단치만은 않다. 이와 관련해 뉴욕대 저널리즘 스쿨은 이력서에 대해 다음과 같이 조언하고 있다.[79]

이력서는 당신의 근무 이력 리스트와 학력 사항을 넘어서는 것입니다. 이것은 고용주가 당신을 고용하도록 설득하는 데 있어서 첫걸음입니다. 아래에 몇 가지 일반적인 가이드라인을 소개합니다.

- 이력서의 표준 분량은 한 페이지입니다.
- 각 섹션마다 명확하고 굵은 제목을 사용하십시오.
- 이력서 본문의 글자 크기는 11 또는 12포인트로 맞추십시오.
- 가장 관련성이 높은 경험을 나열하고 어떤 성과든 수량화하십시오.
- 글자를 굵게 하거나 밑줄 치거나 기울이는 것은 신중하게 선택하십시오. (통상적으로는 회사나 기관 이름에 대해 이런 주의 끌기 기술을 사용합니다.)
- 일관된 형식을 사용하십시오. 굵은 글씨체로 회사명을 쓰고, 직책을 기울임체로 썼다면 전체적으로 그 형식을 쓰십시오.

79. Arthur L. Carter Journalism Institute. Resources, https://journalism.nyu.edu/career-services/resources/

- 이력란에 기간(연월)을 포함하고, 약어를 쓴다면《AP 스타일북》을 따르십시오.
- 업무를 묘사할 때는 강력한 능동체로 각 줄을 시작하십시오. 마치 '나는(I)'으로 문장을 시작하는 것처럼 작성하십시오.(예를 들면, 조사 및 기사 팩트 체킹을 했습니다.)
- 현재 일자리에 대해 쓴다면 현재 시제의 행위 동사를 쓰십시오.(X에 대해 보도하다.) 이전 일자리들에 대해서는 과거 동사를 쓰십시오.(X에 대해 보도했다.)

이렇게 이력서를 작성했다면 다음으로는 커버레터를 써야 하는데, 이것은 일종의 '구직을 위한 에세이'라고 할 수 있다. 국내 언론사 입사 과정에서도 자기소개서를 중심으로 한 에세이를 써야 하지만, '성장 배경과 자신의 장단점을 서술하시오', '어려움을 극복한 경험에 대해 서술하시오'와 같이 특정 질문에 대해 답을 쓰게 하는 경우가 많다. 미국의 커버레터는 별도의 정해진 질문 없이 스스로 '내가 왜 당신 회사에 필요한 인물인지'를 주제로 고용주를 설득하는 글이다. 업무 경험과 역량에 집중하는 만큼, 성장 배경 등 사적인 요소가 다분한 자기소개서와는 구분된다. 분량이 대개 한 페이지에 불과하기 때문에 간결하게 업무적인 성과와 역량 등 핵심만을 적어야 한다.

커버레터 내용은 미국과 한국의 구직 에세이 방식과 글쓰기 차이를 보여준다. 국내에서 자기소개서 작성은 '독특한 경험을 앞세워 눈에 띄고 창의적으로 쓰는 것'이 팁으로 회자되지만, 미국에선 그렇지 않다. 자신의 강점과 경쟁력을 명확하게 강조하며 기승전결을 갖춰야 한다. 뉴욕대 저널리즘 스쿨이 소개하는 커버레터 샘플을 보면 이해가 갈 것이다.[80]

1. 리드 문단

리드는 창의적이고 묘사적이어야 한다. 당신이 누구이고 왜 글을 쓰는지를 간결하게 알려줘라. (예시: 스페인어를 구사하면서 여러 가지 일을 동시에 처리할 수 있고, 강력한 스토리들을 이야기하는 에너지 많은 기자를 찾고 있나요? 그게 제가 X 신문사에 가져다주고 싶은 것입니다.)

2. 왜 당신은(Why You) 문단

이 부분은 커버레터의 심장부다. 3~6개의 문장 안에 기존 경험이 당신에게 어떤 영향을 미쳤고 어떻게 그 일자리에 적합하도록 만들었는지 설명하라. 성취에 대해 이야기하거나 일화를 공유하라 – 이력서를 재탕하지는 말아라. 그리고 구직 공고를 보고 쓰는 것이라면 당신이 가진 특정한 기술이 어떻게 그 직무 요건과 관련이 있는지 이야기하라. (예시: 특보 뉴스 기사를 취재한 경험이 당신이 어떠한 압박에서도 일을 잘한다는 점을 에디터에게 보여줬다든지, 당신의 조사 기술이 어떻게 중요한 기사로 이어졌는지에 대해 이야기할 수 있다.)

. . . .

80. Arthur L. Carter Journalism Institute. Resources,
    https://journalism.nyu.edu/career-services/resources/

3. 왜 그들은(Why Them) 문단

리드를 통해 그들을 유인했고 경험과 특정한 기술에 대해 이야기한 만큼, 언론사나 매체에 대한 관심을 묘사하는 데 몇 문장을 할애하라. 조사한 것을 토대로 그들에 대한 당신의 지식을 강조하고 그들의 특정한 콘텐츠나 저널리즘에 대한 접근법이 왜 당신에게 매력적인지를 이야기하라.

4. 결론 문단

이 부분은 간결하게 유지하라. 시간을 내주고 고려해 준 점에 대한 감사 인사를 전하고, 인터뷰에 응할 수 있다는 점을 알려줄 수도 있다.

5. 마무리

'진심으로(Sincerely)' 또는 '좋은 일을 기원하며(Best)'를 사용하라. 두 번째 줄에는 당신의 성명을 적고, 아래 다른 줄에는 이메일 주소와 전화번호를 적어라.

저널리즘 스쿨에 다니면서 이력서와 커버레터 준비에 꽤나 고생을 했다. 단순히 작성하는 게 어려워서가 아니었다. 학교에서 지원 서류를 점검해 주었는데, 토씨 하나까지 만족스러울 때까지 지독하게 수정 요청을 했기 때문이다. 커리어 담당자는 모든 학생들의 이력서와 커버레터를 리뷰하길 원했는데, 아무런 흠이 발견되지 않을 때까지 다시 작성해 올 것을 집요하게 요구했다.

국내 언론사 입사 준비생들도 각자의 자기소개서를 돌려 읽으며 피드백을 준다. 하지만 저널리즘 스쿨 커리어 담당자의 피드백은 일반적인 제삼자가 글을 봐주는 것과는 다음과 같은 점에서 달랐다.

우선 단순히 주어진 내용에 대해 피드백하는 것이 아니라, 당사자의 강점과 경쟁력을 파악하고 그것이 충분히 두드러지게 작성하도록 제안했다. 이를테면 이런 식이었다.

"산업부 기자로 일했다고 했죠? 고용주들이 가장 관심을 가질 만한 중요한 이력에 대해서는 충분히 서술하는 것을 잊지 마세요."

"저널리즘 스쿨에서 배우는 기술에 대해서는 상세히 설명해 놓도록 하세요."

여기서 더 나아가, 피드백을 제시하는 데 그치지 않고 수정이나 보완 사항을 조언할 때마다 "수정된 버전을 보내 달라"고 요청하며, 서류를 제대로 수정했는지 확인했다. 이는 추가 수정 사항을 크로스체크해 주기 위한 것인데, 아무리 사소한 것이라도 확인의 강도는 동일했다. 예를 들어, 소문자를 대문자로 수정할 것을 요청했더라도 그것이 제대로 반영됐는지 확인했다. 이런 까닭에 이메일을 수도 없이 많이 주고받아야 했다. 인턴십 구직 서류를 작성할 당시, '이쯤 되면 마무리하고 싶다'는 생각이 들 정도로 수정본을 다시 보내야 했다. 고맙긴 하지만 너무나도 지난한 과정이었던 까닭에 막판에는 이제는 그만 피드백을 받고 싶다는 생각마저 들 정도였다.

토씨 하나라도 추가로 고친 게 있다면 고용주에게 서류를 보내기 전에 반드시 확인을 받아야 했다. 혼자서 확인하는 것만으로는 놓치는 부분이 있을지 모르기 때문이다. 고용주에게 보내는 버전은 반드시 커리어 담당자가 확인한 버전과 일치해야 했다. 그는 이렇게 설명했다.

"많은 교정을 거치다 보면 실수를 놓치기 쉽지만, 이력서에는 조그마한 단 하나의 실수도 있어서는 안 됩니다. 그 실수로 인해 여러분은 전화 인터뷰에 초대받지 못할 수도 있습니다."

구직 서류를 작성하는 데는 시간이 꽤나 많이 걸렸다. 단순히 기존 이력과 경험을 서술하면 되는 게 아니라, 추가적으로 작업을 하고 서류에 더해야 하는 것들이 있었기 때문이다. 이력서 가장 윗부분에는 개인 웹사이트 주소를 기입해야 했다. 시중의 웹사이트 제작 서비스를 이용해서라도 일단 웹사이트를 개설해야 했다. 웹사이트의 주요 타깃은 고용주인 만큼, 대문에는 이력과 경력을 중심으로 한 소개 문구를 적어두고 대표적으로 내세울 수 있는 기사를 걸어두어야 했다. 기사들은 '온라인 포트폴리오'인데, 구직에서 중요한 부분을 차지한다. 통상 대표작 6개 정도를 준비한 뒤 더 좋은 작품이 나올 때마다 업데이트해 두어야 한다.

이력서에는 트위터나 링크드인과 같은 소셜 미디어 계정도 기입해 두어야 했는데, 고용주들이 소셜 미디어를 찾아보곤 하기 때문이다. 소셜 미디어에서 공개되는 자기소개 글은 최신 상황을 반영하는 흥미로운 문구로 업데이트해야 한다. 미국에서는 트위터를 많이 사용하는데, 뉴스 가치가 있다고 판단되는 링크를 단순히 리트윗하는 수준이라도 매주 한두 개씩 트윗할 것을 권유받았다. 적극적으로 최신 뉴스를 따라가고 있다는 것을 보여줄 수 있기 때문이다.

내용을 채워 넣었다면, 디자인적인 요소를 점검해야 한다. 오늘날 미국 언론계에서는 디자인에 대한 감각도 중시되는 만큼, 이력서는 시각적인 감각을 보여주고 고용주의 눈길을 사로잡게 하는 방편이기도 하다. 구도나 색채 등 디자인에 있어서 고유의 스타일을 드러내면서 매력과 강점이 잘 드러나도록 해야 했다. 물론 디자인은 개인의 취향이기 때문에 제삼자가 일일이 교정해 줄 순 없다. 여러 샘플을 보면서 안목을 기르고 수정하는 수밖에 없었다.

구직 서류를 점검하는 과정은 너무나 철저해서 이루 다 묘사하기가 쉽지 않다. 토씨 하나부터 디자인까지 모든 요소를 챙기면서 수정에 수정을 거듭한 까닭에 종국엔 진이 빠질 정도였다. 오죽하면 서류 준비를 일단락하던 순간 커리어 담당자가 이렇게 말할 정도였다.

"푹 쉬세요. 당신은 그럴 권리가 있습니다!"

그곳에선 한 치의 허술함도 설 자리가 없었다. '적당히' 작성하거나 수정하는 것은 용납되지 않았기 때문이다. 아무리 힘들어도 반드시 일정 수준에 도달해야만 'OK' 사인이 났다. 집요한 점검은 문구 하나라도 숙고를 거듭하게 했고, 어떤 것도 사소하게 여기지 않도록 했다.

모든 시나리오를
대비하라

　미국 언론계의 면접은 비슷한 틀을 갖고 있다. 시작 단계에선 자신을 왜 채용해야 하는지를 10초가량 짤막하게 설명하는 '엘리베이터 스피치'[81]를 요구하는 경우가 많다. 이윽고 질문이 시작되는데, 과거 했던 일이나 현재 작업 중인 기사를 물으며 면접자가 회사에 기여할 수 있는 요소를 파악한다. 그리고 마지막으로 면접자에게 질문이 있냐고 물으며 면접은 마무리된다.

　저널리즘 스쿨에는 오랜 경험과 네트워크를 통해 면접에 대한 정보가 축적돼 있었다. 이에 상당수의 면접이 어떻게 진행되고 무슨 질문을 주로 하는지 꿰고 있었다. 재학 중에 미국의 한 경제 매체의 인턴십 면접에 초대받은 적이 있는데, 커리어 담당자가 이렇게 조언했다.

　"면접은 1인당 20분간 진행됩니다. 많은 질문이 오가진 못한다는 거죠. A와 B, 두 명이 와서 면접을 할 겁니다. A는 인사 담당 직원이고, B는 좀 어

---

81. 짧은 시간 동안 자신의 생각을 요약해서 설명하는 것.

려운 질문을 하는 사람일 겁니다. 그들은 이미 당신의 이력서와 커버레터를 읽어서 내용을 알고 있습니다. 면접에 가기 전 몇 가지 질문에 대한 연습을 시작하겠지만, 그 전에 알아야 할 게 있습니다. 우선 답변은 짧고 간결하게 하세요. 집에 돌아가서도 친구든 룸메이트든 누군가와 대화를 하면서 간결하게 답변하는 것을 연습하도록 하세요. 연습할수록 나아질 겁니다. 그리고 면접관이 인터뷰를 주도하도록 하세요. 답변을 너무 길게 하면 그들이 후속 질문을 통해 어떤 방향으로 가고 싶은지 알 수 없게 됩니다. 사전에 해당 매체의 서비스를 살펴보고 주요 기사가 무엇인지 확인하도록 하세요. TV나 라디오의 첫 5분 브리핑도 듣도록 하세요. 관련 주제가 나왔을 때 언급할 수 있기 때문입니다. 그들은 아마도 뉴스에 나온 주요 이슈 중 하나를 물어볼 것입니다. 중국이나 연방 준비제도 이사회, 트럼프 대통령의 출장, 파라다이스 페이퍼스가 최근 화두입니다. 주요 기사 10개가 무엇인지 파악하고, 각 기사에 대해 한두 가지의 세부 내용을 알고 있도록 하세요. 그들이 무엇에 대해 물어볼지 알 수 없기 때문이지요. 아울러 해당 기사가 시장과 비즈니스, 재정에 연계돼 있다는 것을 기억하고 사업과 정부 등에 어떤 영향을 미칠 수 있는지 생각해 보도록 하세요."

팁은 꽤나 구체적이었다. 이를테면 면접 말미에 면접관이 "추가로 할 말이 있느냐"고 물었을 때 어떤 식으로 답하면 되는지에 대해 그는 예시를 이렇게 조언했다.

"참, 제가 최근 샌프란시스코의 새로운 벤처 창업에 대한 기사를 썼는데 그것에 대해 아직 이야기하지 않았군요. 인턴십을 통해 기술 산업에 대해 더 깊이 취재할 수 있길 바라는데…."

면접도 서류 준비와 마찬가지로 전문가의 점검을 거쳐야 했다. 서류건 면접이건, 고용주의 눈과 귀에 닿는 것이라면 커리어 담당자의 철저한 관리와 피드백을 벗어날 수 없었다. 워낙 적극적으로 코칭에 나서는 까닭에 모든 학생들이 1대1로 만나 면접 연습을 해야 했다.

미국 언론사에서는 짧게는 하루 전에 면접 일정을 제안하기도 한다. 커리어 담당자는 이럴 경우에 이메일 제목에 '긴급(URGENT)'을 달아 보내도록 했다. 이메일 함에서 최대한 빠르게 해당 내용을 발견해 일정을 조정하고 면접 연습을 돕기 위해서다. 실제로 대부분의 학생들은 면접에 초대되면 커리어 담당자에게 알렸고, 예행연습을 한 뒤에 실전에 임하곤 했다.

학교에서는 면접에서 예상할 수 있는 모든 시나리오를 대비할 수 있도록 했다. 이를 위해 사전에 해야 할 것이 있었다. 우선 엘리베이터 스피치와, 자신이 기자로서 혹은 뉴스룸에서 했던 탁월한 일 두세 가지(팀워크, 할 수 있다는 태도, 업무를 탁월하게 수행하겠다는 결심을 갖고 있다는 것을 보여줄 수 있는 일화)를 준비해야 했다. 고용주에 대한 정보와 취재 트렌드도 숙지해야 했다. 아울러 자신이 가장 두려워하거나 스스로를 특별히 긴장하게 만드는 질문에 대한 답을 준비해야 했다. 이를 위해서는 해당 질문에 대한 답변을 적고 큰소리로 연습한 뒤, 주변 사람에게 '까다로운 면접관' 역할을 맡아달라고 부탁해야 했다. 스스로에게 특화된 내용을 준비했다면, 통상적으로 제시되는 질문에 대한 답변을 익혀야 한다. 학교에서는 언론사 인터뷰에서 자주 나오는 다음과 같은 예상 질문들을 공유했다.

1. 자기소개, 그리고 본인이 왜 이 일자리에 관심이 있는지 말해 달라.
2. 피처(Feature) 기사에 적합할 것이라고 생각하는 기사 아이디어 세 개를 제안해 달라.
3. 최근 작업한 기사와 그것을 최고로 만들기 위해 무엇을 어떻게 했는지 묘사해 달라.
4. 업무 첫날부터 기여할 수 있는 기술과 경험에 대해 말해 달라.
5. 기사 아이디어가 무산되거나 기사와 관련해 어려움을 마주했을 때의 상황을 묘사해 보고 그 상황을 어떻게 전환시켰는지 말해 달라.
6. 어떤 주제를 가장 열렬히 취재하고 싶은가?
7. 익숙하지 않은 주제를 취재하는 본인의 방법은 무엇인가?
8. 5년 안에 어떤 일자리를 갖고 싶은가?

면접 말미에는 면접관들이 면접자에게 질문이 있냐고 묻는 경우가 많은데, 이때 면접자가 두세 개쯤 질문할 것으로 기대한다고 한다. 학교에서는 이 경우의 질문 예시도 공유했다.

1. 이 회사에서 일하면 어떤 점이 좋다고 생각하는가?
2. 당신을 자랑스럽게 만드는 취재는 무엇인가?
3. 그 위치(본인이 지원한 직무)를 만약 누군가가 맡게 된다면 마주하게 될 가장 큰 어려움은 무엇이라고 생각하는가?
4. 그 위치(본인이 지원한 직무)에는 어떤 종류의 성장 기회가 있는가?
5. 회사의 업무 문화는 어떠한가?
6. 직원들의 성과에 대해 어떻게 인정을 해 주는가?
7. 향후 그 일자리에서 어떤 종류의 어려움을 마주하게 될 거라고 보는가?
8. 당신 일자리에서 쉽게 하나를 바꿀 수 있다면 무엇을 바꾸겠는가?

면접을 준비할 때, 학교에서는 이력서와 커버레터를 수정하는 정도만큼이나 연습을 많이 시켰다. 일회성 연습이나 적당한 피드백은 충분치 않았다. 조언을 완벽하게 숙지하고 준비했는지 '점검'을 거치고 부족한 점이 있다면 그것을 '보완'했는지 반드시 확인받아야 했다. 잘할 때까지, 면접관이 만족할 만한 내용이나 톤으로 대답할 수 있을 때까지 연습하고 그것이 확인돼야만 통과가 됐다. 커리어 담당자는 "성공적인 면접을 위한 핵심은 연습, 연습, 연습"이라고 강조했다. 그 말인즉슨, 성공적인 면접이 될 거라는 판단이 들 때까지 연습을 거듭해 시키겠다는 것이었다.

학교에서 면접 연습을 할 때의 이야기다. "현재 작업 중인 기사에 대해 알려 달라"는 질문을 받았다. 질문에 대한 답변을 했고, 크게 봐서 두 가지 부분을 보완할 것을 요구받았다. 첫 번째는 말이 너무 빠르다는 것이었다. 복잡한 주제에 대해 이야기할 때는 천천히 이야기하는 게 효과적이라고 한다. 천천히 말해야 상대방이 답변의 세부 내용을 더 잘 이해하고 생각하면서 들을 수 있고, 말하는 사람은 적합한 단어를 생각해 내기가 용이하며 더욱 자신감 있어 보이기 때문이었다. 두 번째는 답변의 양이 실제 필요한 것보다 너무 많다는 것이었다.

이때부터 두 가지를 집중적으로 연습했다. 커리어 담당자는 답변의 양이 필요한 것보다 50%가량 많은 것 같으니 6, 7개 정도의 문장으로 줄여서 말하는 연습이 필요하다고 말했다. "알겠다"고 대답은 했지만 연습하는 것은 쉽지 않았다. 그 자리에서 '만족스러운 정도가 될 때까지' 연습을 해야만 통과됐다. 이윽고 "최근 뉴스에 나온 기사 중에 추가 취재를 하고 싶은 것이 있느냐"는 질문을 받고 답변을 했다. 여전히 답변의 양이 많고 속도가 빠르다는 피드백을 받았다. 연습은 그날 준비된 모든 예상 질문을 하나씩 짚어 가며 답변 속도와 양이 적절한지 확인받은 뒤에야 마칠 수 있었다.

면접 연습이 혹독한 이유는 단 하나의 작은 미비점이라도 허투루 넘어가지 않기 때문이었다. 같은 질문에 대해 답변의 양을 줄이고 또박또박 이야기하는 연습을 수차례 한 뒤에야 만족스러운 수준에 이르렀고, 다음 질문으로 넘어갈 수 있었다.

면접 연습은 서류 준비와 상통하는 측면이 있었다. 서류에서 글자나 구두

점 하나를 그냥 넘어가지 않듯이, 면접에서도 문장 속 단어나 말하는 속도까지 그냥 넘어가지 않았다. 연습 당시, '~같은(like)'이라는 단어와 '업토크(uptalk · 평서문의 문미를 높이는 어조)'를 피하라고 피드백을 받았다. 어려운 질문을 받았거나 긴장될 때 이 같은 단어나 어조를 더 많이 사용했기 때문에 집중적으로 연습해야 했다. 커리어 담당자는 반복적인 연습을 통해 개선 여부를 확인하곤 했다.

이력서를 준비할 때 내용을 넘어서 디자인적인 요소까지 고려해야 하듯이, 면접 역시 부수적인 요소를 챙겨야 했다. 면접은 채용 담당자와 하는 소통이다. 가장 좋은 인터뷰는 '훌륭한 대화'로 느껴진다고들 한다. 소통을 잘하려면 에티켓도 숙지해야 했다. 학교에서는 면접에 임할 때 이력서 인쇄본을 지참하고, 최소한 10분 전에 도착하도록 하며, 휴대전화나 노트북을 갖고 가되 필기를 하려면 필기를 해도 괜찮을지 사전에 반드시 물어볼 것을 당부했다.

저널리즘 스쿨에서도 면접을 통과해 채용에 합격하는 사람도 있고, 떨어지는 사람도 있다. 하지만 학교 측이 면접을 준비시키기 위해 실시하는 과정과 내용만큼은 여느 개인이나 기관이 따라잡기 어려울 정도로 철저하다. 특정 면접에서 낙방하더라도, 다음에 더 잘하기 위해서는 무엇을 고려하고 준비해야 하는지를 아는 것과 그렇지 않은 것은 분명히 다르다.

포트폴리오가
경쟁력이다

저널리즘 스쿨에서 취재 프로젝트를 할 때, 사진과 동영상을 전문적으로 하는 동기에게 촬영을 맡겨서 진행한 적이 있었다. 촬영에 신세를 많이 진 게 고맙고 미안해서 밥을 산다고 이야기했더니, "왜?"라는 반응을 보였다. 밥을 산다든지 하는 보상을 바란 게 아닌데 왜 군이 그러느냐는 반문이었다. 취재를 많이 도와줬으니 고마워서 그런다고 하니 그가 말했다.

"밥은 안 사줘도 되고, 사진 바이라인과 영상 크레딧에 내 이름만 넣어줘. 그게 내가 바라는 것의 전부야. 난 어떤 경우에는 내 이름을 표기하지 말아 달라고 요청하는 경우도 있어. 이를테면 단지 아르바이트를 하기 위해 홍보용 사진을 찍을 때와 같은 경우지. 하지만 나만의 스타일이 가미된 사진이나 동영상 같은 경우에는 내 이름을 넣어달라고 요청해."

그는 사진 바이라인과 동영상 크레딧에 이름을 표기하는 것 외에는 아무것도 바라지 않았다. 다른 말로 하면, 바이라인과 크레딧의 가치가 그만큼 컸다. 저널리즘 스쿨에서는 많은 학생들이 시간이 닿는 한 성심성의껏 동료를 돕는데, 단순 선의 때문은 아니다. 다들 바이라인이나 크레딧 등에 이름이 언급되는 것을 영예롭고 가치 있게 여기며, 가장 기대한다. 특히 동영상이나 다큐멘터리를 세부 전공한 기자들의 작품을 보면 도움을 준 사람의 리스트가 맨 마지막 장면에 영화의 '엔딩 크레딧'처럼 길게 등장하곤 한다. 양질의 프로젝트에 참여해 크레딧에 언급될수록 좋은 포트폴리오가 축적된다.

  미국 언론계에서 포트폴리오는 핵심적인 부분을 차지한다. 언론계에서 포트폴리오는 자신이 제작에 참여한 대표적인 저널리즘 작품을 의미하는 업무 샘플인데, 이력서나 커버레터 등 기본 서류보다 더 중요할 수도 있다. 인턴십에 지원하더라도 포트폴리오는 빠뜨릴 수 없는 부분이다. 펜 기자는 자신이 제작한 기사 중에, 동영상 프로듀서는 제작한 동영상 중에 대표작 링크나 원본을 제출한다. 제작 경험이 없는 사람은 인턴 기회도 얻지 못하나는 의문을 가질 수 있겠지만, 그것이 냉정한 현실이다. 제작 경험을 갖춘 좋은 지원자는 넘쳐난다. 수많은 경쟁자를 헤치고 기회를 얻기 위해서는 외부에 발간되지 않은 것일지언정 무어라도 제출해야 한다.

  포트폴리오는 서류뿐 아니라 면접에서도 비중 있게 다뤄진다. 자신 있는 포트폴리오를 갖추고 있다면 면접 단계에서 포트폴리오를 보여주기도 한다. 그것이야말로 당사자가 가진 역량과 향후 기여할 수 있는 부분, 앞으로 할 프로젝트를 엿볼 수 있는 단서이기 때문이다. 저널리즘 스쿨에서 열린 인턴십 정보 세션에서 현직 기자인 동문이 이렇게 조언한 적이 있다.

  "포트폴리오는 굉장히 중요해요. 면접에서 대부분의 질문은 제가 보냈던 포트폴리오에 대한 것이었습니다. 당시 데이터 시각화 수업을 들으면서 제작한 프로젝트를 포트폴리오로 제출했는데 면접관은 그것에 대해 물었습니다. 제가 현재 작업하고 있는 프로젝트는 무엇이고 석사 프로젝트는 무엇을 할 것인지를 묻기도 했습니다. 제가 데이터 쪽 일을 하고 싶다고 지원했기 때문에 이런 프로젝트를 할 때 데이터 관점에서 어떻게 생각하는지 듣고 싶어 했습니다."

한국과 마찬가지로 미국에서도 기자 채용에 있어서 대학원 학위는 별반 의미가 없다. 구직에 가장 큰 영향을 미치는 것이 포트폴리오다. 이런 까닭에 저널리즘 스쿨의 커리큘럼은 취재보도와 제작 역량 향상에 중심이 맞춰져 있다. 학생들이 매 학기마다 가장 많은 시간을 할애하는 수업은 취재한 것을 어떤 형식으로든 보도하는 '제작(Production)' 수업이다. 이를 통해 지향하는 바는 궁극적으로 좋은 포트폴리오를 쌓는 것이다. 고품질 프로젝트에서 적극적인 역할을 할수록 취업 시장에서 경쟁력이 높아진다. 그것은 기자들이 저널리즘 스쿨에 오는 주요한 이유이기도 하다. 학교 구성원 모두는 강력한 포트폴리오 축적에 큰 방점을 둔다.

미국에서 포트폴리오 축적에 대한 열기는 상상 이상이다. 학생들은 수업과 관련이 있건 없건, 교수가 시키건 시키지 않건 간에 순전히 훌륭한 포트폴리오 축적을 위해 자발적으로 취재에 나서고 작품을 제작한다. 학교 과제와 별개의 프로젝트를 하며 취재를 하는 일도 흔하고, 그렇게 제작한 결과물을 두고 교수나 강사의 조언을 구하는 일도 빈번하다.

저널리즘 스쿨 재학 당시, 신입생이 2년 차 학생들을 위한 '고급 코딩' 수업에 들어온 적이 있다. 신입생은 첫 학기에 수업 선택권이 없기 때문에 원칙적으로는 별개의 수업을 수강하기 어렵다. 그런데 사전 지식도 없는 학생이 고급 코딩을 배우겠다고 들어온 것이었다. 자초지종을 들어보니, 그 학생은 코딩에 대한 지식이나 경험은 없지만 데이터 저널리스트를 꿈꾸고 있었기에 담당 교수에게 따로 부탁해 수업에 들어오게 되었다고 했다. 그는 이렇게 말했다.

"데이터 저널리스트가 되기 위해 이번 여름에 인턴도 관련 분야에서 할 계획이야. 미리 코딩 수업을 수강하고 포트폴리오를 쌓아놓으면 앞서갈 수 있을 거라고 생각했지."

그 학생은 새로운 기술을 배울 때마다 이력서의 '기술' 리스트에 추가하고, 수업을 통해 만든 제작물을 웹사이트에 포트폴리오로 게재했다. 결국 그는 이듬해에 바라던 대로 데이터 저널리즘에 강점을 가진 매체인 〈FiveThirtyEight〉에서 인턴십을 했다.

학교에서는 고용주의 눈이나 귀를 거칠법한 모든 것에 대해서는 제삼자의 피드백을 받도록 했다. 외부 언론인과 채용 담당자들을 초청해 학생들과 1대1로 만나 포트폴리오에 대한 피드백을 주고받도록 한 것도 그 일환이었다. 학생들은 명함과 이력서, 노트북을 가져와 그들에게 포트폴리오를 보여

췄고, 하나하나 세심하게 조언을 받아 갔다.

좋은 포트폴리오를 만드는 것으로는 충분치 않다. 그것을 효과적으로 노출시키고 홍보해 고용주의 마음을 사로잡아야 한다. 따라서 포트폴리오는 지원서에 링크나 첨부파일로 제출하기도 하지만, 개인 웹사이트에서 찾아볼 수 있게 하는 경우가 많다. 미국 기자들은 상당수가 개인 웹사이트를 갖고 있는데, 주목적은 고용주가 포트폴리오 등을 손쉽게 찾아볼 수 있게 하기 위한 것이다. 웹사이트에는 통상 직업적인 관심사와 경력 등을 조명하는 짤막한 전기, 이력서, 업무 결과물로의 링크, 소셜 네트워킹 계정으로의 링크, 연락처 등을 포함할 것이 권유된다.[82] 〈NPR〉 에디토리얼 제품 매니저(Editorial Product Manager) 맷 톰슨(Matt Thompson)은 저널리즘 일자리에서 뛰어난 지원서를 작성하기 위한 팁으로 "개인 웹사이트를 가지라"고 조언하면서 이렇게 말했다.[83]

"당신의 커버레터와 이력서가 탄탄하다면 나는 다음으로 이것(웹사이트)을 볼 것이다. 깔끔하고 읽기 쉬운 최고의 작품에 대한 링크가 있고, 훌륭하고 읽기 쉬운 이력서가 담기도록 만들어라. 가장 좋은 클립(포트폴리오)들을 쉽게

....

82. Mallary Jean Tenore(2013). 10 ways young journalists can make themselves more marketable. Poynter,
https://www.poynter.org/reporting-editing/2013/10-ways-journalists-can-make-themselves-more-marketable/
83. Matt Thompson(2012). 10 ways to make your journalism job application better than everyone else's. Poynter,
https://www.poynter.org/reporting-editing/2012/10-ways-to-make-your-journalism-job-application-better-than-everyone-elses/

찾을 수 있게 하는 것을 강력하게 추천한다."

개인 웹사이트는 한국의 '기자 페이지'와는 다르다. 기자 페이지가 지금까지 쓴 기사를 축적하는 라이브러리라면, 웹사이트는 개인이 이력서와 함께 지금까지 생산한 최고의 포트폴리오를 눈에 띄게 배치해 업데이트하면서 고용주의 눈을 사로잡는 곳이라 할 수 있다. 적지 않은 고용주들이 검색엔진에서 지원자의 이름을 검색해 본다. 개인 웹사이트를 가지면 검색 결과 상위에 해당 웹사이트가 노출되는 경우가 많다. 이 경우 자신이 제작한 가장 좋은 포트폴리오를 빠르고 용이하게 고용주에게 제시할 수 있다. 이에 대해 맷 톰슨(Matt Thompson)은 다음과 같이 말했다.[84]

"우리가 당신을 구글링한다는 것을 알지 않는가? 우리가 그곳에 도달하기 전에 무엇이 나올지를 살펴보고 당신의 가장 좋은 자료가 쉽게 찾아지도록 해라."

저널리즘 스쿨 입학 직후, 개인 웹사이트를 제작하는 방법을 배웠다. 대부분의 기자들이 자신만의 웹사이트를 갖고 있었지만, 혹시라도 갖고 있지 않다면 곧장 만들 것을 권유받았다. 검색 엔진에서 잘 검색될 수 있도록 정비된 웹사이트를 만들고 대표 작품을 게시한 뒤 주기적으로 업데이트하는 것은 기사를 쓰는 것만큼이나 중요한 부분이었다.

....

84. Matt Thompson(2012). 10 ways to make your journalism job application better than everyone else's. Poynter,
https://www.poynter.org/reporting-editing/2012/10-ways-to-make-your-journalism-job-application-better-than-everyone-elses/

포트폴리오의 중요성은 입학 과정에서부터 드러난다. 저널리즘 스쿨에서는 다른 학과에서 흔히 요구하는 연구 실적이나 연구 계획서를 요구하지 않는다. 대신 언론인으로서의 역량을 평가하는데, 가장 중요하게 보는 것 중 하나가 포트폴리오다. 지금까지 제작한 기사나 오디오, 그래픽, 다큐멘터리, 멀티미디어 프로젝트 등 중에서 가장 돋보이는 것을 제출해야 한다. UC버클리 저널리즘 스쿨은 업무 포트폴리오 세 개를 제출하도록 하면서 "기자와 스토리텔러로서 당신의 능력을 조명해야 한다"고 안내한다.[85] 뉴욕시립대 저널리즘 스쿨도 포트폴리오 세 개를 요구한다.[86] 컬럼비아대 저널리즘 스쿨은 개수는 명시하지 않지만 포트폴리오를 요구하고,[87] 노스웨스턴대 저널리즘 스쿨도 선택적으로 포트폴리오를 제출하도록 한다.[88]

포트폴리오는 단순히 기사를 종합한 리스트가 아니다. 해당 프로젝트는 어떤 것이었으며 자신이 어떤 역할을 했는지 설명해야 한다. 〈시애틀타임스〉 기자 테일러 블랫치포드(Taylor Blatchford)는 이렇게 조언했다.[89]

"보는 사람들에게 당신이 왜 이 포트폴리오를 포함시켰으며 그것이 왜

．．．．．．．．．．．．．．．．

85. UC Berkeley Graduate School of Journalism. Admissions, https://journalism.berkeley.edu/admissions/

86. The City University of New York Craig Newmark Graduate School of Journalism. How to Apply, https://www.journalism.cuny.edu/future-students/how-to-apply/

87. Columbia Journalism School. Deadlines and Application Requirements, https://journalism.columbia.edu/deadlines-and-application-requirements

88. Medill School of Journalism, Media, Integrated Marketing Communications. Admissions, https://www.medill.northwestern.edu/journalism/graduate-journalism/admissions/index.html

89. Taylor Blatchford(2021). Student journalists, polish your online portfolio – or create one from

중요한지를 이야기하라. 단순히 링크와 헤드라인만 포함하지 말고, 본인의 스토리를 이야기하기 위해 저널리스트로서의 스토리텔링 기술을 활용하라. 다음과 같은 질문을 생각해 보라: ① 해당 프로젝트를 작업하는 데 있어서 어떤 어려움을 마주했는가? 그것이 왜 중대한가? ② 어떤 취재 과정을 밟았는가? 공문서의 정보 공개를 청구하거나 학교 행정 직원과의 대면 인터뷰를 추진했는가? ③ 팀 프로젝트에서 당신의 역할은 무엇이었는가? 바이라인에서 역할이 명확하게 드러나 있지 않거나, 백그라운드에서 편집 역할을 수행했다면 그것을 설명하라."

국내 언론계에서는 '포트폴리오'라는 개념이 거의 회자되지 않는다. 그러다 보니 언론사들이 인턴이나 신입을 뽑을 때 포트폴리오를 요구하는 경우는 거의 없다. 인턴이나 신입 기자는 자기소개서와 취재 역량 평가 및 글쓰기 시험, 면접을 거쳐 선발하는 경우가 대부분이다. 언론사 지망생 대다수는 포트폴리오를 축적하기보다는 시험과 면접 준비를 하면서 시간을 보낸다. 반면 미국 기자들은 시험 준비가 아닌, 실제 '제작'을 하면서 구직을 준비한다. 그것은 그들이 더 치열하게 취재보도를 하고, 누가 시키지 않아도 가장 높은 수준의 품질을 추구하도록 하는 동기가 된다. 자발성을 바탕으로 고품질 작품을 제작하는 엔진이 된다는 것이다.

....

scratch – with these tips. Poynter,
https://www.poynter.org/newsletters/2021/student-journalists-polish-your-online-portfolio-or-create-one-from-scratch-with-these-tips/

외부인의
코칭을 받아라

저널리즘 스쿨에서 멀티미디어를 배우는 학생들 사이에서 '구글 뉴스랩 펠로십(Google News Lab Fellowship)'은 꽤나 괜찮은 인턴십 기회로 회자됐다. 구글이 포인터(Poynter), 니먼저널리즘랩(Nieman Journalism Lab), 프로퍼블리카(ProPublica), 퓨리서치센터(Pew Research Center), 탐사보도센터(Center for Investigative Reporting) 등 유수의 언론 관련 기관과 협약을 맺고 인턴들에게 급여와 출장비를 지원하기 때문이었다. 학교에서는 인턴십 지원에 대한 정보를 알려주는 행사를 마련했다. 참석자들이 마주한 단상 쪽에는 발표자 대신 커다란 스크린이 설치됐는데, 동문 중에 구글 뉴스랩 펠로십을 마친 3명에게 연락해 행사 참석자들과의 화상 대화를 연 것이다.

동문들은 각각 〈월스트리트저널〉, 〈프로퍼블리카〉, 〈탐사보도기자협회〉에서 일하며 서로 다른 주에 살고 있었다. 그들은 인턴십 준비 과정과 업무 경험 등을 이야기하기 시작했다.

"인턴십을 희망하는 기관에 사전에 연락하는 게 가장 좋은 방법이라고 생각해요. 그들이 무엇을 원하는지 파악하고, 그에 맞춰서 지원 서류를 가다

듣을 수 있거든요. 저는 사전에 연락해 해당 기관에서 데이터 시각화 라이브러리와 팟캐스트 일을 하길 원한다는 걸 파악했습니다. 그들은 이런 분야에 경험이나 기술이 있다면 그쪽에 초점을 두고 지원 서류를 제출하라고 했어요. 이런 내용을 참고해 지원서를 쓸 때 데이터 시각화 라이브러리와 팟캐스트와 관련한 제안을 하면서 이와 관련해 하고 싶은 일과 장기 프로젝트에 대한 아이디어를 제시했습니다."

"인턴십 지원 당시 데이터 시각화 수업을 듣고 있었습니다. 강사가 탐사보도기자협회에서 일하는 뉴스 개발자를 알았는데, 소개를 해 준 덕에 미리 전화해 필요한 것과 무엇을 해야 하는지를 물었습니다. 왜 자신이 그곳에 적합할지 설명하되 스스로에게 제한을 두진 마세요."

스크린을 앞에 두고 참석자들과의 질의응답이 시작됐다. 동문들은 자신들에게 '구글 펠로십 네트워크'가 있으니 다른 기관에서 인턴십을 했던 제3의 인물과 연결되고 싶거든 소개해 줄 수 있다고 말했다. 아울러 추가적인 질문이 있으면 언제든지 연락하라고 독려했다.

저널리즘 스쿨에서는 학생들이 '학교 밖'에서도 구직이나 커리어와 관련해 코칭을 받을 수 있도록 하기 위해 다방면의 노력을 기울인다. 이를 위해 미국 언론계에 포진해 있는 동문이나 주변 언론사 등 동원할 수 있는 모든 네트워크를 활용했다. 직접 초청해 이야기를 나누는 경우도 있지만, 여의치 않다면 화상이나 통화 등 다양한 방식으로 코칭을 받도록 했다.

외부인의 조언은 단순히 경험이나 조언을 건네는 차원을 넘어섰다. 1 대1로 면접 연습을 하는 등 보다 밀접한 도움을 주기도 했다. 원하는 회사나 직무가 있다면 해당 일을 하는 사람과 연결되는 것은 마땅하게 인식됐다. 학교에서는 면접 전에 항상 해당 회사에서 일하는 사람이나 그곳 직원을 아는 동문과 면접 연습을 할 수 있는지 알아볼 것을 권유했다. 희망 회사나 직무에 100% 일치하는 사람이 아니더라도 외부인과 면접 연습을 하는 것은 중요한 부분이었다.

인턴십 면접을 준비할 당시, 학교에서는 '좋은 답변 예시를 더해줄 동문'과 연결돼 면접 연습을 할 것을 권유하며 직접 다리를 놓았다. 언론계에 포진한 동문이야말로 수많은 면접 경험을 통해 뜻깊은 조언을 해 줄 수 있는 사람들이기 때문이다. 학교에서는 이렇게 안내했다.

"각자 짝지어진 동문과 편한 시간에 20분간 전화 인터뷰 연습을 하길 바랍니다. 인터뷰 연습 약속을 잡기 전에 충분한 시간을 두고 이력서와 커버 레터, 기사 샘플을 이메일로 보내십시오. 연습을 통해 여러분의 답변이 얼마나 많이 향상될 수 있는지에 놀라게 될 겁니다."

추후 듣자 하니, 학교에서는 동문에게 '지금까지 경험한 면접에서 가장 어려웠다고 기억하고 있는 질문'을 하도록 권유하면서 인터뷰 후에 피드백을 줄 것을 당부했다고 한다. 그리고 학생들에게는 '고용주에게 보내듯이' 지원 서류를 보내고 시간을 조율하라고 안내했다.

동문과 일정을 잡아 전화 통화를 했다. 동문은 두 가지 역할을 동시에 톡

톡히 해냈다. 질문을 할 때는 고용주처럼 진지하게 질문을 했고, 답변을 들을 때는 동문으로서 질문 취지를 설명하거나 해당 답변에 대한 피드백을 해 주었다. 질문 일부는 예상 범위를 벗어나 있었지만, 그렇기에 연습 효과가 더욱 있었다. 피드백을 꼼꼼히 듣다 보니 전화 통화 시간은 1시간이 넘기도 했다.

면접 연습은 커리어 담당자나 동료와도 했지만, 동문과의 면접 연습은 얼굴 한 번 본 적이 없는 제삼자 언론인과 실전 연습을 해 볼 수 있어서 또 다른 도움이 되었다. 낯선 면접관의 질문에 답한다는 것이 어떤 것일지 간접 체험할 수 있게 해주었기 때문이다.

동문을 포함해 주변 지역에서 일하는 언론계 인사들은 학교에 자주 초청됐다. 특정 주제를 두고 전문가들이 코칭을 진행하는 '워크숍', 여러 명을 초청해 연단에서 이야기를 듣고 질의응답을 나누는 '패널', 핑거 푸드를 먹으면서 자유롭게 네트워킹을 하는 '믹서' 등 다양한 종류의 행사가 있었다. 단체로 행사가 진행될 때도 있었지만, 사전 신청을 받아 시간대를 나눈 뒤 학생들이 외부 전문가로부터 1대1 코칭을 받도록 하는 행사도 있었다.

외부인과 연결하는 행사는 구직이라는 분야에 한정되지 않았다. 취재보도 역량을 기르는 데 있어서도 교수나 강사를 넘어서 다른 언론인의 도움을 적극적으로 받았다. 지식이나 정보의 지평을 넓힐 수 있고, 학교 밖 전문가와 네트워킹도 할 수 있기 때문이다. 기사를 성공적으로 제안하는 법에 대해 알려주는 '피치(pitch) 워크숍', 팩트 체킹에 대한 실전 팁을 알려주는 '팩트 체킹 워크숍', '내러티브 글쓰기 워크숍' 등이 대표적인 예시였다.

저널리즘 스쿨에 소속된 순간, 학생들은 외부 전문가 네트워크와 촘촘히 연결됐다. 본인이 능동적이건 수동적이건, 학교에 소속돼 있다는 것만으로도 수많은 사람과 연결돼 코칭을 받을 수 있었다. 학교에서는 이를 위해 언론사 및 동문과의 네트워크를 지속적으로 관리하고, 학생들을 적극적으로 연결했다. 커리어 담당자는 졸업을 앞둔 학생들에게 이렇게 공지한 적이 있었다.

"6월에 어디서 일하고 싶습니까? 여러분이 하고 싶은 일을 하고 있는 동문 중 누구와 연결될 수 있습니까? 이런 부분을 도와줄 수 있으니 약속을 잡읍시다."

진정으로 커리어를 강화하고 싶다면 학교라는 울타리를 뛰어넘고 각자의 네트워크라는 폐쇄성을 벗어나야 한다. 외부 전문가와의 접점을 넓히고, 코칭과 조언을 역동적으로 수혈해야 한다. 바깥세상과의 접촉면을 넓히는 것이야말로 커리어 경쟁력의 발판이 된다.

정보 파이프라인을
활용하라

저널리즘 스쿨에서 일자리 정보 공유는 체계적이고 조직적이다. 커리어 발전에 있어서 정보 공유가 그만큼 중요하기 때문인데, 주기적으로 정보를 취합해 공유하는 역할이 별도로 지정돼 있을 정도였다. 학교에서는 다른 학생의 구직과 정보 습득, 학교생활 전반 등을 돕는 학생들을 'J-피어 (Peer)'라는 이름으로 지정해 매년 분류별로 지원했다. J-피어들은 학교에서 연 4,000달러를 지원받으며 다른 학생들을 돕는 역할을 했다. 그중 일부는 다음과 같았다.

- 인턴십 정보를 조직하는 사람: 인턴십 리스트를 업데이트하고 커리어 이벤트를 돕는 역할
- 주간 소식지를 작성하는 사람: 캠퍼스 이벤트, 인턴십, 관심사 등에 대해 저널리즘 스쿨 커뮤니티로부터 정보를 수집해 매주 월요일에 소식지를 배분하는 역할
- 온라인 및 소셜 플랫폼에서 일자리 정보를 발간하는 사람: 학생들 및 동문과 관련된 모든 저널리즘 일자리를 소개하는 역할

- 인-하우스 네트워커: 학교를 방문하는 사람들과 함께하는 네트워킹 기회를 만드는 역할
- 펠로십 정보를 조직하는 사람: 유용한 외부 펠로십 데이터베이스를 만들어 유지하고 펠로십 지원에 대한 베스트 프랙티스(best practice)를 만드는 역할
- 외국인 학생들을 돕는 사람: 저널리즘 스쿨에 소속된 외국인 학생들이 서로 연결되고 캠퍼스의 중요한 행정 과정 및 자원에 대한 정보를 얻도록 하는 역할

J-피어를 맡은 학생들의 정보 공유는 단순히 '학교 알바' 수준을 뛰어넘었다. 무엇이든 도움이 될 만한 정보라면 할 수 있는 한 적극적으로 공유했다. 그것이 그들이 경험하고 교육받으며 체화된 방식이고, 학교 전반에 흐르고 있는 문화이자 전통이었기 때문이다.

외국인 학생을 돕는 2년 차 J-피어 학생은 미국에서의 인턴십 확보에 어려움을 마주하고 있는 1년 차 외국인 학생을 위해 자신의 구직 자료를 기꺼이 공유했다. 본인이 인턴십을 했던 언론사 에디터에게 보낸 이메일 원본을 공유해 준 것이다. 그는 이메일을 공유하며 이렇게 말했다.

"아래 첨부 파일은 지난여름 **에 보냈던 내 인턴십 지원 서류야. 이 인턴십 지원 서류는 완벽하진 않지만 그래도 한번 살펴보면 도움이 될 거야. 전 직장에서 수백 개의 지원 서류를 읽어본 사람으로서 내가 할 수 있는 가장 큰 조언은, 읽는 사람의 마음에 두드러질 만한 뭔가를 추가하라는 거야. 새

벽 2시에 108번째 지원 서류를 읽는 사람을 상상해 봐. 어떻게 그들의 주의를 끌 것이고, 어떻게 하면 그들이 너를 잊지 못하게 할 수 있을까? 또, 커버레터는 그 직무에 특정된 내용을 담아 쓰도록 해. 커버레터나 이력서에 대한 수정이나 조언이 필요하거나, 인턴십 아이디어에 대한 누군가의 반응을 살피고 싶다면 언제든지 메일 보내줘. 행운을 빌어! 도움이 되길."

학교를 통해 얻는 일자리 정보는 다양하다. 풀타임 구인 정보뿐 아니라 에디터와의 네트워킹이나 향후 일자리 기회로 이어질 가능성이 있는 파트타임 기회도 공지되곤 한다. 언론사들이 풀타임 일자리와는 별도로 취재 동영상 제작, 팩트 체크 등을 할 임시 보조 역할을 시시때때로 필요로 하고, 저널리즘 스쿨을 통해 사람을 구하곤 했기 때문이다.

한번은 〈와이어드〉 잡지 에디터가 자신들이 작업 중인 기사와 관련해 중국어 구사자가 필요하다며 강사에게 학생 추천을 부탁한 적이 있다. 강사는 이렇게 전했다.

"〈와이어드〉의 팩트 체크 총괄이 중국어가 유창한 누군가를 찾고 있네요. 녹취 때문인지 모르겠는데, 유급입니다. 관심 있는 사람이 있으면 이름을 전달하겠습니다."

언론계에서 일하는 동문이 학교 측에 파트타임 구인 문의를 하는 경우도 빈번하고, 언론사들이 저널리즘 스쿨에 직접 연락해 자사의 기회를 알리고 인재를 모집하기도 한다. 온라인 등에서 공식적인 공고를 냄에도 불구하고 직접 연락하는 것은 저널리즘 스쿨 학생들의 지원을 독려하기 위한 것이다.

물론 일자리 정보를 얻는 것은 온라인 채용 공고를 통해서도 할 수 있다. 하지만 저널리즘 스쿨은 겉으로 드러나지 않는 정성적인 요소들까지 파악하고 있다. 강사나 교수진은 관련 의미나 정보를 설명하거나, 부가적인 정보를 덧붙여 전달하곤 했다.

한번은 〈워싱턴포스트〉에서 저널리즘 스쿨 에디터에게 다음과 같은 이메일을 보냈다.

"새 학년이 막 시작했다는 것을 알고 있습니다. 그런데 여러분 중 가장 유망한 학생들이 내년 여름을 〈워싱턴포스트〉에서 보내는 기회를 생각하기에 너무 이른 시간은 아닙니다. 우리는 주요 미디어 기관에서의 경험이 있는 3·4학년, 대학원생으로부터 인턴십 지원서를 받습니다."

저널리즘 스쿨 에디터는 이메일을 공유하면서 학생들에게 이렇게 말했다.

"〈워싱턴포스트〉는 훌륭한 뉴스룸이고, 몇몇 동문들은 이미 그곳에서 일하고 있습니다. 자신들이 담당하는 커뮤니티와 동등한 수준으로 성별과 다양성 범위가 높은, 몇 안 되는 주요 편집국 중 한 곳입니다."

강사는 '성별과 다양성 범위가 높은'이라는 문구에 하이퍼링크를 걸어 두었는데, 클릭해 보니 미국 언론사 편집국 구성 인원의 다양성에 대한 자료가 떴다.[90] '구글 뉴스 이니셔티브(Google News Initiative)'에서 만든 것으로, 2018년 설문조사를 기반으로 편집국에서 일하는 여성과 소수자들의 비율

....

90. American Society of News Editors. How Diverse Are US Newsrooms?,
    https://googletrends.github.io/asne/

을 산출한 것이었다. 주요 언론사 중에서는 〈워싱턴포스트〉가 비율이 가장 높은 축에 속해 있었다.

저널리즘 스쿨에서 정보 공유는 쌍방향이다. 강사나 교수진뿐 아니라 학생들도 현업 출신이기 때문에 서로가 접하는 정보라면 무엇이든지 자유롭게 나누곤 한다. 구성원 본인이나 전직 동료, 지인, 학교를 졸업한 동문 등으로부터 얻는 것까지 포함하면 꽤나 많은 정보가 모인다. 재학 당시 〈달라스모닝뉴스〉에서 학교를 찾아와 여름 인턴십과 관련해 학생들을 인터뷰한 적이 있다. 커리어 담당자는 구체적인 조건과 인턴십에 대한 정보가 담긴 링크를 안내하며 덧붙였다.

"1년 차 OOO이 저널리즘 스쿨에 오기 전 〈달라스모닝뉴스〉에서 일했습니다. 그에게 연락한다면 그곳에서 일하는 것이 어떤지 정보를 얻을 수 있을 것입니다."

동문들은 졸업한 뒤에도 자신이 경험한 인턴십 등에 대한 정보를 학생들에게 공유한다. 한번은 학생들이 〈다우존스 뉴스펀드〉 인턴십을 준비하고 있었는데, 〈다우존스 뉴스펀드〉 인턴을 거쳐 언론계에서 일하고 있는 동문이 이런 이메일을 보냈다.

"〈다우존스 뉴스펀드〉 인턴이 되는 것은 '미래의 기회'를 얻는 것에 정말로 도움이 됩니다. 저는 〈다우존스 뉴스펀드〉에서 인턴을 마치고, 졸업 직후 〈뉴욕타임스〉 학생 저널리즘 연구소(Student Journalism Institute)에서 카피 에디터가 됐습니다. -중략- 그리고 〈다우존스 뉴스펀드〉와 〈뉴욕타임스〉를 제 이력서에 기재한 것은 제가 〈LA타임스〉 카피 데스크에서 새로운 일자리를 얻는 데 분명히 도움이 됐습니다. 또한 〈LA타임스〉 네트워크에서는 정기적으로 일자리 기회를 공유하는데, 그런 기회 중 일부는 〈다우존스 뉴스펀드〉 사람을 특정해 고용하고 싶어 하기도 합니다. 여러분은 인턴십을 하게 될 지역에 대해 몇 가지 이야기를 할 수 있지만 장소를 스스로 선택할 순 없습니다. 인턴십 기간엔 풀타임 직원과 동일하게 급여를 받습니다. 인턴십 워크숍 기간에는 돈을 받지 않지만 워크숍에 다녀오는 왕복 출장비와 식사비를 모두 지원받고, 10일간 진행되는 워크숍에서 많은 것을 배울 겁니다."

학교생활 내내, 매일같이 구직 정보를 이메일이나 SNS, 모바일 메시징 앱 등으로 공유받았다. 학교에는 각 졸업 연도에 소속된 전체 학생에게 단체 이메일을 보낼 수 있는 그룹 계정이 있었고, 해당 계정을 통해 언론사와 일할 기회가 공지되곤 했다.

저널리즘 스쿨에 소속됐다는 것은 미국 언론계에서 생겨나는 기회의 파이프라인에 연결되는 것과도 같았다. 웬만한 매체에는 그곳에서 일하거나 일했던 동문이나 학우, 교수 및 강사 등이 있기 때문이었다. 이것은 거의 모든 주요 언론사의 정보를 직·간접적으로 얻을 수 있다는 것이기도 하다. 그렇게 얻는 정보와 조언은 돈 주고도 사기 어려운 값진 것이다.

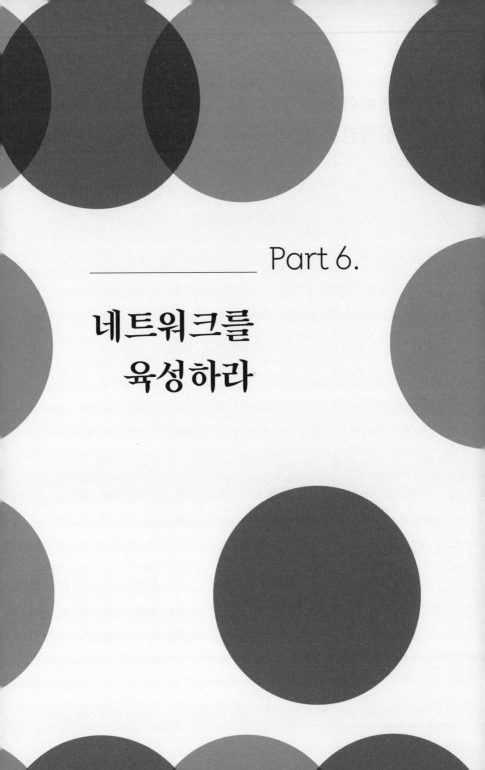

Part 6.

네트워크를
육성하라

네트워크는
실력만큼 중요하다

저널리즘 스쿨 재학 당시 주변 지역 언론인들을 초청해 커리어 조언을 듣는 행사에 참석한 적이 있다. 아시아계 미국인 기자협회(Asian American Journalists Association) 버클리지부에서 주최한 행사였는데, 해당 지부에서는 저널리즘 스쿨 학생들이 회원으로 활동하며 이 같은 행사를 기획하고 있었다. 행사가 끝나고 자리를 뜨려고 했는데, 지부장을 맡고 있는 학생이 다가와 말했다.

"그냥 가지 말고 저분들과 잠시라도 이야기 나누고 가. 그래야 언젠가 저분들을 다시 만났을 때 '그때 인사 나눴어요'라며 이야기할 수 있지 않겠어?"

주변을 둘러보니 다른 학생들은 너도나도 초청된 언론인들에게 다가가 명함을 주고받고 궁금한 점을 묻고 있었다. 이런 자리야말로 네트워킹을 위한 절호의 기회이기 때문이다.

미국 구직시장에서는 프로페셔널 네트워킹이 무척 중요하게 회자된다. 아는 사람이 있으니 연줄을 통해 취직한다는 것이 아니라, 수많은 구직자들 사이에서 내가 얼마나 괜찮은 사람인지 적극적으로 알리는 노력을 병행해야 기회를 얻을 가능성이 높다는 것이다. 실력은 '전제 조건'이며, 그 전제조건을 가진 사람이 너무나 많기에 부수적인 요소가 필요하다.

구직시장에서는 모두가 역량과 실력을 주장한다. 고용주 입장에서는 겉으로 드러난 자료나 단기간의 평가를 토대로 사람을 뽑는 것은 상대적으로 높은 리스크를 가져온다. 부수적인 요소를 통해 상대를 검증할수록 채용의 리스크는 낮아진다. 네트워크는 제2, 제3의 인물이라는 렌즈를 통해 구직자를 다층적으로 검증할 수 있는 수단이라고 할 수 있다.

미국 언론계에서 네트워킹은 이러한 이유로 구직과 이직 등 커리어 발전에 있어서 핵심적이다. 언론사들은 채용 공고를 내지만, 한국처럼 오로지 채용 공고라는 정형화되고 단일한 경로로 사람을 뽑지는 않는다. 누구를 어떤 경로로 뽑을지는 꽤나 다변적이다. 채용공고를 내걸더라도 실제로 채용하는 사람들은 자사 임직원이 네트워크를 통해 추천한 사람인 경우도 적지 않다.

네트워킹은 크게 봐서 두 종류로 나뉜다. 첫째, 채용 담당자나 에디터 등 고용주 측에서 실력 있는 누군가를 직접 아는 경우다. 구직자 입장에서는 고용 상대방과 네트워크를 쌓아 실력을 각인시킬 수 있다면 구직이 수월해진다. 둘째, 구직자를 잘 아는 누군가가 있는 경우다. 이것은 통상 '레퍼런스(reference)'라고 불린다. 채용을 하는 언론사의 임직원이든 구직자와 일해 본 제3의 에디터든, 업무적으로 신뢰할 만한 사람이면 된다. 이것은 한국의 인맥과는 개념이 다르다. 미국 언론인들에게 있어서 누군가와 사적으로 가까운 것과 그를 업무적으로 추천하는 것은 별개의 영역이다. 비즈니스 세계에서 잘못된 추천은 추천자의 평판까지 깎아내리기 때문이다. 추천을 하려면 적지 않은 시간과 노력이 들며, 추천은 모호한 칭찬이 아닌 구체적인 근거를 들어서 해야 한다. 〈NPR〉 에디토리얼 제품 매니저(Editorial Product Manager) 맷 톰슨(Matt Thompson)은 이렇게 말했다.[91]

"나는 좋은 추천을 가치 있게 여긴다. 최고의 추천은 몇 가지 공통점이 있다. ① 당신이 어떻게 일하는지에 대해 진정으로 직접 경험한 감각을 가졌다. ② 우리의 직무 목표에 대한 적절한 이해를 가졌다. ③ 당신이 단지 훌륭하다고 말하는 것이 아니라 왜 어떻게 그러한지를 말한다."

네트워킹이 인맥이나 연줄과 구분되는 결정적인 부분은 근원적인 것이다. 인맥이나 연줄이 학연·지연·혈연이나 배경과 같이 '주어지는' 것이라면, 네트워킹은 '개척하고 육성하는' 것이다. 실력과 노력 없이 거저 주어지지 않으니 스스로 형성하고 가꾸어야 한다는 것이다.

아무런 연결고리 없이 네트워킹을 형성할 때 흔히 통용되는 방법은 이메일을 보내 관계의 발판을 놓는 것이다. 포인터재단 에디터 맬로리 진 테노

....

91. Matt Thompson(2012). 10 ways to make your journalism job application better than everyone else's. Poynter,
https://www.poynter.org/reporting-editing/2012/10-ways-to-make-your-journalism-job-application-better-than-everyone-elses/

어(Mallary Jean Tenore)는 젊은 기자들에게 해 주는 구직 조언으로 "관계를 맺기 시작하라"며 이렇게 말했다.[92]

"당신이 존경하는 일을 하는 저널리스트들을 파악해라. 그리고 이메일을 보내서 당신이 그들의 일을 좋아하고 일자리와 관련된 팁을 무엇이든 주면 감사하겠다고 말해라. 그들이 돕고 싶어 할 가능성이 있다."

기자들은 언론인 모임이든 콘퍼런스든 적극적으로 참석해 관심 있는 언론사에 소속된 에디터나 기자와 안면을 트고, 끊임없이 연락을 이어나가며 자신의 존재감을 알리곤 한다. 〈파이낸셜 타임스〉를 거쳐 〈뉴욕타임스〉에서 일하고 있는 한 동문은 이렇게 회고했다.[93]

"제가 〈파이낸셜 타임스〉에서 일자리를 얻은 것은 어느 비즈니스 저널리즘 콘퍼런스 덕이었습니다. 〈파이낸셜 타임스〉의 에디터가 그곳에 있었거든요. 명함을 얻은 뒤 계속 연락을 주고받았고, 몇 개월 뒤에 〈파이낸셜타임스〉에 있는 누군가로부터 이메일을 받았습니다. '당신에 대해 들었는데 대화를 한번 하고 싶다'는 것이었습니다. 그게 일자리로 이어졌습니다. 언젠가 당신을 일자리로 이끌 거라고 생각되는 사람이라면 연락을 지속해야 합니다."

일자리를 잡고 싶다면 네트워킹은 빠질 수 없는 부분이며, 그것은 반드시

....
92. Mallary Jean Tenore(2013). 10 ways young journalists can make themselves more marketable. Poynter,
https://www.poynter.org/reporting-editing/2013/10-ways-journalists-can-make-themselves-more-marketable/
93. 2017년 8월 29일 UC버클리 저널리즘 스쿨 초청 행사.

'노력'해야 하는 무언가다. 〈AP〉 출신 〈뉴욕타임스〉 기자는 자신의 네트워킹 노력을 이렇게 말했다.[94]

"제가 쓴 기사들을 4~5개월마다 〈뉴욕타임스〉 에디터에게 전송하면서 거의 3년을 보냈습니다. 물론 그는 답을 하지 않았죠. 그런데 어느 날, 에디터의 자리로 전화를 돌리는 법을 알아냈습니다. 전화를 해서는 '〈AP〉의 누구인데 지난주에 기사들을 보냈어요. 혹시 질문이 있으신지 궁금해서요'라고 말했죠. 그는 '오, 그래요? 좋아 보이던데요'라고 말했습니다. 그 이후로도 이런 연락을 반복하다가 뉴욕에 가는 일이 있으면 연락해서 커피를 한잔할 수 있냐고 물었습니다."

네트워킹 노력은 '능동성'을 동반한다. 희망하는 회사가 있다면 단순히 구직 공고를 보고 지원하는 것이 아니라, 그곳에서 일하는 사람과 적극적으로 네트워킹을 하며 기회를 찾고 상대가 필요한 것을 파악해 자신을 알리는 것이다. 위의 〈뉴욕타임스〉 기자는 이렇게 조언했다.

"인턴십을 구할 때, 공고를 보고 그 일정대로 지원할 수도 있지만 지국장에게 직접 편지를 써보십시오. '누가 출산휴가를 떠나는데 마침 자리가 비게 되었다'며 오라고 할지 모릅니다. 혹은 언론사 사람들에게 자신이 쓴 기사를 주기적으로 모아서 보내보십시오. 답장이 오지 않더라도 '제 기사에 대해 어떻게 생각하느냐'고 끊임없이 물어보고, 해당 언론사 근처에 갈 일이 있으면 '커피 한잔하지 않겠느냐'고 불러내며 계속 연락하십시오."

....

94. 2017년 8월 29일 UC버클리 저널리즘 스쿨 초청 행사.

국내 언론계에서는 기자들 사이에서의 네트워킹을 보기 드물다. 대다수가 공개 채용이라는 정형화된 경로를 통해 신입 기자로 입사하는 생태계인 까닭에 네트워킹은 활용도가 떨어진다. 구직자와 기자 사이는 말할 것도 없고 타사 기자들과의 네트워킹도 보편화되어 있지 않다. 일부 취재 분야에서 취재원과의 만남을 용이하게 하기 위한 '꾸미(주로 정치부에서 취재원을 함께 만나는 기자들의 그룹을 뜻하는 언론계 은어)'가 있긴 하지만, 기자로서의 커리어를 위한 네트워킹에는 대부분 별 관심이 없다. 언론사들은 경력 기자를 채용할 때 암암리에 주변인의 평가를 가늠해 보지만, 일회성 '평판 조회'라 네트워킹과는 거리가 멀다.

반면에 미국 기자들 사이에서는 네트워킹 열기가 굉장히 뜨겁다. 기자들은 몇 년을 주기로 언론사를 옮겨 다니는 경우가 보편적이다. 대개 이직을 통해 경험의 지평을 넓히고 연봉도 올리는데, 그 과정에서 네트워킹은 굉장히 중요한 역할을 한다. 언론계 콘퍼런스와 같이 여러 언론사에 소속된 기자들이 모이는 자리가 있다면 네트워킹은 가장 뜨거운 관심을 모으는 부분이다.

저널리즘 스쿨 재학 당시, 미국 전역의 기자들이 컴퓨터 기반 보도를 배우고 노하우를 나누는 'NICAR' 콘퍼런스에 참석한 적이 있다. 기자들은 타사 기자들과 안면을 트고 네트워킹을 하며 구인·구직을 하는 것에 엄청난 관심을 가졌다. 공식적인 프로그램을 통해 네트워킹을 하기도 했고, 아시아계와 같이 비슷한 배경을 가진 기자들 사이에서는 소모임이 소집되기도 했다. 저널리즘 스쿨들도 각자 모임을 열어 여러 회사에 소속된 동문들이 네트워킹을 하도록 했다.

고용주 입장에서도 네트워킹은 구인에 있어서 중요한 부분을 차지했다. 콘퍼런스 행사장에 배치된 게시판에는 언론사들이 내건 구인 공고와 채용 담당자 연락처가 빼곡히 붙어 있었고, 담당자들은 틈틈이 구직자들과 티타임을 하며 대상을 물색했다. 한 담당자는 "상사가 우리를 여기에 보낸 이유 중 하나는 회사에 관심이 있는 사람이 있는지 찾아보기 위한 것"이라고 말했다.

NICAR 콘퍼런스의 커리어 세션에서 다음과 같은 이야기를 들었다. 어느 기자는 대학 시절 미국탐사보도기자협회가 여는 콘퍼런스에 매년 참석하며 기자들과 네트워킹을 하기 위해 노력했다고 한다. 매번 웹사이트를 통해 콘퍼런스에 참석하는 언론사를 사전에 파악하고, 관심 있는 언론사 인사들에게 자신이 참석한다는 것을 알리며 혹시 콘퍼런스에서 만나 커피를 한잔할 수 있냐고 물었다고 한다. 그렇게 매년 만나는 기자들만 해도 훌륭한 자산이 되었다고 한다.

저널리즘 스쿨들은 너 나 할 것 없이 언론계 인사들과의 네트워크에 심혈을 기울인다. UC버클리 저널리즘 스쿨과 연계된 탐사보도 기관인 〈탐사보도프로그램〉은 매년 개최하는 로건(Logan) 탐사보도 심포지엄에서 '멘토십 세션'을 운영한다. 저널리즘 스쿨 학생들과 그들의 멘토가 되기로 동의한 기자들이 네트워킹을 하고 커리어에 대한 조언을 나누는 자리다. 뉴욕대 저널리즘 스쿨에서는 기자들과 대학원생들의 네트워크 행사인 '미디어 밍글

(Media Mingle)'을 매년 개최한다.[95] 학생들이 저널리스트들과 프로듀서들, 에디터들과 만나 음식과 음료를 마시며 대화를 나누는 자리다. 학교에서는 웹사이트에 참가자들의 이름과 사진, 소속뿐 아니라 트위터, 링크드인, 웹사이트 등을 표시해 지속적으로 교류할 수 있도록 하고 있다. 보다 직접적인 구직 행사인 '잡 페어'를 여는 곳도 있다. 컬럼비아 저널리즘 스쿨은 미국에서 가장 큰 저널리즘 잡 페어인 '커리어 엑스포'를 매년 연다.[96] 전통 매체부터 디지털 스타트업까지 다양한 언론사들이 참가하는데, 2019년 기준으로 158개 매체가 참가했다고 한다.

일상적으로는 각종 소모임을 통해 네트워킹을 촉진한다. 저널리즘 스쿨에는 수많은 소모임이 있는데, 비슷한 배경이나 관심사를 가진 사람들이 교류하며 도움을 주고받는 자리다. 관심사에 따라 네트워킹이 세분화된 것인데, 단순히 어울려 노는 게 아니라 함께 커리어 행사를 기획하고 구직 관련 역량을 키운다.

UC버클리 저널리즘 스쿨에도 여러 소모임이 있었다. 소모임 중 협회의 지부들은 언론사 소속 기자들이 가입해 있는 다른 지부와 연결돼 있었다. 아시아계미국인기자협회 버클리지부의 경우 샌프란시스코지부 소속 기자들과 교류하곤 했다. 소모임들은 다음과 같았다.

· · · · · · · · · · · · · · ·
95. Arthur L. Carter Journalism Institute. Media Mingle 2019,
     https://journalism.nyu.edu/career-services/media-mingle/media-mingle-2019/
96. Columbia Journalism School. Career Expo 2020,
     https://journalism.columbia.edu/career-expo

- 전국히스패닉기자협회(National Association of Hispanic Journalists · NAHJ) 버클리지부
- 전국흑인기자협회(National Association of Black Journalists · NABJ) 버클리지부
- 아시아계미국인기자협회(Asian American Journalists Association · AAJA) 버클리지부
- LGBTQ 기자협회(The Association of LGBTQ Journalists · NLGJA) 버클리지부
- 미디어의 여성들(Women in Media · WIM)
- 공평 및 포용(Equity and Inclusion)

미국에서는 저널리즘 스쿨에 다니거나 그곳을 갔다는 것만으로도 엄청난 네트워크에 연결되는 것과 매한가지다. 이런 까닭에 저널리즘 스쿨의 혜택은 학위가 아닌, '그곳에서 둘러싸이는 환경과 그곳에서 만나는 사람들'이라는 이야기도 회자된다. 학생들이 업무적으로 만나는 모든 사람들에게 깊은 인상을 남기고, 관계를 쌓는 데에 많은 노력과 에너지를 쏟는 이유다.

관계의
매너를 익혀라

저널리즘 스쿨에 다닐 때 〈Pac-12 네트웍스〉라는 매체의 기자들이 학교에 찾아오는 일이 있었다. 스포츠 분야 취재와 동영상 제작 등을 할 사람을 모집하기 위함이었는데, 방문 일정은 학생들과 대화를 나누는 '리셉션'과 고용 기회에 대해 설명하는 '프레젠테이션'으로 계획돼 있었다. 행사 전, 커리어 담당자는 방문자들의 이름과 사진, 이력 등이 담긴 정보를 배포하며 말했다.

"비즈니스 캐주얼을 입고, 채용 담당자들에게 줄 이력서를 두세 장 가져오는 것이 좋습니다.(아래에 그들의 약력을 첨부했으니 참고하세요.) 여러분이 누구와 이야기 나누는지를 기억하고, 오늘 밤이나 내일 감사 이메일을 적을 때 그 대화를 언급할 수 있도록 하세요. 10초간의 엘리베이터 스피치를 적어서 기억할 것도 추천합니다. 이런 형식의 채용 행사에서는 첫인상이 중요하기 때문입니다.(그들은 기본적으로 여러분을 인터뷰하고 있는 겁니다.)"

저널리즘 스쿨에서는 외부 언론인이나 채용 담당자를 자주 초청했는데, 그때마다 동반하는 게 있었다. 그들과 어떻게 업무적인 관계를 맺어야 하는지 안내하고 실천을 독려하는 것이었다. 행사 전에는 무엇을 준비해 와야 하는지 알려주고, 행사가 끝난 뒤에는 방문자의 동의를 받아 그들의 연락처를 공유하면서 어떤 식으로 연락을 취해야 하는지 안내하곤 했다.

한번은 '내러티브 글쓰기 피칭 워크숍'이라는 행사가 예정된 적이 있었다. 〈와이어드 매거진〉, 〈캘리포니아 선데이 매거진〉, 〈샌프란시스코 매거진〉 등 잡지사 에디터들과 기자들이 기사 피칭에 대해 조언을 해주는 자리였다. 학교에서는 행사를 한 주 앞두고 이렇게 공지했다.

"에디터들은 각 언론사에 적합한 기사 아이디어와 프리랜서 기자들을 찾고 있습니다. 아직 피칭을 할 준비가 되지 않았더라도 모두가 참석해 이야기 듣는 것을 환영합니다. 이 워크숍에서 기사 아이디어를 피칭하면 여러분은 그들이 같이 일하고 싶어 하는 사람으로 돋보일 것입니다. 그들이 여러분의 피치(pitch · 기사 제안)를 좋아하면 해당 잡지들 중 한 곳에 기사를 발간하며 돈도 받을 수 있습니다. 피치가 채택되지 않는다고 하더라도 미래에 성공적인 피치들로 이어질 귀중한 피드백을 얻을 수 있습니다. 그러니 용감하게 최선을 다하세요!"

행사를 하루 앞두었을 때, 학교에서는 재차 이렇게 강조하는 공지를 보냈다.

"각자의 피치들을 가져오세요! 강력한 피치가 있다면 그들이 여러분과 함께 일하고 싶어 할 가능성이 매우 높습니다. 섣부른 피치를 가져오는 것도 괜찮습니다. 그것을 어떻게 더 발전시킬지에 대해 강력한 피드백을 얻을 것입니다. 이것은 미래에 돈을 받고 기사를 발간하는 것의 첫 출발을 할 가장 좋은 방법 중 하나입니다!"

워크숍이 끝난 뒤, 또다시 공지가 왔다. 참석자들의 연락처와 함께 이렇게 적혀 있었다.

"어제 워크숍에 참석한 모든 사람들에게 감사드립니다. 감사 메시지와 함께 새로운 아이디어나 수정된 피치 아이디어를 패널리스트 중 일부 또는 모두에게 보내세요."

비즈니스 네트워킹에도 매너와 전략이 있다. 누군가와 네트워킹을 할 기회를 얻는 것 못지않게, 네트워킹을 어떤 식으로 해야 기회를 잡을 가능성이 높은지 아는 것도 중요하다. 저널리즘 스쿨에서는 외부 언론인과 다리를 놓아주는 데 그치지 않고 관계를 효과적으로 맺을 수 있도록 조언을 해 주곤 했다. 네트워킹 행사에 오거나 포트폴리오 리뷰에 나서는 등 학생들에게 도움을 주기 위해 나선 언론인으로부터 앞으로 후속 멘토링을 해주겠다는 동의를 받고, 학생들에게 "이런 기회를 프로페셔널 네트워크를 확장하는 계기로 삼으라"고 독려하는 식이었다.

만남에 있어서 세세한 팁을 알려주거나 코칭을 하기도 했다. 이를테면 커리어와 관련해 만난 사람들을 별도의 리스트로 만들어 주기적으로 관리하고, 최근에 만난 사람에겐 반드시 이른 시일 내에 이메일을 보내라고 조언했다. 커리어 담당자는 이렇게 말했다.

"커리어 패스를 도와준 프로페셔널들에게 이메일로 감사 노트를 보내는 것을 기억해 주세요. 이것은 동문, 인터뷰어, 발표자, 지도 교수, 커리어 계획과 구직 전망에 대해 여러분과 연락한 어느 누구도 포함됩니다. 이런 사람들은 이제 여러분이 가진 프로페셔널 네트워크의 일부입니다. 여러분의 모든 프로페셔널 연락망에 대한 스프레드시트를 만드는 것은 좋은 생각입니다. 몇 주마다 연락해 다정한 메시지와 함께 최근 여러분이 발간한 작품 링크, 상대방이 좋아할 만한 작품 링크, 또는 상대방이나 상대 언론사가 최근 발간한 것에 대한 칭찬을 보낼 것을 추천합니다."

매너는 훈련을 통해 체득하는 것이다. 체화되지 않았다면 놓치는 순간이 있을 수밖에 없다. 이런 까닭에 학교에서는 커리어 관련 행사가 있을 때마다 일일이 이메일을 보내 상대방에게 감사 메시지를 보낼 것을 독려하곤 했다. 이를테면 〈NBC〉 채용 담당자들이 찾아와 인턴 채용을 위한 면접을 했을 때, 커리어 담당자는 면접에 응한 학생들에게 이렇게 안내했다.

"오늘 면접을 봤다면 면접관에게 내일까지 감사 노트를 보내도록 하세요. 이메일은 **입니다. 그리고 그동안 프로페셔널한 연락을 주고받았거나 여러분에게 좋은 말을 더해줬거나 여러분의 레퍼런스가 되겠다고 동의한 사람들에게도 이메일을 꼭 보내도록 하세요. 감사 노트는 커리어에 대해 이야기할 때마다 매번 발송하도록 하고, 24시간 이내에 보내도록 하세요."

저널리즘 스쿨을 방문한 언론인이라면 학생들로부터 무수한 감사 이메일을 받았을 것이다. 학교에서 모든 행사가 있을 때마다 비즈니스 매너와 관련된 당부를 공지했기 때문이다. 이 같은 당부는 학생들이 네트워크를 통해 양질의 일자리를 얻을 가능성을 높일 뿐 아니라 고용주에게 해당 저널리즘 스쿨에 적극적인 태도를 갖춘 우수한 재원이 있다는 것을 각인시킬 수 있을 것이었다. 커리어 담당자는 고용주들에게 감사 메시지를 보낼 것을 독려하면서 이렇게 말했다.

"여러분 모두는 고용주에게 깊은 인상을 남기고 그들이 가장 좋은 채용을 하기 위해 버클리에 와야 한다는 것을 확신시키는 데에 있어서 훌륭한 일을 하고 있습니다!"

네트워크 매너와 전략이 필요한 것은 그것이 인맥이나 연줄처럼 '주어지는' 것이 아니라 '육성되는' 것이기 때문이다. 커리어 초기부터 네트워크가 많은 사람은 거의 없다. 언론계 초년생들은 대부분 비슷한 출발선에 놓인다. 얼마나 현명하게 네트워크를 만들고 잘 관리하느냐에 따라 구직이나 이직 시에 도움을 받을 수 있는 사람의 범위가 달라진다.

저널리즘 스쿨에 다니는 것은 프로페셔널로서 어떻게 행동하고 관계를 맺어야 하는지 종합적인 '사회화'를 거치는 과정이기도 하다. 그것을 얼마나 따를지는 자유지만, 어떻게 행동하는 것이 고용주나 네트워킹 상대방에게 좋은 인상을 남겨서 양질의 일자리로 이어지는지 아는 것은 분명한 경쟁력이 된다. 메모 하나, 행동 양식 하나까지 코칭 받은 기자들과 만나거나 일해 본 사람은 명확한 차이를 느낀다. 이것은 보이지 않지만 강력한 힘이다.

학점보다
레퍼런스를 관리하라

저널리즘 스쿨에서 교수나 강사들이 학생들에게 종종 하는 말이 있다. "우리는 앞으로 여러분의 레퍼런스(reference)가 될 것이며, 기사 과제에 어떻게 임했는지 솔직하게 이야기할 것"이라는 말이다. 여기서 말하는 레퍼런스는 일종의 '추천인' 같은 개념인데, 구직자의 업무적인 역량과 자질에 대해 상세하게 이야기해 줄 수 있는 프로페셔널이라고 할 수 있다.

미국 언론계에서는 구직 전반에 레퍼런스가 요구되는 경우가 많다. 수많은 지원자 중에 옥석을 가려낼 수 있는 유용한 역할을 하기 때문이다. 언론사 중에는 구직자에게 레퍼런스의 신상을 제출할 것을 요구하는 경우가 적지 않은데, 지원자가 유력 후보자가 되면 연락해 평판을 검증하기 위함이다. 세 명 정도의 이름과 소속, 연락처 등을 요구하는 경우가 보편적이라 애초부터 이력서에 레퍼런스의 이름과 연락처 리스트를 적기도 한다. 이를 넘어서 레퍼런스로부터 추천서를 받아 제출하라고 요구하는 경우도 있다. 추천서는 말 그대로 '추천서(Letter of Recommendation)'라고도 불리지만, '레퍼런스 레터(Reference Letter)'라고 불리기도 한다.

한국 언론계에서도 기자들이 이직을 할 때 고용주 측에서 당사자의 주변인을 통해 평판을 조회하는 경우가 있다. 하지만 미국만큼 커리어 초기부터 레퍼런스가 뿌리 깊게 전체적으로 작용하진 않는다. 미국 언론계는 경력 기자의 이직뿐 아니라 인턴 채용에 있어서도 레퍼런스를 요구한다. 아무런 레퍼런스가 없는 사람이 일자리를 얻는 것은 보기 어렵다.

국내에서는 레퍼런스라는 개념을 이해하기 쉽지 않다. 잘못 이해하면 레퍼런스는 '연줄'을 통해 기회를 얻는 것으로 보이겠지만, 연줄과 레퍼런스는 다음과 같은 면에서 구별된다.

첫째, 레퍼런스는 '빼어난 사람'이 '빼어난 사람'을 추천하는 것이다. 어느 한쪽이라도 빼어나지 않으면 레퍼런스는 효력이 없다. 단지 '괜찮은 사람'인 것은 충분치 않다. 제대로 된 이력이 없는 레퍼런스를 내세우는 것은 효용이 없고, 가까운 사이라도 정말로 훌륭하다고 평가하는 사람이 아니라면 레퍼런스가 돼주지 않는다. 실력은 금세 드러나는 만큼, 인간적으로 친해도 역량이 검증되지 않았거나 자신의 평판을 먹칠할 것 같은 사람은 추천하지 않는 것이 불문율이다. 구두건 서면이건 누군가를 추천할 시간을 내준다는 것은 무거운 의미를 갖는다.

둘째, 고용주 입장에서 레퍼런스는 추천을 통해 기회를 준다는 개념이 아니라, 기회를 줄 만한 후보군을 제삼자를 통해 '검증'한다는 개념에 가깝다. 수많은 실력자 중에 함께 일할 만한 후보자의 실력을 크로스 체크한다는 것이다. 모든 구직자들은 자신을 훌륭한 인물로 홍보한다. 레퍼런스는 서류에서 말하는 훌륭함이 진실인지 확인할 수 있도록 한다. 이런 까닭에 레퍼런스가 단일 인물인 경우는 거의 없다. 통상 세 명의 레퍼런스가 요구되곤 한다. 레퍼런스 자체만으로 일자리를 얻을 순 없지만, 실력을 전제한다면 레퍼런스는 든든한 우군이 된다.

셋째, 누군가의 레퍼런스가 되었다면 정직하게 당사자에 대해 이야기해야 한다. 레퍼런스가 위력을 발휘하는 것은 그것이 설탕 발림이 아니라 진실하기 때문이다. 통상 구체적인 일화나 근거를 들어 당사자에 대한 경험과 평가를 이야기하며, 그렇지 않으면 신뢰받지 못한다.

저널리즘 스쿨에서는 레퍼런스라는 단어를 귀에 못이 박히도록 듣는다. 언론사의 인턴십에 지원하거나 구직할 때는 물론이고 학내 기회에 도전할 때도 레퍼런스가 요구된다. 교수나 강사는 학생들로부터 레퍼런스가 돼주거나 추천서를 써달라는 요구를 정말로 많이 받는다. 그래서인지 한 강사는 이와 관련해 어떻게 요청하는 게 좋을지 다음과 같이 조언했다.

- *추천서 작성은 제출 기한을 최소한 2주 앞두고 부탁해야 하며, 다음과 같은 정보를 포함해서 보내야 합니다: 해당 매체의 이름과 누구에게 보내야 하는지(이름, 주소, 직위), 추천서는 어떤 형식(종이, PDF 등)이어야 하며, 어떤 방식으로 보내야 하는지(우편, 이메일, 온라인 형식 등), 여러*

분이 왜 그것에 지원하며 그것이 어떻게 커리어 목표를 충족하는지에 대한 정보, 제출 기한, 최신 이력서.

- 과거 에디터, 선생, 업무 감독자, 또는 여러분과 밀접하게 일한 다른 저널리즘 스쿨 강사 등 추천서를 써줄 만한 여러 인물을 여럿 준비해 두십시오. 저는 취재 수업 강사로서 여러분의 전반적인 취재 기술과 결과물의 질, 취재 분야에서 수행한 일의 깊이, 수업 참여도, 마감 시간을 맞추는 기술, 다른 큰 그림 등을 이야기할 수 있습니다. 그런데 어쩌면 여러분은 동영상 저널리즘 강사가 동영상 기술에 대해 적어주길 원할 수 있고, 과거 고용주나 인턴십 감독관이 직원으로서의 업무 결과물을 이야기해 주길 바라거나 학부 때 교수나 논문 지도 교수가 수업에서의 성과에 대해 이야기하길 바랄 수도 있습니다. 따라서 추천서는 한 사람이 아닌 여러 사람에게 요청하는 것이 좋습니다.

- 추천서가 필요하지 않고 전화로 일자리 레퍼런스가 되어줄 사람이 필요하다면 그건 엄청나게 쉽습니다. 그렇게 해도 괜찮을지 확인하고, 동의를 받는다면 제 연락처를 고용주에게 보내십시오. 여러분은 이런 경우를 앞으로 수도 없이 만나게 될 것입니다. 저의 도움이 필요하다면 저에게 모르는 전화가 왔을 때 그것이 어떤 연락이며 제가 왜 연락을 받아야 하는지 알 수 있도록 사전에 설명해 주세요.

저널리즘 스쿨 학생에게 교수나 강사는 레퍼런스로 작용할 수밖에 없다.

학생이 레퍼런스가 되어달라고 부탁하기도 하지만, 언론사에서 채용 과정에 그들에게 문의를 하는 경우도 있기 때문이다. 그것은 학점보다 무서운 것이다. 재학 당시 기사의 데드라인을 못 맞췄다거나 불성실하게 업무에 임했다는 것이 구직 시장에서 언급될 수 있기 때문이다. 학생들은 학점 때문이 아니라 레퍼런스와 포트폴리오 때문에 열심히 일한다고 해도 과언이 아니었다. 포트폴리오는 데드라인을 엄격하게 지키지 않아도 잘 만들 수 있지만, 레퍼런스는 지속적으로 잘 관리해야 유용하게 활용할 수 있다. 취재 수업 강사는 이렇게 말한 적이 있다.

"여러분은 노력과 생산성, 업무 결과물의 질, 전반적인 발전, 출결, 수업 참여, 다양한 미디어를 통한 과제 수행 등에 따라 학점을 받을 것입니다. 수업에는 시험이 없으며, 매주 부여되는 과제와 기말 프로젝트가 있습니다. 하지만 실전 저널리즘의 세계에서는 학점에 대해 신경 쓰지 않습니다. 미래 고용주가 신경 쓰는 것은 학점이 아닌 제가 추천서를 통해 또는 업무 레퍼런스로서의 대화를 통해 제공하는 직설적인 평가입니다. 여러분은 일자리나 인턴십뿐 아니라 조교 일이나 여행 보조금, 장학금, 또는 다른 기회를 위해서도 평가를 필요로 할 것입니다. 이런 평가는 아주 솔직할 것입니다. 업무 결과물이 엉성하고 부정확하고 늦거나 무언가가 결여돼 있거나, 출결이나 수업 참여 또는 프로페셔널로서의 행동에 문제가 있다면 평가에 언급될 것입니다."

국내 기자들이 언론사 입사나 이직에 있어서 중요하게 생각하는 것은 '시험'과 '면접'이다. 시험과 면접은 '그 순간' 잘하는 것이 필요하지만, 레퍼런스는 평상시에 좋은 인상과 평판을 얻는 것이 중요하다. 전자는 운도 따라 줘야 하지만, 후자는 지속적이고 철저한 자기 단련과 책임 있는 태도 없이는 불가능하다. 이런 까닭에 레퍼런스의 존재는 끊임없이 치열하게 일하도록 하는 추동력이 된다. 구직 자체를 넘어서 그것에 도달하는 과정에 있어서 상당한 위력을 발휘하는 것이다.

저널리즘 스쿨 학생들은 대다수가 학점 그 자체에는 별 관심이 없다. 언론계에서의 구직에 학점은 별다른 효용이 없기 때문이다. 그럼에도 불구하고 학생들이 수업에 임하는 적극성과 제작에 쏟는 노력은 상상 이상이다. 그들은 점수나 성적표가 아닌, 업무 성과와 보이지 않는 평가를 염두에 둔다. 그것이야말로 그들이 치열하게 일하는 자극이자 촉매가 된다.

동료는
최고의 자산이다

저널리즘 스쿨 합격 직후, 학교에서는 입학 예정자들과 재학생을 'J팔(저널리즘 스쿨의 펜팔이라는 의미)'로 맺었다며 리스트를 보냈다. 파일에는 한 해 먼저 입학한 학생들과 입학을 허가받은 사람들의 리스트와 함께, 각자의 이메일 주소가 적혀 있었다. 당시 J팔로 소개받은 재학생은 멀티미디어를 세부 전공하는 학생이었는데, 그에게 간단히 이메일을 보냈다. 그런데 생각지도 못한 수준으로 길고 상세하며 친절한 이메일이 왔다. 이를테면 수업에 앞서서 준비할 것이 무엇이냐는 질문에 대한 답변의 일부는 다음과 같았다.

- 동영상 스토리를 만들기 위해 카메라를 사용해 본 적이 없다면 핸드폰을 사용해서라도 카메라와 익숙해지는 걸 추천합니다. 촬영 연습은 스토리에 정말 핵심적이고, 단순히 기본을 아는 것만으로도 당신에게 엄청난 혜택이 될 것입니다. 카메라 조작법을 아는 것은 학교생활을 시작할 때 요구 조건이 아니지만, 이것은 솔직히 많은 학생들이 첫 학기에 고군분투하는 것이기도 합니다. 이 링크는 대부분의 1년 차들이 사

용하는 카메라에 대한 온라인 강의로 참고하면 도움이 될 것입니다.

- 소프트웨어를 아는 것은 정말로 유리한 입지를 가져다줄 것입니다. 그러니 시간이 된다면 어도비 오디션, 프리미어, 라이트룸을 익힐 것을 추천합니다. 비디오 에디팅에서 어떻게 제목 카드를 놓는지, 오디오에서 어떻게 소음을 제거하는지에 대한 어려움을 해결하는 데 도움이 될 것입니다. 이것은 기술적인 것을 해결하기 위해 머리를 쥐어뜯는 대신 기사에 집중하는 데 시간을 쓰도록 할 것입니다.

- *(이미 당신에게 많은 숙제를 줬지만)*가벼운 책 읽기로 이 책을 추천합니다: 《멀티미디어 저널리즘의 원칙》. 이것은 '뉴미디어 저널리즘 세계'가 무엇인지 더 깊은 이해를 하도록 도와줄 겁니다.

이것은 단순히 합격자를 유치하기 위한 일회성 이벤트가 아니었다. 학생들이 연결돼 서로 도움을 주고받는 것은 저널리즘 스쿨 전반에 흐르고 있는 시스템과 문화였고, 원칙이었다. 교수들은 새로운 기술을 가르칠 때, 역량이 다른 학생들로 팀을 구성하고 모르거나 익숙하지 않은 것을 동료로부터 배우도록 했다. 이를테면 멀티미디어 뉴스 제작을 처음 배울 때, 교수는 각기 다른 전문성을 가진 수강생들로 팀을 구성한 뒤 모르는 것을 서로 가르쳐주며 부족한 점을 보완하도록 했다. 교수나 강사가 현장에 일일이 따라다닐 수 없는 만큼, 현장에 함께 나가는 동료들은 체크해야 할 것과 놓친 것을 하나하나 살펴보면서 '두 번째 눈'이 되어 주었다.

학교에서는 업무의 모든 과정에 있어서 동료의 도움을 활발히 받도록 했다. 1년 차 학생이 무언가를 배우는 커리큘럼에서는 항상 2년 차 학생이 보조로 나섰다. 교수는 말했다.

"우리도 여러분을 도울 것이지만, 2년 차들을 고용해 우리가 함께 할 수 없을 때 여러분 옆에 앉아서 질문에 답변하고 도와주도록 했습니다. 길을 잃었으면 질문하는 것을 두려워하지 마십시오. 이것은 경쟁이 아닙니다. 협력하고 공유하고 실패하는 것입니다. 이 모든 것은 여러분에게 도움이 될 것입니다. 우리가 고칠 수 없는 문제는 없으니 두려워할 게 없습니다."

동료들의 도움은 시스템적으로 구축돼 있었다. 어떤 분야에 숙련된 기술이나 경험을 가진 학생들은 지원 절차를 거쳐 학교의 '펠로(Fellow)'로 선정됐는데, 매주 일정 시간 다른 학생을 돕고 학교로부터 금전적인 보상을 받았다. 펠로 시스템은 꽤나 체계적이었는데, 매주 펠로별로 다른 학생을 도와줄 수 있는 시간대가 언제인지를 망라한 자체 웹페이지가 있었다.

펠로들은 학교로부터 받는 보상이 정해져 있는 만큼, 정해진 시간을 캠퍼스에 머물며 누군가를 도우면 된다. 저널리즘 스쿨에서는 각자 할 일도 많으니 도울 사람이 없어 보이면 편하게 지낼 수도 있을 것이다. 그런데 펠로들은 각자의 업무 스케줄을 공개하는 것을 넘어서 적극적으로 학생들에게 연락하면서 도울 대상을 찾았다. 자신이 어떤 분야를 도와주는 펠로이며 어느 시간대에 일하는지 소개할 뿐 아니라 지정된 시간대에 잠시라도 자리를 비울 경우 어디서 자신을 찾을 수 있는지를 알리는 식이었다. 매일같이 왔던 알림 메일 내용 일부는 다음과 같았다.

"학교의 기술적인 부분이나 여러분의 개인 기기와 관련해 질문이 있으면 언제든 이메일로 연락주세요. 제가 답을 알지 못하는 질문도 있겠지만 그런 경우에는 답을 아는 사람을 압니다. 시급한 질문이 있다면 제 휴대 전화번호는 xxx-xxx-xxxx입니다."

"영상 편집, 촬영, 기기, 기사 구조, 카메라 업무 등에 대한 질문이 있다면 답변하기 위해 인근에 있겠습니다. 저를 못 찾으면 문자하세요."

"저는 멀티미디어 펠로이고, 동영상 및 글쓰기 경험이 있습니다. 문자를 해도 되고, 어떤 질문이라도 환영합니다!"

재학생 사이에서 '서로 돕는 것'은 제도적인 차원을 넘어서 문화에 가까웠다. 밤이 늦도록 학교에서 일하고 있노라면 주변에 있는 학생들이 "혹시나 도움이 필요한 게 없느냐"고 묻곤 했다. 동영상이든 오디오든, 전문적으로 아는 분야가 있다면 그것을 제작하는 동료들에게 어떤 도움이라도 주기 위해 적극적으로 나서는 것이다. 이것은 학교에서 보상을 받는 펠로 차원을 넘어선 것이었다. 학생들은 펠로 여부와 관계없이 너도나도 누군가를 도울 수 있을지 적극적으로 탐색했다. 신입생 당시, 2년 차 재학생이 이런 이야기를 한 적이 있다.

"이곳에서 서로 도움을 주는 문화는 엄청납니다. 이곳에서 만나는 모든 사람들은 우리가 성공하길 원하는 것을 넘어서 '정말로' 성공하길 원합니다. 때때로는 '당신도 삶이 있는데 왜 밤 11시 반에 나를 도와주느냐'는 생각이 들어서 깜짝깜짝 놀라지요. 그런 사람들에게 2년을 둘러싸이는 것은 아주 엄청난 일입니다."

바로 거기에 비밀이 있다. 동료를 돕는 것은 동료가 '정말로 성공하기를' 바라서이고, 그것은 동료가 성공할수록 자신도 성공할 가능성이 높기 때문이다. 뛰어난 사람과 네트워킹을 할수록 좋은 기회가 흘러올 가능성이 높고, 커리어에 있어서 든든한 발판이 된다. 도움은 단순 선의가 아닌, 전략적인 네트워킹이다. 동료는 눈에 보이는 가치를 넘어서 미래 가치를 내다봐야 하는 훌륭한 투자 자산이라는 것이다. 입학 초기, 한 교수는 동영상 촬영과 편집을 가르치면서 이렇게 말한 바 있다.

"여러분 중에는 이런 모든 것을 아는 사람도 있을 것입니다. '이미 아는데 ABC와 1+1을 배우고 있네'라고 생각할지도 모릅니다. 동료를 도우십시오. 뒤에 앉아서 팔짱을 끼고 '난 다 알아'라고 하지 말고 동료를 도우라는 겁니다. 이곳을 졸업하고 나면 이 사람들이 여러분을 고용할 사람들이고 여러분이 고용할 사람들이기 때문입니다. 이곳을 졸업한 〈LA타임스〉 사람과 통화를 하면서 '이 기사를 발간해야 돼요'라고 말할 수도 있고, 〈뉴욕타임스〉에 있는 사람과 통화를 하면서 '훌륭한 기자가 있는데 채용 기회가 있나요?'라고 물을 수도 있습니다."

동료의 성공과 동료와의 관계는 저널리즘 스쿨에서 중요한 부분이다. 학생들의 만남은 밥 먹고 술 먹는 모임이 아니라 '네트워킹'이라는 개념이 중심에 있다. 서로 무슨 기사를 제작하고 어떤 것을 배우고 있는지, 지향하는 커리어는 무엇이며 무슨 고민을 하는지 진지하게 이야기를 나눈다. 전제는 상대방이 언제 나의 상사나 동료가 될지 모른다는 것이다.

재학생 간의 네트워킹 행사는 정말로 많았는데, 오죽했으면 매주 그 주의 네트워킹 행사를 비롯한 주요 일정을 학내에 공지하는 학생이 지정돼 있을 정도였다.

네트워킹은 커피나 저녁 자리 등 공식 수업 시간을 벗어나 저녁이나 휴일 같이 '커리큘럼 밖의' 시간대에 실시되는 경우가 많았다. 그럼에도 불구하고 교수진은 가능한 한 모든 자리에 참석할 것을 권유했다. 단순히 노는 자리가 아니라, 커리어의 성공과 직결되는 자리이기 때문이다. 한 강사는 이렇게 말했다.

"곁에 있는 동기가 3년 뒤에는 당신의 상사가 될 수도 있습니다. 심지어 3년 뒤에 우리가 일자리를 잃으면 당신이 우리의 고용주가 될 수도 있습니다. 누가 어떻게 될지 모르니 관계를 잘 맺어두십시오. 학생들끼리 어울리는 자리가 있으면 아무리 바빠도 무조건 가십시오."

보완적인
파트너와 손잡아라

미국에서 취재를 하면서 취재원의 집에서 심층 인터뷰를 진행하고 녹화할 일이 있었다. 비주얼 저널리스트인 동기에게 촬영을 부탁했더니, 촬영 당일 조명을 설치하고 장소를 세밀하게 점검해 주었고, 인터뷰가 진행될 때는 헤드폰을 끼고 카메라를 체크하며 촬영해 주었다. 인터뷰 도중, 취재원에게 가족과 관련된 질문을 했다. 취재원은 돌아가신 어머니를 이야기하며 감정이 먹먹해져서 눈물을 흘렸다. 그가 어머니에 대해 이야기하고 눈물을 닦을 때, 다음 질문을 시작하려고 했다. 운을 떼려던 순간, 동기가 목소리를 낮추고선 말했다.

"쉿!"

그는 검지로 입을 가리는 모양새를 보였다. 취재원이 감정을 추스르는 모습을 담아야 하니 질문을 멈춰달라는 것이었다. '아차' 싶었다. 글로 쓸 내용을 얻는 것만 생각하고 시각적인 요소를 생각지 못했던 것이다. 질문을 멈추자 취재원은 여운을 충분히 남겼다. 이윽고 동기는 인터뷰를 재개해도 좋다는 사인을 보냈다. 그 순간을 인터뷰 동영상에 담았는데, 추후 정말로 감동적이라는 호평을 받았다. 전문성을 지닌 동기와 협업했기에 담을 수 있던 장면이었다.

학교에서는 협업을 적극 권장했다. 서로 다른 전문성을 지닌 기자들이 협업하면서 각자가 놓칠 법한 것을 살펴보고 챙길 수 있게 하기 때문이다. 펜 기자는 사진 기자가 보지 못한 것을, 사진 기자는 펜 기자가 보지 못한 것을 볼 수 있다. 두 요소가 결합됐을 때 기사는 더욱 강렬하고 몰입도가 높아진다. 비주얼 저널리즘을 가르치는 교수는 이렇게 말했다.

"어떤 기자들은 그들이 제작하는 스토리의 핵심적인 요소를 잊어버립니다. 특히 시각적인 측면에 있어서 그렇습니다. 기사에 감정적인 콘텐츠가 결여돼 있습니다. 여러분이 찾아야 하는 것은 현재, 긴장감, 스토리텔링인데 카메라 앞에서 감정적인 행동이 개시되는 것을 말합니다. 감정을 담아내는 것이야말로 비주얼 스토리텔링이 잘하는 것입니다."

글 쓰는 기자와 비주얼 저널리스트는 서로 보완적이다. 취재에 있어서 보완적이고, 전달력에 있어서 보완적이다. 글 쓰는 기자는 단단한 글을 통해 '읽는 매력'을 선사하고, 비주얼 저널리스트는 현장을 시각적으로 포착해 '보는 매력'을 선사한다. 글로만 된 기사나 이미지로만 구성된 기사는 매력도가 떨어진다. 두 가지가 함께일 때 기사는 지루하지 않고 다채로워진다.

학교에서는 상시로 협업을 강조했다. 학생들이 서로 다른 기술이나 역량을 갖추고 있어서이기도 했지만, 보다 정확히 말하면 모든 취재 프로젝트에 시각적인 요소가 들어가야 했기 때문이다. 글로 된 기사만 잘 써서 될 것이라면 굳이 협업이 필요하지 않다. 그런데 시각적인 요소는 대체로 협업이 필요한 경우가 많다. 기사에 들어갈 사진이 필요한 것은 말할 것도 없고, 동영상의 경우에는 제대로 찍으려면 여러 사람이 필요하다. 제대로 된 작품을 만들려고 할수록 자신의 주특기와는 다른 전문성을 지닌 '보완적인 파트너'를 찾아야 한다.

언론사에서도 서로 다른 특기를 가진 기자들이 조를 이뤄 일하는 경우가 많다. 오늘날엔 인쇄 매체도 동영상 제작자를 대거 채용해 펜 기자와 함께 일하도록 하고, 이를 바탕으로 새로운 시도를 하고 있다. 〈샌프란시스코 크로니클〉은 에이즈 생존자들의 이야기를 다룬 멀티미디어 기사 《Last Men Standing》을 2016년 보도했는데, 이는 다큐멘터리로도 제작됐다.[97]

주요 프로젝트일수록 텍스트와 시각물이 모두 비중 있게 여겨진다. 한 교수는 "최고의 취재는 2명의 기자(펜 기자와 사진 기자)가 현장에 나갈 때 발생한다"는 이야기를 전하며 말했다.

"문을 두드리며 취재를 하는 사람은 펜 기자입니다. 문이 열리면 '안녕하세요, 저는 누구 기자고 이분이 제 사진 기자입니다'라고 소개하면 됩니다. 그걸로 끝입니다. 그러면 사진 기자는 취재를 시작합니다."

비주얼 저널리스트인 동기와 일을 하면서 그것을 몸소 체험했다. 취재원

97. Erin Brethauer & Tim Hussin(2016). Last Men Standing. San Francisco Chronicle, https://projects.sfchronicle.com/2016/last-men-standing-film/

을 섭외한 뒤 함께 찾아가 "이 사람이 사진 기자"라고 소개하자 정말로 새로운 막이 열렸다. 동기는 카메라를 들고 현장을 구석구석 따라다니면서 여러 각도로 대상을 포착했고, 다채로운 이미지를 확보해 주었다.

국내 언론계에서 흔히 회자되는 말이 "신문 기자는 단독으로 일하고, 방송 기자는 여러 사람과 일한다"는 것이다. 신문 기자는 글만 쓰면 되니 혼자 돌아다니면서 일하면 되고, 방송 기자는 화면이 동반돼야 하니 카메라 기자를 포함한 여러 직군과 일해야 한다는 것이다. 과거 인쇄 매체가 우세하던 시절에는 펜 기자가 단독으로 일해도 됐을지 모르나, 이제는 그렇지 않다.

오늘날 미디어 환경에서 혼자 일해서 최고의 작품을 생산해낼 수 있는 기자는 거의 없다. 한 사람이 글과 사진, 동영상 등을 담당하는 '멀티미디어 저널리스트'도 있지만, 혼자만의 힘으로 모든 요소를 최고의 품질로 끌어올릴 수 있는 경우는 드물다. 대규모 프로젝트의 경우 대개 각기 다른 전문성을 지닌 사람들이 공동으로 참여해 제작한다. 본인이 주특기로 할 분야가 특정돼 있더라도 다른 전문 분야를 배우고 해당 업무의 작동 방식을 알아야 하는 이유다.

제작팀을 구성할 때, 학교에서는 매번 경험과 업무 숙련도에 대한 설문조사를 실시해 다양한 구성원이 협업하도록 했다. 학생들은 협업을 통해 각자 부족한 부분을 서로 보완하면서 다른 전문가와 함께 일하는 방식을 배웠고, 타인과 소통하며 프로젝트를 발전시키는 역량을 키웠다. 각자 무엇을 주특기로 삼고 커리어로 지향하든, 그것만으로는 충분치 않았다. 익숙지 않은 분야를 배우고 다른 배경을 가진 전문가와 함께 일하는 것은 그것을 본업으로 삼지 않더라도 해당 역량을 지닌 사람과 협업하면 강력한 시너지를 낼 수 있기 때문이었다.

기자들이 취재 대상으로부터 다양한 면모를 포착하고 최고의 작품을 만들어 내고 싶다면 해야 할 것은 자명하다. 자신의 역량과 보완적인 파트너를 찾아 손을 잡아야 한다. 그것은 기사에 무엇을 더할 수 있을지 이해하고, 그 분야에 대해 일정 수준 이상의 이해를 갖는다는 것을 의미한다. 그러려면 다른 누군가로부터 배우고, 상대에게 무언가를 가르쳐줄 수 있어야 한다. 〈워싱턴포스트〉에디터를 지낸 마티 바론(Marty Baron)은 이렇게 말했다.[98]

"우리는 배우는 사람(learners)과 가르치는 사람(teachers) 둘 다가 될 사람을 찾고 있다. 전자는 우리가 항상 더 잘하고 더 많이 알기 위해 노력한다는 점에서다. 후자는 우리가 기존에 알지 못했던 무언가를 가르쳐줄 수 있다는 점에서다. 오늘날 저널리즘이 새로운 길을 개척하는 방식으로 이야기를 구현하기 위해 많은 동료들의 기술에 의지한다는 것을 감안할 때, 우리는 협업 정신을 찾는다. 구직자가 그것을 탑재하고 주도적으로 개발하는 증거를 원한다."

....
98. The Editors(2018). Help wanted. Columbia Journalism Review,
   https://www.cjr.org/special_report/what-hiring-editors-need.php

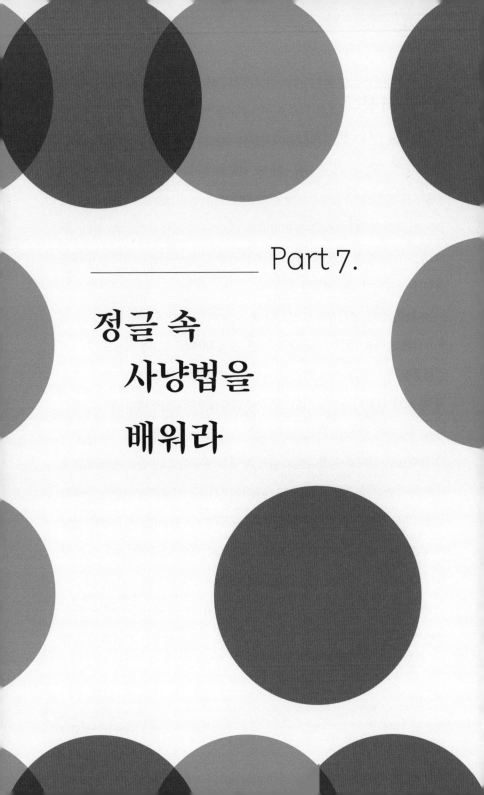

Part 7.

정글 속
사냥법을
배워라

피칭이
기본이다

저널리즘 스쿨의 입학 심사 면접은 당혹스러웠다. 면접관이 대뜸 이렇게 질문했기 때문이다.

"제가 당신의 에디터라고 생각하고 기사 아이디어 몇 개를 피치(pitch·기사 제안)해 보세요. 정말로 보도하고 싶은 것에 대해 이야기해 보세요."

언론사 입사 면접이나 편집 회의도 아닌, 대학원 입학 면접이었다. 갑자기 웬 기사 아이디어 제안이란 말인가? 더욱 놀라운 것은 면접관이 학교 소속이 아니라는 것이었다. 그는 저널리즘 스쿨을 10년 전쯤 졸업하고 미국의 한 탐사보도 매체에서 에디터로 일하고 있는 사람이었다. 입학 후에야 면접관의 배경과 질문에 담긴 의미를 이해하게 되었다. 저널리즘 스쿨은 철저히 '언론인의, 언론인에 의한, 언론인을 위한' 곳이다. 저널리스트로서의 역량과 잠재력을 평가해 학생을 선발하는 만큼, 언론인이 면접관으로 나선 것이었다.

연구 중심 대학원에서는 입학 때 흔히 언급되는 이슈가 지도 교수와 연구 방향성 등이 얼마나 맞을지를 의미하는 '핏(fit)'이다. 하지만 저널리즘 스쿨에서 특정 교수와의 핏은 중요하지도 않고 언급되지도 않는다. 지도 교수는 있지만 학생들에게 중요한 것은 교수와의 핏이 아니라 바깥세상인 언론계와의 핏이다. 교수는 학교 밖에서의 경쟁력을 길러주어야 한다.

바깥세상을 살아가는 데 있어서 기본적인 요소가 '피칭'이다. 미국 언론계에서는 기사 소재 제안을 '피치'라고 부른다. 무엇을 왜 어떻게 보도할 것인지를 요약해 제시하는 것이 바로 피칭을 한다는 의미의 '피칭(pitching)'이다. 이것은 취재보도의 출발점과도 같은데, 피칭을 잘하지 못하면 기사를 쓸 기회조차 얻지 못하기 때문이다. 피칭은 단순히 절차적인 과정이 아니라 기자로서 사안을 꿰뚫어 보는 능력과 판단력, 취재 정도를 보여주는 수단이기도 하다.

피칭은 기사 작성뿐 아니라 구직에서도 중요한 역할을 한다. 대부분의 기자들은 인턴십을 포함해 구직 과정에서 어떤 기사 프로젝트를 하고 싶은지 피칭하곤 한다. 언론사에서 일하는 동문이 인턴십에 대해 조언하면서 자신의 경험을 이렇게 말한 적이 있다.

"인턴 동기들은 모두 능동적이었어요. 자신이 하고 싶은 프로젝트에 대해 아이디어를 끊임없이 피칭했죠. 그곳에서의 3개월 동안 무엇을 할 수 있을지 피칭을 하면 좋을 것입니다."

한국에서는 기자 업무에서 제대로 된 피칭의 개념이 부재한 경우가 많다. 그도 그럴 것이, '기사 보고(혹은 발제)'라는 개념이 그날 무슨 기사를 쓸지 알리는 정도에 그친다. 적지 않은 기자들이 출입처에서 발생하는 이슈나 생산되는 보도 자료를 처리하기에 급급한 생활을 하는데, 이것은 미국의 피칭과는 거리가 멀다. 피칭이라 함은 나만의 소재를 발굴하고 중요성을 입증하는 것이다. 누군가가 과제를 주거나 이슈가 쏟아져 나오지 않고도 능동적으로 기사를 발굴하고 조직할 수 있는 기술이며, 스스로 기사를 개척하고 구성할 수 있는 역량이다.

국내에서도 기획보도나 탐사보도를 하는 취재팀이 소재를 발굴하고, 그것을 회사에 피칭하는 경우가 있다. 하지만 미국에서 특히나 피칭 문화가 발달한 이유가 있다. 언론사에 소속된 한국 기자들은 아이디어가 부실하더라도 에디터의 조언이나 조율 과정을 거쳐 무언가가 발간될 가능성이 높다. 설령 아이디어가 거절당하더라도 먹고 살고 일하는 데에는 지장이 없다. 반면 미국에서는 경쟁력 있는 피칭을 하지 못하면 커리어에 지장이 있다. 특히 언론사들이 프리랜서 등 외부인의 피칭도 받아 기사를 발간하는 까닭에 피칭 생태계가 굉장히 발달해 있다.

미국에서 프리랜서의 역할은 상당하다. 잡지에서는 기자들이 '객원기자 (contributing writer)'라는 명칭으로 프리랜싱을 하는 경우가 많은데, 피칭을 잘해야 일감을 얻으면서 커리어를 쌓고 수입도 얻을 수 있다. 제대로 된 기삿거리를 가져오고 이력이 쌓일수록 보상도 높아진다.

프리랜서 기자들의 피칭 노력은 굉장히 치열하다. 잡지에 기사를 싣고 싶다면 잡지를 여러 개 구독하면서 무슨 기사들이 어떤 형식으로 실리는지 탐구한다. 해당 잡지의 편집 방향에 맞추면서도 빈 곳을 채우는 제안을 하기 위해서다. 통상 기초 취재를 한 뒤에 피칭을 하는데, 게재를 거절당하는 경우도 많다. 여러 소재를 여러 언론사에 피칭하며 '분산 투자' 하는 이유다.

피칭이 얼마나 중요하냐면 기자들끼리 정보를 공유하는 생태계가 조성돼 있을 정도다. 기사로 발간된 피치들을 모은 '성공적인 피치들(Successful Pitches)' 웹사이트에서는 프리랜서 기자들이 매체, 피치 종류, 최종 결과물의 특성, 수락 전 소통 횟수, 이메일 제목, 피치 내용, 기사 길이, 기사 종류, 기사 URL, 기타 코멘트 등을 공유한다.[99] 과학·기술 기사들의 피치 데이터베이스인 오픈 노트북(The Open Notebook)이라는 사이트도 있고,[100] 언론사별 프리랜스 단가를 공유하는 '누가 기자들에게 비용을 지불하나?(Who Pays Writers?)'라는 사이트도 있다.[101] 스터디 홀(Study Hall)이라는 사이트[102]는 언론계에서의 피칭부터 노동 쟁의까지 다양한 자원과 팁을 공유한다.[103] 소니아 웨이서(Sonia Weiser)라는 프리랜서 기자는 '금주의 기회들(Opportunities of the Week)'[104]

· · · · · · · · · · · · · · ·

99. Stephanie Russell-Kraft(2020). Successful pitches shows freelancers the way. Columbia Journalism Review,
https://www.cjr.org/the_profile/successful-pitches-database-freelance.php
100. https://www.theopennotebook.com/pitches/
101. http://whopayswriters.com/
102. https://studyhall.xyz/
103. Stephanie Russell-Kraft(2020). Successful pitches shows freelancers the way. Columbia Journalism Review,
https://www.cjr.org/the_profile/successful-pitches-database-freelance.php
104. https://soniaweiser.wordpress.com/opportunities-of-the-week-newsletter/

이라는 뉴스레터를 만들어 매주 요청된 피치들을 모아 전달하고 있다.[105]

　저널리즘 스쿨의 취재 수업은 피칭으로 시작한다. 언론사 에디터에게 제안하듯이 피칭을 해야 기사 과제를 부여받을 수 있다. 취재 수업은 '피치 미팅'이라고 불렸는데, 수강생들은 사전 취재를 한 뒤 기사가 무엇에 관한 것이고, 왜 중요한 것이며, 어째서 시의성이 있고, 주요 취재원은 누구이며, 왜 특정 보도 수단을 선택했는지를 말할 수 있어야 했다. 행사를 취재한다면 그곳에 가도 되는지, 취재원이 있는지, 카메라를 들고 갈 수 있는지 등도 조사해 와야 했다.

　피칭은 모든 종류의 제작에 있어서 필수적으로 요구됐다. 동영상 제작에서도 마찬가지였다. 에디터는 실제 편집국에 피칭을 하듯이 다음과 같은 사항을 제출하도록 했다.

　　1. 제목/SLUG[106] : 본인의 프로젝트를 뭐라고 부를 겁니까?

　　2. 한 문장 피치: 스토리가 무엇인지 한 문장으로 묘사하십시오. 산뜻하고 기억하기 쉽고 호기심을 자아내게 작성하십시오. 고위 간부는 여러분이 무엇을 작업하고 있는지를 물을 것인데, 당신에게는 단 10초의

105. Stephanie Russell-Kraft(2020). Successful pitches shows freelancers the way. Columbia Journalism Review,
106. SLUG은 기사 제목을 한두 단어 정도로 짧게 축약한 것을 의미하는 언론계 용어다.

시간만 주어집니다.

3. *50자 피치*: 간략한 피치의 더 길고 더 사려 깊은 버전입니다. 만약 첫 버전이 칵테일 파티에서 누군가의 관심을 끌기 위해 하는 말이었다면, 이것은 커피를 사기 위해 줄을 서서 이야기하는 것입니다.

4. *500자 피치*: 마침내 기사를 구체화할 시간입니다. 여러분 자신이 무슨 말을 하고 있는지 분명히 하는 게 좋을 겁니다. 왜 지금 보도해야 하며, 어째서 이것을 신경 써야 하는지를 내비쳐야 합니다.

5. *맥락*: 기사의 배경을 묘사하십시오. 예를 들어 기사가 드리머들에 대한 거라면 드리머 법안의 현재 상태를 묘사하십시오. 기사를 더 잘 이해하기 위해 무엇을 알아야 합니까?

6. *기존 보도*: 이 주제를 취재한 또 다른 이는 누가 있으며, 그들은 무엇을 취재했고, 당신의 기사는 무엇이 다를 것입니까?

7. *주인공들*: 여러분이 이야기를 나눴거나 나눌 계획인 주인공들의 목록을 제공하십시오. 그들은 누구이며 왜 중요합니까?

8. *장면들*: 기사에서 무슨 일이 발생하는지 묘사하십시오. 독자들은 어떤 여정을 떠나게 될 것입니까? 우리가 무엇을 보게 될 것입니까?

9. *멘트들*: 여러분들은 이미 기사 주인공의 일부와 이야기를 나눴을 것입니다. 그들은 무엇이라고 말했습니까? 그들이 다른 매체와 이야기를 했다면 그들의 인용 문구 또는 멘트 원문을 이곳에 포함시키십시오.

10. *원하는 매체*: 이것이 발간되길 바라는 매체를 나열하십시오.

취재 수업에서 중요한 부분은 피칭 실력을 갈고닦는 것이다. 에디터들은 피칭 샘플을 갖고 와서 좋은 점과 나쁜 점을 설명하며 성공적인 피칭을 할 수 있도록 훈련을 시켰다. 학생들을 두 명씩 짝지은 뒤 모의로 피칭 연습을 시키기도 했다. '현재 미국의 이민정책이 지역사회에 미치는 영향'이라는 주제를 던져주고, 실전을 가장해 피칭을 해 보도록 하는 식이었다. 이 같은 연습으로 피칭 실력을 키워야 하는 것은 그것을 커리어에서 수없이 마주하기 때문이다. 에디터들은 "여러분이 하는 일에 돈을 주는 대상에게 피칭을 하는 것이니 잘해야 한다"며 진지하게 훈련을 시켰다. 피칭에 대해서는 내용뿐 아니라 다양한 요소를 조언했는데, 이를테면 다음과 같았다.

- '~와 같은(Kind of 및 Sort of)'이라는 말을 쓰지 마라. 모호하고 불분명한 태도로 얘기하면 취재가 덜 됐거나 본인도 답을 모르는 것처럼 보인다.
- 피칭을 할 때는 말을 우물쭈물하지 말고 눈을 쳐다보고 자신감 있게 말해라.
- 인터뷰이 섭외가 됐냐고 물어본다면 "현재 접촉하고 있으며, 안 될 경우 백업은 무엇이다"라고 답해라. "될지 안 될지 모른다"는 식으로 이야기해선 안 된다.
- 잘 안 되고 있는 점, 나쁜 점부터 이야기하지 마라. 왜 그걸 다뤄야 하는지부터 말해라.
- 다루고자 하는 내용이 중요하다는 근거를 대기 위해 숫자를 이야기하

는 건 좋지만 너무 많은 숫자를 이야기하면 무슨 내용인지 따라가는 게 어려워진다.

한국 언론사들은 신입 기자들에게 '피칭 훈련'이 아닌, '취재 내용 보고 훈련'을 시킨다. 하루 종일 경찰서를 돌며 취재하도록 하고, 정해진 주기에 보고를 받는 식이다. 운 좋게 경찰서에서 기삿거리가 나오는 경우도 있긴 하지만, 대부분의 경우에는 별다른 기삿거리가 나오지 않는다. 수습기자들은 기삿거리가 되지 않는 사안을 취재해 면피용 보고를 하거나, 보고거리가 없을 땐 "특이 사항이 없다"고 말하는 경우가 많다. 기사 발간보다는 보고 훈련이 주를 이루는 구조다.

피칭은 취재 자체나 보고 훈련과는 다른 것이다. 이것은 실전 기사 발간을 목표로 한다. 경찰서에 괜찮은 기삿거리가 없다면 경찰서 밖 어디로든 나가서 제대로 된 소재를 발굴해 와야 한다. 소재를 발굴했다면 단순히 무엇을 취재했다고 보고해서는 안 된다. 취재 내용을 바탕으로 해당 기사가 왜 중요하며 어디까지 취재가 됐고 어떻게 보도할 것인지를 말할 수 있어야 한다.

저널리즘 스쿨에서는 모두가 기사를 쓰기 위해 피칭을 한다. 면피용 피칭은 있을 수 없다. 기삿거리가 안 되는 것을 알면서 보고하는 것은 말하는 사람과 듣는 사람 모두의 시간만 낭비할 뿐이다. 아무리 열심히 취재 현장을 돌아 흥미로운 정보를 얻어왔다고 하더라도 기사로 쓸 만한 사안이 아니라면 피치 미팅 안건으로 오를 수 없다. 피칭은 철저히 프로페셔널한 것이다.

사냥을
일상화하라

저널리즘 스쿨에 다닐 당시, 벤 샤피로(Ben Shapiro)라는 저명한 보수 인사가 학교에 방문해 강연한 적이 있었다. 이날 행사는 열렬한 반대 시위가 예고돼 있었는데, 버클리는 진보적인 학풍과 강경한 시위 문화로 정평이 나 있어 거센 시위로 언론의 주목을 받곤 했다.

행사 당일, 학교는 시위로 떠들썩했다. 그런데 이튿날 수업 시간 역시 시위 이슈로 떠들썩해졌다. 갓 입학한 신입생인 캐론(Caron)과 수지(Susie)가 시위를 발 빠르게 취재해 〈알자지라〉 영문판에 게재했기 때문이었다.[107] 기사에 게재된 사진을 찍은 워커(Walker)와 취재에 기여를 했다고 언급된 조쉬(Josh)도 입학한 지 한 달이 채 안 된 동기생이었다. 해당 취재보도는 수업이나 학점과는 무관했다. 누구도 시키지 않았지만 다들 자발적으로 취재를 하

107. Susie Neilson & Caron Creighton(2017). UC Berkeley students protest Ben Shapiro Speaking event. Aljazeera.
https://www.aljazeera.com/news/2017/09/uc-berkeley-students-protest-wing-speaker-170915120208140.html?fbclid=IwAR3c4LZ34jDPXZuWqejMLbFXrqaR5JgBbnJ6co5g5yvLSqQHAbmwbL0KCTg

고 기사를 쓴 것이었다.

자초지종을 듣자 하니, 발단은 모여서 놀다가 시위 이야기가 나온 것이라고 했다. 이들은 수다를 떨던 중 "같이 취재해서 기사를 쓰자"며 의기투합했다. 미리 〈알자지라〉에 연락해 피칭을 하고는 기사를 배정받아 취재에 나섰고, 기사는 얼마 지나지 않아 정말로 발간됐다. 수지에게 "평상시에도 언론사에 피칭을 하고 기사를 쓰느냐"고 물었다. 그녀는 눈을 반짝이며 답했다.

"응. 그게 내가 가장 좋아하는 일이야."

〈알자지라〉 일화는 맛보기에 불과했다. 동기들은 몇 달 뒤엔 미국 이민세관집행국과 관련해 취재를 한 뒤 〈이스트베이 익스프레스〉에 기사를 게재했다.[108] 이런 사례는 열거하자면 끝이 없다. 학생들은 학교에서 주어지는 과제와는 별도로 끊임없이 취재를 하고 피칭 기회를 노렸다. 학교에 소속돼 있지만, 독립적인 기자로서 자체적인 취재를 하고 기사를 발간한 것이다.

한국의 언론사 지망생들은 다수가 대형 언론사를 지망하고, 일단 입사에 성공하면 일정 수준 이상의 안정을 보장받는다. 언론사에 들어간 뒤 불확실한 미래를 걱정할 수는 있지만, 월급을 못 받았다거나 회사가 문을 닫았다

....

108. Caron Creighton & Susie Neilson(2018). Alameda County Sheriff Hosted ICE at Urban Shield, East Bay Express.
https://www.eastbayexpress.com/oakland/alameda-county-sheriff-hosted-ice-at-urban-shield/Content?oid=13905856&fbclid=IwAR35M7Cw28wGaRMIMd-rB13G3-JO-5KdIKxwlzCxf6meEq0NNAOPgM9N8qo

는 이야기는 들어본 적이 없다. 일단 진입하면 개인의 역량을 크게 계발하지 않아도 먹이가 꾸준히 제공되는 '동물원' 생태계에 가깝다고 할 수 있다.

미국 언론계는 철저히 '정글' 같은 생태계로 굴러간다. 얼마나 좋은 언론사에 입사했건 간에 정년퇴직은커녕 안정적인 근무도 보장되지 않는다. 해고가 자유로울 뿐 아니라 회사 사정이 나빠지면 대규모 해고까지 될 수 있기 때문이다. 망하는 언론사도 적지 않고 유수 언론사라도 경영상 이유로 기자들을 해고하는 일이 빈번하다. 〈컬럼비아저널리즘리뷰〉는 2019년 언론사별로 줄어든 일자리를 추적하고 확인해 공개했는데, 〈버즈피드〉에서 220명, 〈게이트하우스〉에서 219명, 〈가넷〉에서 400명, 〈바이스〉에서 250명 등이 일자리를 잃었다.[109]

'동물원(언론사라는 울타리 내에서의 생활)'과 '정글(개인이 사냥을 해서 결과물을 얻는 생활)'은 구성원의 행동 양식이 다르다. 정글에서는 소속이 어디건 간에 사냥을 잘하는 게 중요하다. 정리해고 되더라도 실력만 있다면 얼마든지 다른 곳에서 새로운 길을 찾을 수 있기 때문이다. 따라서 언론사에 입사했다고 해서 안주해선 안 된다. 언론사 입사는 시작일 뿐이고 출발일 뿐이다. 끊임없이 역량을 계발하고 스스로의 가치를 높여야 한다.

정글에서는 동물원에서의 속도와 치열함만 갖고는 불충분하다. 맹수는 울타리 속의 동물보다 많은 것을 생각하고 빠르게 움직이며 기회를 잡을 수

109. Jon Allsop(2019).Another brutal week for American Journalism. Columbia Journalism Review,
    https://www.cjr.org/the_media_today/media_layoffs_the_vindicator.php

있어야 한다. 누가 시키지 않아도 자발적으로 야생에서 기회를 찾고 역량을 키워야만 살아남을 수 있는 까닭이다.

저널리즘 스쿨 학생들은 다양한 방식으로 먹잇감을 찾는다. 관심 있는 언론사에 소속된 에디터들의 연락처를 검색해 기사 아이디어를 보내기도 하고, 학교 강사나 교수를 통해 에디터를 소개받아 피칭을 문의하기도 한다. 어떤 경로로든 에디터를 접할 기회가 있다면 피칭 기회를 노린다.

한번은 취재 수업을 함께 듣던 수강생들과 함께 〈마더존스〉를 방문한 적이 있다. 수업을 가르친 강사가 〈마더존스〉 에디터였던 까닭에 편집회의를 참관할 기회를 얻은 것이다. 단순 견학으로 생각했는데, 오산이었다. 편집회의를 주재하던 에디터가 막바지에 "더 이야기할 사람 있느냐"고 묻자, 회의를 참관하던 한 수강생이 손을 들더니 피칭을 시작했다. 자신이 작업 중인 기사를 〈마더존스〉에 실을 수 있냐고 문의한 것이었다. 이때부터 '피칭 세션'이 마련됐다. 편집회의가 마무리되자마자 다른 수강생들의 피칭 행렬까지 이어졌다. 처음부터 그들의 주된 관심사는 견학이 아닌 '피칭'이었다. 에디터에게 손을 들고 기사를 피칭한 수강생이 슬쩍 귀띔했다.

"편집회의를 듣는 동안 내 기사를 피칭해야겠다는 생각뿐이었어. 저분들이 논의하는 내용은 귀에 안 들어오고, 내 기사를 피칭할 기회가 언제 오는지만 생각하고 있었지."

학생들이 적극적으로 기사 피칭 기회를 찾는 것은 문을 두드리면 정말로 기회가 열리기 때문이다. 미국의 언론사들은 자사 소속 기자가 아닌 프리랜서 기자의 기사라도 자체적인 수요와 기준 등을 충족하면 팩트 체킹 등 검증을 거친 뒤 기사를 실어준다. 팩트 체킹과 에디팅 시스템은 무척이나 철저하지만, 자사 소속 기자냐 아니냐는 '소속'을 근거로 선을 긋지는 않는다.

프리랜싱은 전통 매체의 경제적인 어려움으로 인한 미국 언론계의 지형 변화와도 맞닿아 있다. 해외나 멀리 있는 소도시 등에 일일이 기자를 두거나 보낼 수 없을 때 프리랜서를 활용해 보완하는 것이다. 프리랜서 기자들은 언론사들이 세상 속 이야기를 전하기 위해 필요한 사실과 세부 내용, 색채를 수집하는 데 있어서 최고의 혹은 종종 유일한 창구가 되고 있다.[110]

언론사들은 다양한 방식으로 프리랜서와 손을 잡는다. 일시적으로 손이 부족해 취재를 도울 사람을 구할 때도 있고, 원거리에서 이슈가 발생했을 때 해당 지역에서 취재할 사람을 구하는 경우도 있다. 취재에 있어서 임시 보조 업무를 하는 사람들을 '스트링거(stringer)'라고 부르는데, 특정한 장소에서 일어난 일을 파트타임으로 맡아서 일하는 사람을 뜻한다. 학교에선 이런 스트링거들이 필요하다는 연락을 종종 받고 전체 이메일로 공유하곤 했다. 이를테면 캘리포니아주 산타로사에 큰 화재가 발생했을 때, 강사는 다음과

110. Yardena Schwartz(2018). A survival guide to international freelancing. Columbia Journalism Review,
   https://www.cjr.org/business_of_news/international-freelance-reporting.php

같이 이메일을 보냈다.

"산타로사 화재 피해에 대한 조사를 위해 〈LA타임스〉와 잠시 일하는 것에 관심이 있는 학생 있나요? 몇몇 학생을 찾고 있는데 일당 150달러를 준다고 합니다. 관심 있으면 연락주세요."

이런 기회는 금세 동이 나곤 했다. 언론사와 네트워킹을 하며 일을 배울 수 있는 기회이기 때문이다. 바이라인이 나갈 수도 있고 취재에 기여한 사람으로 이름이 언급될 수도 있다. 취재 보조를 넘어서 기사 피칭부터 취재까지 혼자 전담해 기사가 발간되는 것은 무척이나 영광스러운 일로 꼽힌다. 학내에서 가장 뜨거운 관심을 모으는 대상도 피칭을 통해 발간된 기사들이다. 누군가의 단독 바이라인으로 주요 매체에 기사가 실리면 거의 경사 난 분위기가 된다.

저널리즘 스쿨은 양질의 일자리를 보장해 주는 보증수표도 아니고, 요술 방망이도 아니다. 그곳은 바깥세상에서 잘 적응해 나갈 수 있도록 사냥법을 알려주는 모의 정글에 가깝다. 컬럼비아대 저널리즘 스쿨 졸업생인 새라 모리슨(Sara Morrison)은 이렇게 말한다.[111]

"끝내 얻는 종이 한 장(학위증 - 역자 주)은 당신이 바라던 일터에서 희망하는 급여를 얻도록 안내하는 마법 패스가 아니다. 당신은 모든 수업을 들거

111. Sara Morrison(2012). Burying the lede. Columbia Journalism Review,
     https://archives.cjr.org/the_kicker/burying_the_lede.php

나 원하는 모든 교수와 일하지 못할지 모른다. 당신은 열심히 일해야 하고, 종종 인간적으로 가능한 것보다 더 열심히 해야 한다."

　미국에선 일자리가 불안정하지만, 다른 면에서 보자면 생태계가 역동적이라고 볼 수 있다. 기자들은 끊임없이 피칭을 하고 일자리를 옮겨 다니며 경쟁력을 키우고 발전하면서 더 나은 처우를 얻어낸다. 저널리즘 스쿨은 그런 정글의 세계에서 살아갈 맹수들을 체계적으로 훈련시키고 성장시키는 곳과도 같다. 그 안의 맹수들은 사냥의 ABC를 배우면서 울타리 밖 세상을 탐험하고, 기회가 닿는 대로 먹잇감을 노린다. 학교라는 울타리를 넘어 사냥을 하면서 경쟁력을 키워나간다.

자신의
경쟁력을 알려라

　저널리즘 스쿨 오리엔테이션 일정 중에는 '얼굴 사진'을 찍는 시간이 있었다. 멋진 건물을 배경으로 프로필 사진을 찍어주는 것인데, 학생 모두가 잘 차려입고 와서는 한 명씩 포즈를 취했다. 학교에서 사진을 찍어준 이유는 하나였다. 학생, 즉 학교에 소속된 기자를 대외적으로 홍보할 때 프로페셔널한 사진이 필요했기 때문이었다. 보다 정확히 말하자면 고용주에게 매력적인 방식으로 구직자를 알리기 위해서는 괜찮은 사진이 필요했다.

　학교가 소속 기자를 홍보하는 대표적인 통로는 저널리즘 스쿨 웹사이트였다. 학교에서는 웹사이트의 인물(people)란에 교수진뿐 아니라 학생(소속 기자)의 프로필도 실었다. 프로필에는 인물사진과 함께 학력이나 업무 경력, 수상 경력, 활동 단체, 취재 관심사, 미디어 플랫폼, SNS 링크 등이 나열될 뿐 아니라 소개 글을 적을 수 있었으며 이메일 주소도 링크됐다.

　한국 언론계에도 포털이나 언론사에 '기자 페이지'가 있지만, 적혀 있는 문구는 맹탕인 경우가 많다. 어느 부서를 거쳤고 열심히 기사를 쓰겠다는 취지의 몇 줄이 적힌 경우가 대다수다. 그것만 봐서는 해당 기자의 강점이나 전문성이 무엇인지 알아보기 쉽지 않다.

미국 언론계에서 기자 소개 글은 불특정 업무 파트너를 상대로 한 '엘리베이터 스피치'와도 같다. 엘리베이터 스피치는 채용이든 업무 성과든 무언가를 얻어내는 것을 목표하는 발언으로, 요점을 매력적이고 간결하게 전달해 상대의 마음을 사로잡고 깊은 인상을 남겨야 한다. 고용주에게는 왜 당사자가 고용할 만한지, 취재원에게는 왜 해당 기자의 취재에 응해야 하는지, 독자에게는 왜 그가 쓴 기사를 신뢰해야 하는지 각인시키는 핵심적인 문구라고 할 수 있다. 따라서 단순한 각오로는 불충분하다. 입학 동기들이 쓴 소개 문구는 이런 식이었다.[112]

"그는 과거 몇 년간 라틴아메리카의 페루 안데스에 있는 금광 채굴 커뮤니티에서 환경 이슈, 노동자들의 권리, 멕시코 카르텔 폭력의 영향, 브라질의 문화적인 르네상스를 들여다보며 프리랜스 사진 기자와 다큐멘터리 동영상 제작자로 일했다."

"그녀는 지금까지 트라우마, 중독, 정신 건강, 경제, 환경, 그리고 사람들이 매일 마주하는 사회적인 격차에 집중해 왔다. 그녀는 환경과 이주, 갈등, 정신 건강의 교차지점에 대해 기사를 쓰는 것에 관심이 있다. 그녀의 기사는 〈내셔널 지오그래픽〉, 〈마더 존스〉, 〈이스트 베이 익스프레스〉에 발간됐다."

"그는 저널리즘 스쿨에 오기 전 케냐 나이로비에 있는 〈데일리 네이션〉

· · · · · · · · · · · · · · ·

112. UC Berkeley Graduate School of Journalism. Students,
     https://journalism.berkeley.edu/people/students/

에서 5년간 기자로 일하며 주로 예술과 문화, 사회 이슈에 대한 기사를 썼다. 그의 기사는 〈로이터〉와 〈알자지라〉 등에 발간됐다."

입학이 확정된 직후, 저널리즘 스쿨에서는 모든 학생의 이름과 졸업 예정 연도, 이메일이 기재된 기본 프로필을 웹사이트에 게시했다. 그리고 각자가 추가적인 내용을 기입하고, 이력이 추가될 때마다 소개 페이지를 업데이트하라고 안내했다. 고용주든 취재원이든 독자든 학교에 관심이 있는 사람들은 기자들에 대해 알고 싶어 할 것이기 때문이다. 이것은 실제로 효과가 있었다. 웹사이트상 프로필을 본 고용주로부터 다음과 같은 이메일을 받은 적이 있다.

"UC버클리 저널리즘 스쿨을 통해 당신의 프로필에 대한 정보를 얻었는데 굉장히 흥미롭습니다. 저는 **의 CEO입니다. **는 멀티미디어 플랫폼이고 인터랙티브 시민 저널리즘을 가능하게 하는 미션을 갖고 있습니다. **를 이용해 기자들은 전 세계 시민들의 질문에 대한 동영상 답변을 추가할 수 있습니다. **는 트위터와 완전히 통합돼 있습니다. 팔로어들은 트위터에서 질문을 할 수 있고 호스트들은 ** 카메라를 통해 이런 질문에 편리하게 답변할 수 있습니다. 우리는 인터랙티브 시민 저널리즘 혁명을 주도하기 위해 프리랜서 멀티미디어 저널리스트들과 일하길 기대하고 있습니다."

취재원들도 웹사이트상 프로필을 보고 연락을 해 온다. 프로필 게시 직후, 어느 제보자로부터 "제발 제 이야기를 써주세요"라는 제목의 이메일을 받았다. 학교 웹사이트를 통해 이메일을 찾아 보낸 것이었다. 제보자는 자신이 조만간 중범죄 혐의로 인해 형사재판을 받게 될 것을 알리는 한편, 그동안 변호사들을 고용하면서 겪었던 어려움을 토로하고는 취재를 문의했다.

저널리즘 스쿨에서는 웹사이트 프로필 외에도 다양한 방식으로 학생들을 홍보한다. 대표적인 수단이 SNS다. 재학생이나 동문이 주요 매체에 기사를 싣거나 상을 받는 등 좋은 소식이 있으면 SNS에 사진과 함께 올린다. 재학생이 취직을 해도 그 소식을 알리지만, 동문들이 현재 어디서 일하고 있는지도 지속적으로 추적해 누가 어디서 무슨 일을 하고 있다고 전한다. 동문과 이메일이나 SNS를 통해 연락망을 유지하고, 개인의 소셜 미디어도 팔로우하면서 소식을 건네받는다. 동문들의 성공이 학교의 평판과 번영에 도움이 되는 만큼, 좋은 정보가 있으면 홍보하기 위해서다. 학교 측에서는 졸업을 앞두고 이렇게 안내한 바 있다.

"계속 연락을 유지하세요. 우리는 여러분의 좋은 소식을 듣고 싶습니다. 새로운 일자리, 새로운 배우자, 아이들, 퓰리처상, 재미있는 일화, 동문과의 재회, 발간된 기사 등 어느 것이든 좋습니다."

SNS에서 학생들의 소식이 봇물처럼 소개되는 시즌이 있다. 여름 인턴십 합격자 발표가 나는 시기다. 학교에서는 '어느 기관에서 누가 인턴십을 하게 되어 자랑스럽다'는 식의 문구를 써서 프로필 사진과 함께 여러 SNS에 올린다. 학교에 어떤 이력을 지닌 인재가 있는지를 고용주에게 널리 알리기 위해서다. 학교에서는 고용주들이 이 같은 소식들을 보는 것을 좋아한다며, 인턴 십을 하는 기관이 확정되면 홍보 담당 직원에게 연락해 알릴 것을 부탁했다.

학교 재학 당시, 사회의 이익을 위한 정보기술 연구센터(CITRIS · Center for Information Technology Research in the Interest of Society)라는 곳에서 인턴을 했다. 학 교는 이렇게 홍보했다.

"2019년 졸업예정자들은 여름에 어디에 있을 예정일까요? 이샘물은 CITRIS에서 인턴을 할 예정입니다. #자랑스럽다 #캘리포니아대 #미래."

SNS에서 인턴십 기관 명칭이 공개되다 보니 해당 기관에서도 저널리즘 스쿨의 글을 발견하곤 했다. CITRIS에서는 트위터에서 해당 글을 리트윗하 며 공개적인 답변을 남겼다.

"우리는 @UC버클리저널리즘스쿨 대학원생 이샘물이 CITRIS #여름인 턴십을 하게 된 것을 환영합니다. 우리는 그녀와 일하게 되어 행운이며, 기 술과 사회의 이익을 위한 혁신을 조명하기 위해 재능 있고 열정적인 UC버 클리 학생 세 명과 추가적으로 함께 일할 것입니다!"

인턴십 기관에서 리트윗한 것을 보니, 학교에서 홍보하는 이유를 이해할 수 있었다. 학교에서 "자랑스럽다"는 태그와 함께 학생들을 열렬히 공개적 으로 홍보해 주니 스스로가 더욱 가치 있는 인재인 것처럼 느껴졌기 때문이 다. 어느 고용주가 필자의 이름을 SNS에서 검색한다면 학력과 경력에 대한 정보에 더해 열렬한 환영의 메시지도 발견하게 될 것이었다.

저널리즘 스쿨에서 자주 훈련시킨 게 있다. 바로 '내가 얼마나 괜찮은 사람인지'를 알리는 것이다. 면접 연습 과정에서는 "본인에 대해 자랑해 보라"는 질문도 받았다. 내가 왜 채용할 만하고 강점이 무엇이며 잘하는 게 뭔지 이야기해 보라는 것이었다. 부족하지만 열심히 하겠다는 식의 이야기는 금물이다. '경쟁력 있는 지원자들도 많은데 왜 부족한 사람을 뽑아야 하느냐'는 의문을 가져다주기 때문이다. 실력과 역량을 키우고 장점을 자신 있게 말해야 한다.

정글에서는 먹잇감을 얻기 위해 모든 노력을 다해야 한다. 수많은 맹수 중에 왜 자신이 먹잇감을 얻을 가치가 있는지를 적극적으로 납득시키고 얻어내야 한다. 가만히 앉아 실력만 갈고닦는다고 해서 알아주는 사람은 없다. 자신이 무엇을 잘하고 어떤 경험이 있는지 적극적으로 알리는 사람이 먹잇감을 얻는다. 사냥에 있어서 겸양은 미덕은커녕 해악과도 같다.

미국에선 '자기 세일즈'가 '좋은 일자리'와 연결돼 있다고 해도 과언이 아니다. 많은 사람들이 SNS를 통해 자신의 업무 성과나 일자리 관련 소식을 적극적으로 알리는 것도 그런 이유에서다. 저널리즘 스쿨은 거기에 한층 더 힘을 보탠다. 끝없이 자기 세일즈 코칭을 하고, 학교 차원에서 구성원의 경쟁력을 홍보해 준다.

무엇이든
협상하라

취재 수업에서 기사에 대한 고료가 화두에 오른 적이 있다. 한 수강생이 기사를 외부 언론사에 게재한 게 발단이었는데, 언론사에서는 이번이 첫 기사이니 고료로 25달러를 주고 다음부터는 50달러를 주겠다고 말했다고 한다. 그는 에디터에게 "괜찮은 보상이냐"고 물었다.

학교에서는 고료 시세가 종종 논의에 올랐다. 언론사마다, 기자마다, 기사마다 시세가 제각각이었기 때문이다. 경력이 적은 프리랜서나 학생 기자들은 보상을 상대적으로 적게 받는 경향이 있었는데, 그러거나 말거나 자신의 가치를 각인시키고 제대로 된 보상을 받기 위해서는 '협상'을 해야 한다는 것이 중론이었다. 잡지사에서 일하던 에디터는 이렇게 조언했다.

"에디터가 얼마를 제안하든 처음엔 거절하십시오. 75달러를 묻거든 100달러는 어떠냐고 말하십시오. 그렇다고 '그러면 다른 매체에 기사를 실으십시오'라고 하거나 '당신과 일하지 않겠습니다'라고 말하지 않을 겁니다. 물론 그렇게 말한다고 해서 반드시 더 많은 보상을 주진 않습니다. 하지만 돈이 충분치 않다고 항상 말할 수 있다는 것을 알아야 합니다. 그렇게 말함으로써 에디터들에게 기사는 공짜가 아니라는 것을 각인시켜줄 수 있습니다. 제가 저널리즘 스쿨에 다닐 때 취재 수업을 가르친 에디터도 항상 '이건 충분한 액수가 아닙니다'라고 말할 것을 가르쳤습니다."

훌륭한 인재라고 해서 훌륭한 대우를 받는 것이 아니다. 훌륭한 대우는 '주어지는' 게 아니라 '얻어내는' 것이다. 기회를 얻었다면 높은 보상을 이끌어낼 수 있어야 한다.

저널리즘 스쿨에서는 학생들이 기사 발간 기회나 일자리를 얻는 것을 넘어, 제대로 된 보상을 받을 수 있도록 훈련시키는 것에도 많은 노력을 쏟았다. 취재 수업에서 에디터로부터 자주 들은 문구가 바로 "이 돈은 충분하지 않다"고 말하라는 것이었다. 얼마나 괜찮은 일자리를 제안받았든 간에 보상이 충분치 않다고 말하고 협상하는 것을 주저하지 말라는 것이다. 협상을 시도했다고 해서 제안이 철회되는 경우는 극히 드물다고 한다. 급여는 제안받은 연봉보다 5,000달러~1만 달러 이상을 요구하는 게 보편적이라는 조언이 회자되곤 했다.

학교에서는 '협상 워크숍'을 열어서 고용주와의 협상에 대한 조언을 해줬다. 1대1로 약속을 잡아 협상 연습을 시키기도 했다. 커리어 담당자는 이렇게 당부했다.

"전화나 이메일을 통해 구직 제안을 받으면 협상할 준비가 되어 있어야 합니다. 설령 조건이 이미 정해져 있다고 믿더라도 말입니다. 여러분이 협상할 모든 기회를 얻는다면 이것은 커리어에서 매년 수천 달러를 더 얻는다는 것을 의미합니다. 모두가 협상하는 법을 배우면 모두의 급여가 올라갈 것입니다. 연습이야말로 여러분을 좋은 협상가로 만들어 줄 것입니다."

협상 기술을 익히는 방식은 다양했다. 학교에서는 구직 제안을 받았다면 협상 기술에 대한 인식을 익히기 위해 면접 날짜를 조정해 볼 것을 권유했다. 고용주로부터 전화 면접을 제안받는다면 상대가 제안한 날짜의 하루나 이틀 뒤에 면접을 진행할 것을 요청해 보는 것이다. "현재 작업 중인 탐사보도 프로젝트에 대한 데드라인을 앞두고 있는데, 면접 날짜를 하루나 이틀 뒤로 할 수 있을까요?"라고 제안하는 식이다. 이를 통해 면접을 준비할 시간을 벌 수도 있다.

학교에서 워크숍과 개별 연습 등을 통해 공유한 협상의 팁을 요약하자면 다음과 같다.

첫째, 면접 이후 다른 매체에서 비슷한 일을 하는 기자들에게 물어서 해당 직무에 대한 합리적인 급여 범위를 파악해야 한다. 고용주가 급여를 제안하기 전에 범위를 알고 있어야 한다.

둘째, 일자리를 제안받았다면 감사와 열정을 표명하되 해당 제안을 고려하기 위해 하루나 이틀의 시간을 요구해야 한다. 제안을 수락하기 전이 급여나 복리후생을 협상하기 위한 최고의 시기이기 때문이다. 이런 모든 과정은 긴장되는 만큼, 대면이 아닌 이메일로 하고 즉석에서 가부를 말할 필요가 없다. 설령 거절당한다고 하더라도 심리적인 우위를 주고 자신의 가치에 대한 자신감을 보여줌으로써 다음번 연봉 상승이나 승진의 성공에 스스로를 준비시킬 것이다.

셋째, 현실적인 급여 범위를 염두에 두고 있더라도 먼저 숫자를 제안하기보다는 고용주가 숫자를 제안하도록 해야 한다. 구직자는 고용주의 예산을 모르기 때문이다. 고용주가 제시할 수 있는 범위 내에서 최상위를 얻어내야 한다. 두 번 정도 반박을 한 뒤 요구를 중단할 수 있다.

넷째, 정말로 해당 일을 하고 싶은데 원하는 급여를 얻기 어려워 보인다면 다른 가치를 얻을 수 있도록 해야 한다. 무언가를 배우는 게 중요할 경우 소프트웨어 사용 비용을 내달라거나 콘퍼런스 참가비를 지원해 달라고 할 수 있다. 가족과의 시간이 중요하다면 일주일에 4일만 일하게 해달라거나, 오전 8시부터 오후 3시까지만 근무하게 해달라거나, 원격 근무를 할 수 있게 해달라거나, 휴가 일수를 추가로 달라고 요구할 수 있다. 즉, 개인적으로나 직업인으로서 인생에 가치를 더하는 방안을 모색해야 한다. 단순히 일을 할 수 있는 기회만으로는 충분치 않기 때문이다.

국내 언론사에서는 신입 기자들이 구직 단계부터 협상을 하는 경우가 드물다. 주어진 급여 체계에서 기자 생활을 시작한 뒤 연봉 협상 시기가 오면 협상에 돌입하곤 하는데, 회사가 제시한 연봉을 받아들일 것이냐 말 것이냐 정도로 옥신각신하는 정도가 대부분이다. "계약서에 사인을 못 하겠으니 조금만 더 올려 달라"는 수준을 넘어서 '협상의 기술'이 회자되는 경우는 드물다.

미국 언론계에서는 일자리를 얻을 때부터 협상이 필수적이다. 사람들은 같은 업무를 하고도 다른 보상을 받으며, 더 높은 보상을 받는 사람들은 통상 더 까다롭게 협상한 사람들이다.[113] 미국의 매거진 에디터 앤 프리드만 (Ann Friedman)은 이렇게 말했다.[114]

"당신은 매우 어려운 시장이 된 저널리즘 분야에서 일자리를 얻게 되었군요. 축하합니다! 이제는 협상할 시간입니다. 이것은 괜찮은 일자리이고 지금은 이런 일자리가 많지 않기 때문에 어쨌거나 당신이 이 일을 맡을 거라는 걸 우리 둘 다 알고 있습니다. 그건 중요하지 않습니다. 어느 젊은 에디터는 '어찌 됐든 그 일을 할 것이긴 하지만 지나치게 낮은 급여를 받는 것 같아요' 라고 저에게 말했습니다. 아직 사회 생활 초기라 하더라도 협상은 해야 합니다. 사회 생활 초기인 지금은 영향력을 최소한으로 가지고 있는 것처럼 보일 수 있지만, 앞으로 협상할 미래 급여에 대한 기준을 정할 때입니다."

저널리즘 스쿨에서는 모든 구직 제안에 대해 항상 협상을 할 것을 권유했다. 인턴십 구직 당시를 예로 들자면, 모든 인턴에게 동일한 급여를 주는 언론사가 있었다. 학교에서는 그럼에도 불구하고 무어라도 협상할 것을 권유했다. 다른 주에서 일하기 때문에 집을 구해야 한다면 주거 요구 사항을 이야기

· · · · · · · · · · · · · ·

113. Ann Friedman(2013). Your first salary negotiation. Columbia Journalism Review, https://archives.cjr.org/realtalk/your_first_salary_negotiation.php

114. Ann Friedman(2013). Your first salary negotiation. Columbia Journalism Review, https://archives.cjr.org/realtalk/your_first_salary_negotiation.php

하는 등 회사가 제안할 수 있는 것 중 최고의 것을 얻어내라는 식이었다.

협상이 필수적인 것은 그것이 많은 것을 변화시키기 때문이다. 구직 제안을 받아 급여 협상의 단계까지 왔다면 구직자는 마냥 '을'이 아니다. 존 나이트(John S. Knight) 저널리즘 펠로십 펠로였던 수 오(Soo Oh)가 실제 고용이 작동하는 방식을 설명한 글을 요약하면 이렇다.[115]

우선 좋은 후보자를 찾는 데에는 시간이 오래 걸린다. 이력서를 추려내 전화나 대면 면접을 하고, 몇 명의 후보자들을 한 명으로 좁히는 과정이 지난하다는 것이다. 채용 담당자들이 모든 권력을 가진 것 같지만, 그들은 제안을 할 때 정말로 상대가 받아들이기를 원한다. 게다가 대부분의 채용 담당자들은 상대방이 급여를 협상할 것을 예상한다. 급여 제안에 있어서 약간 여분을 둬서 협상할 여지가 있도록 하는 것은 일반적인 관리 전략이다. 현직자에 대해서도 당사자가 기대하는 것보다 조금 더 적게 제안하는 방식으로 비슷한 전략을 쓴다. 상대방과 협상을 하지 않으면 돈을 아낄 수 있고, 협상을 통해 더 많은 급여를 주게 되면 돌아와서 "그래요. 당신에게 더 많은 돈을 주게 되었어요!"라고 말할 수 있는 셈이다.

상황이 이러하니, 얼마를 제안받든 곧장 수락하는 것은 금물이다. 샐리 크로체크(Sallie Krawcheck)는 '급여를 협상하기 위한 적절한 방법'이라는 글을

115. Soo Oh(2018). Salary and Benefits Negotiation for News Nerds. Sources, https://source.opennews.org/articles/salary-and-benefits-negotiation-news-nerds/

통해 이렇게 조언했다.[116]

"그들이 당신에게 얼마를 제안하든 더 요청하라."

116. Sallie Krawcheck(2018). The right way to negotiate your salary. Shondaland,
https://www.shondaland.com/live/a15845696/new-job-offer-2018-coach-of-the-month/

자기 관리는
필수다

저널리즘 스쿨은 무척이나 체계적이다. 교육 커리큘럼도 체계적이지만, 학생들을 종합적인 측면에서 체계적으로 '관리'한다. 도전적인 과제를 주면서 더 잘할 것을 요구하는 것 못지않게, 그 과정에서 지쳐 포기하지 않도록 스트레스와 건강도 챙긴다. 저널리즘은 단거리 달리기가 아닌 마라톤이다. 기자로서, 프로페셔널로서 오래 뛸 줄 알아야 한다.

학교에서는 건강을 위한 이벤트들을 열었다. 이를테면 10월을 건강을 집중적으로 챙기는 '건강의 달(Wellness Month)'로 지정했는데, 학교에서는 취지를 이렇게 설명했다.

"여러분의 정신 건강과 관리 가능한 스트레스 수준은 엄청나게 중요합니다. 이번 달엔 나머지 학기를 위해 지속 가능한 계획을 세우도록 하세요. 걱정이 있다면 당장 취할 수 있는 조치가 있습니다. 학교 병원의 카운슬링 및 심리 서비스는 개인사, 학업, 직업, 건강, 위기 관련 걱정이 있는 학생을 돕기 위해 광범위한 프로그램을 제공합니다. 서비스 리스트와 예약은 이곳 링크에서 확인하세요. 카운슬러와의 한 시간이 모든 것을 달라지게 만들 수 있습니다. 스스로를 먼저 돌보세요. 언제나 그렇듯이, 연결에 있어서 도움이 필요하면 우리에게 연락하세요."

건강의 달에는 소소한 지원과 활동 프로그램, 다채로운 이벤트 등이 마련됐다. 학교에서는 압박감에서 벗어나라는 취지로 아침 식사를 제공했고, 특정 시간에 학생들이 모이도록 한 뒤 다과를 제공하며 각자의 스트레스와 해소 노하우를 공유하도록 하기도 했다.

건강을 챙기라는 독려는 학교생활 내내 지속됐다. 또 다른 시기엔 '걷거나 자전거를 타고 학교에 오는 주간'이 있었다. 본인이 걷거나 자전거를 타고 학교에 오는 모습을 직접 찍어 제출하면 학내에 전시하고, 추첨을 통해 선물을 줬다. 건강에 대한 이메일도 많이 보냈다. 일주일에 최소한 한 번은 푹 자고, 건강을 잘 챙기기 위한 계획을 고안할 것을 권유받았다. 건강의 적신호를 파악하기 위한 연락도 종종 왔다. 스트레스 수준이 과도하진 않은지 살펴보라며 피로, 눈물, 불면, 짜증, 적대감, 불안, 압박감, 평소 습관의 변화 등의 증상 중 하나라도 경험한다면 스스로를 확인해 보고 도움을 요청할 것을 권유했다.

미국 언론계에서는 일하는 것 못지않게 '자기 관리'가 중요한 부분이다. 적지 않은 언론계 일자리는 다른 유수 직종에 비해 임금이 낮으며, 스트레스 수준도 높다. 끊임없이 경쟁력을 키워 발전하고 기회를 얻어야 하지만, 그 과정이 힘겹고 고달픔은 부정할 수 없다. 현실에서 고달픔의 정도는 눈물겁기도 하다. 프리랜서 저널리스트로 일하는 메그 달튼(Meg Dalton)은 〈컬럼비아 저널리즘 리뷰〉에 기자로서의 커리어 초기를 이렇게 회고했다.[117]

"〈그린위치 타임〉 제안을 받았을 때 나는 기대하지 않았던 신남과 두려움의 조합을 느꼈다. 연봉은 3만 5,000달러였다. 생활비를 충당하기 위해서는 〈미디어시프트〉의 보조 에디터로서 파트타임 일자리와 프리랜서 그래픽 디자이너 부업을 유지해야 했다. 그것은 창의적인 일을 하면서 생계를 유지하기 위해 감당해야 했던 수많은 직책 중 하나였다. 몇 달 동안 기본적으로 세 개의 일을 해야 했는데, 대개는 〈미디어시프트〉 뉴스레터 초고를 작성하고 트윗과 페이스북 포스트 계획을 세우고 종종 프리랜스 기사들을 수정하면서 아침 5시 15분에 하루를 시작했다. 그리고 오전 8시 반쯤에는 차로 약 15분 떨어진 그린위치에 있는 편집국으로 향해 저녁 6시 반까지 취재하고 기사를 썼다. 밤에는 냉동 음식을 먹으며 〈미디어시프트〉 초고를 더 살펴본 다음, 디자인 클라이언트들의 데드라인에 맞추기 위해 포토샵과 일러스트레이터, 인디자인을 하면서 시간을 보냈다. 건강은 악화되기 시작했다."

미국에서 저널리즘은 스트레스가 많은 직업으로 꼽혀왔다. 온종일 돌아가는 뉴스 사이클 속에서 기사를 써내야 하는 압박감과 해고의 위협에 시달리는 데다, 취재 과정에서 사건·사고나 재해 등을 접하며 정신적인 외상을 입기도 한다. 미국의 '저널리스트를 돕기 위한 위원회(Committee to Protect

117. Meg Dalton(2018). When the math doesn't work. Columbia Journalism Review, https://www.cjr.org/special_report/journalist-side-hustles.php

Journalists)'나 '저널리즘과 트라우마를 위한 다트 센터(Dart Center for Journalism and Trauma)'가 기자들을 훈련하고 관련 가이드를 발간하고 있는 이유다.[118] 〈포브스〉 기자 제나 구드로(Jenna Goudreau)는 커리어 조언을 하며 이렇게 말했다.[119]

"이 업계는 축소되고 있고 경쟁은 치열하며 보상은 그렇게 많지 않다. 당신은 실력이 굉장히 뛰어나야 하며, 솔직히 말하면 온갖 고저(高低)를 감당하기 위해 감정적으로 안정돼야 한다."

취재보도와 구직만으로는 불충분하다. 스트레스를 관리하고 스스로를 돌보지 못한다면 저널리즘에서의 일자리는 지속 가능하지 않을 수 있다. 저널리즘 스쿨이 취재보도와 관련된 것만 가르치는 게 아니라 심신의 건강에 있어서의 '셀프케어'를 신경 쓴 이유였다.

저널리즘 스쿨에서는 '압축 해제(decompression)'라는 이름으로 스스로를 잘 돌보기 위한 전략을 논의하는 행사를 열곤 했다. 건강 카운슬러인 심리학자를 불러서 탈진, 스트레스가 심한 상황 등에 대해 논의하고 조언을 듣는 행사였다. 학교 측은 행사를 공지하며 물었다.

....

118. Bailey Dick(2019). Journalists need more help than ever coping with work trauma. Columbia Journalism Review,
https://www.cjr.org/analysis/journalists-mental-health-trauma.php
119. Jenna Goudreau(2012). Top 10 tips for young aspiring journalists. Forbes,
https://www.forbes.com/sites/jennagoudreau/2012/11/09/top-10-tips-for-young-aspiring-journalists/?sh=729a7e536346

"어려운 주제의 기사들을 취재하는 것에는 많은 어려움이 동반됩니다. 우리가 여러분의 동료들로부터 듣기로는 큰 어려움 중 하나는 트라우마, 극단적인 빈곤, 폭력적인 범죄, 자연재해 참사 등과 같은 어려운 주제에 관여한 뒤 어떻게 심신을 이완하느냐는 것입니다. 여러분은 일을 가장 잘하기 위해 어떻게 건강을 꾸준히 유지합니까? 시간을 내 모여서 이야기해봅시다. 이것은 다음과 같은 것을 위한 포럼이 될 것입니다.

1. 여러분이 취재했거나 취재하고 있거나 취재할 어려운 기사들의 일부를 공유할 기회

2. 저널리스트들을 위한 셀프케어 전략에 대한 리뷰

3. 당신의 지혜: 과거 매우 강도 높은 취재 경험에서 회복하기 위해 무엇을 했는지에 대해 알려주세요."

구직을 넘어서 기자로서의 장기적인 성장과 성공을 바란다면, 업무만 가르치는 교육은 불충분하다. 좋은 커리어를 얻는 것뿐 아니라 그것을 유지하고 발전시키기 위해 필요한 종합적인 요소를 배워야 한다. 스스로를 관리하지 못하는 기자는 한계가 있을 수밖에 없다.

미국의 저널리즘 스쿨을 졸업하고 회사로 복직한 뒤, 한국 기자들로 부터 가장 많이 받은 질문은 "왜 돌아왔느냐"는 것이었다. 대부분이 생각하는 방향은 비슷했다. 새로운 역량을 계발했으니 격무와 박봉으로 점철된 언론사 가 아닌 다른 곳에서 기회를 찾는 게 좋지 않느냐는 것이다. 이런 질문을 접할 때마다 학교에서 만난 기자들의 상반된 모습이 겹쳐 떠오르곤 했다.

아무리 기억을 되짚어 봐도, 저널리즘 스쿨에서 '언론계 밖' 커리어에 대한 대화는 접한 적이 없다. 다른 커리어를 동경하는 사람도 본 적이 없다. 적어도 그들에게는 저널리즘이 가장 매력적이고 가슴 뛰는 분야였다. 모두가 저널리즘에 대한 열정으로 불굴의 의지를 갖고 역량을 키웠다. '이상주의자 집단' 같을 수 있지만, 그곳에서 저널리즘보다 더 나은 커리어는 없었다.

좋은 환경에서 업무를 하며 충분한 보상을 받는 것은 중요하다. 하지만 '얼마나 대단한 회사에서 얼마를 받고 일하는지'가 '무슨 일을 하고 싶은지' 보다 우선할 순 없다. 인생은 짧고, 단순히 돈을 버는 수단으로만 생각하기 에는 일하는 시간이 너무나 길기 때문이다. 미국 기자들은 높은 보상을 얻기 위해 노력하지만, '하고 싶은 일'을 하는 것을 제1의 전제이자 우선순위로 됐다. 그런 기자들과 대화를 하다 보면 경이를 느낌과 동시에, 스스로가 부끄러워지곤 했다.

　미국 기자들이 '하고 싶은 일'을 하기 위해 쏟는 노력은 상상을 초월한다. 한 미국인 동기는 학부 졸업 후 국제 뉴스를 취재하고 싶어서 중남미에서 프리랜서 사진기자로 살기로 결심했다고 한다. 그런데 프리랜싱으로는 벌이가 마땅치 않을 것이라 사전에 1년간 투잡을 뛰면서 돈을 모았다고 한다. 낮에는 아이 셋을 키우는 가정에서 가사를 돕고, 밤에는 택시 운전기사로 일한 것이다. 그렇게 잠도 제대로 못 자며 1년여간 돈을 모은 뒤 중남미로 날아가 취재를 했다. 눈물겨운 고생담이라고 생각하겠지만, 당사자의 회고는 다르다. 동기는 "그럼에도 불구하고 내가 하고 싶은 일을 열정적으로 할 수 있어서 행복하다"며 "열정이 없으면 삶이 무슨 의미가 있느냐"고 말했다. 그리고는 눈을 반짝이면서 이렇게 말했다.

　"택시 운전을 하다 보면 굉장히 많은 스토리들을 발견할 수 있어. 손님 중에서는 매춘부도 있고 마약 거래상도 있고 다양한 사람들이 있거든. 그 속에서 무수한 스토리들을 얻었어."

한국 기자들이 입버릇처럼 하는 말이 있다. 바로 "기자하지 말라"고 하는 것이다. 물리적인 보상은 변변찮고 고생길은 확실하니 하지 말라는 것인데, 기자 지망생을 만나면 이런 이야기를 하곤 한다. 국내에서 기자 지망생 신분으로 현직 기자를 만나본 사람치고 그런 이야기를 들어보지 않은 사람은 거의 없을 것이다. 심지어 갓 입사한 후배 기자들에게 이런 이야기를 하는 사람도 있다. 왜 고생길을 무릅쓰고 기자를 하느냐며 "빨리 다른 길을 찾으라"고 하는 것이다.

저널리즘 스쿨에 다니면서 언론사에 소속된 기자들을 무수히 만났지만, 그들로부터 단 한 번도 이런 말을 듣거나 뉘앙스를 느낀 적이 없다. 한번은 〈Pac-12 네트웍스〉라는 스포츠 매체에서 학교를 방문한 적이 있는데, 기자들은 "우리는 모두 우리 직업을 완전히 사랑한다"며 이렇게 말했다.

"커리어 초기에 너무 바빠서 차 안에서 눈만 붙인 뒤 다시 일을 했지만 정말 재미있었다."

"내가 처음 쓴 야구 기사는 세상 그 어떤 것과도 바꾸지 못할 것이다."

"힘들지만 모든 사람들이 이 일을 할 수 있는 것은 아니다."

이것은 미국 언론계에서의 업무가 용이해서가 아니다. 다른 직종은 미국에서 일하면 훨씬 더 좋은 대우를 받을 수 있지만, 적어도 언론계는 그렇지 않다. 생활 물가 대비 연봉으로 따지면 오히려 상당수 미국 기자들의 상황이 더 열악하다. 게다가 일자리 자체도 훨씬 불안정하다. 기자들은 그럼에도 불구하고 꿈을 품고서 실력을 키우고 부단히 노력하며 산다.

국내 언론사에 복직한 뒤, 혁신에 관련된 업무를 해 왔다. 어떤 기자들은 물었다.

"혁신을 왜 굳이 언론사에서 하려고 해요? 더 유망한 회사로 옮기는 게 낫지 않아요?"

언론사는 혁신하기 어렵고, 발전하는 유망 업종은 언론계 바깥에 있을 거라는 인식이었다. 사고방식에서부터 패배하는 누군가를 보면 〈쿼츠〉 편집장을 지낸 케빈 델라니(Kevin Delaney)가 저널리즘 스쿨에 방문한 때가 떠오른다. 그는 〈쿼츠〉가 더 간편하고 직관적인 뉴스를 생산하기 위해 기울이는 노력을 설명하며 미디어의 미래를 긍정했는데, 긍정의 이유를 이렇게 말

했다.[120]

"제가 하는 일이니 긍정하는 것 말고는 다른 선택지가 없습니다."

새로운 시도를 하며 발전하는 동력은 바로 그 사고방식이었다. 더 나아지길 원하고, 더 나아질 거라 믿는 사람이 더 나아질 수 있는 방안을 고안하고 실천한다. 〈워싱턴포스트〉 에디터를 지낸 마티 바론(Marty Baron)도 "긍정주의가 아니면 용납 가능한 대안이 없다"며 "긍정주의자로서만 성공을 향한 길을 그릴 수 있기 때문에 나는 긍정적이기를 또한 선택한다"고 말했다.[121]

정말로 하고 싶은 일을 위해 엄청나게 많은 노력을 하고, 새로운 것을 시도하고, 미래를 긍정하는 것이 저널리즘 스쿨 속에 흐르는 DNA다. 한국과 미국이 토양은 다르지만, 더 나은 것을 가능하게 하는 본질은 같을 것이다.

· · · · · · · · · · · · · · · ·

120. 2019년 2월 11일 UC버클리 저널리즘 스쿨 초청 강연.
121. Marty Baron(2014). Optimism is the only option: The Washington Post's Marty Baron on the state of the news media. Nieman Lab,
https://www.niemanlab.org/2014/04/optimism-is-the-only-option-the-washington-posts-marty-baron-on-the-state-of-the-news-media/

더 나아질 거라고 긍정하며 끊임없이 새로운 것을 시도하는 기자와 언론사는 어떠한 종류의 발전과 성과라도 이룩할 수 있다고 믿는다.

경계를 넘는 기자들

초판인쇄 2021년 9월 1일
초판 2쇄 2021년 11월 22일

지은이 이샘물
펴낸이 채종준
기획 편집 유나영
디자인 서혜선
마케팅 문선영 전예리

펴낸곳 한국학술정보(주)
주 소 경기도 파주시 회동길 230(문발동)
전 화 031-908-3181(대표)
팩 스 031-908-3189
홈페이지 http://ebook.kstudy.com
E-mail 출판사업부 publish@kstudy.com
등 록 제일산-115호(2000. 6. 19)

ISBN 979-11-6603-498-5 03070